www.ingramcontent.com/pod-product-compliance
Lightning Source LLC
Chambersburg PA
CBHW061128170426
43209CB00014B/1697

النقود الضافية
لمنتقد النصائح الكافية

بسم الله الرحمن الرحيم

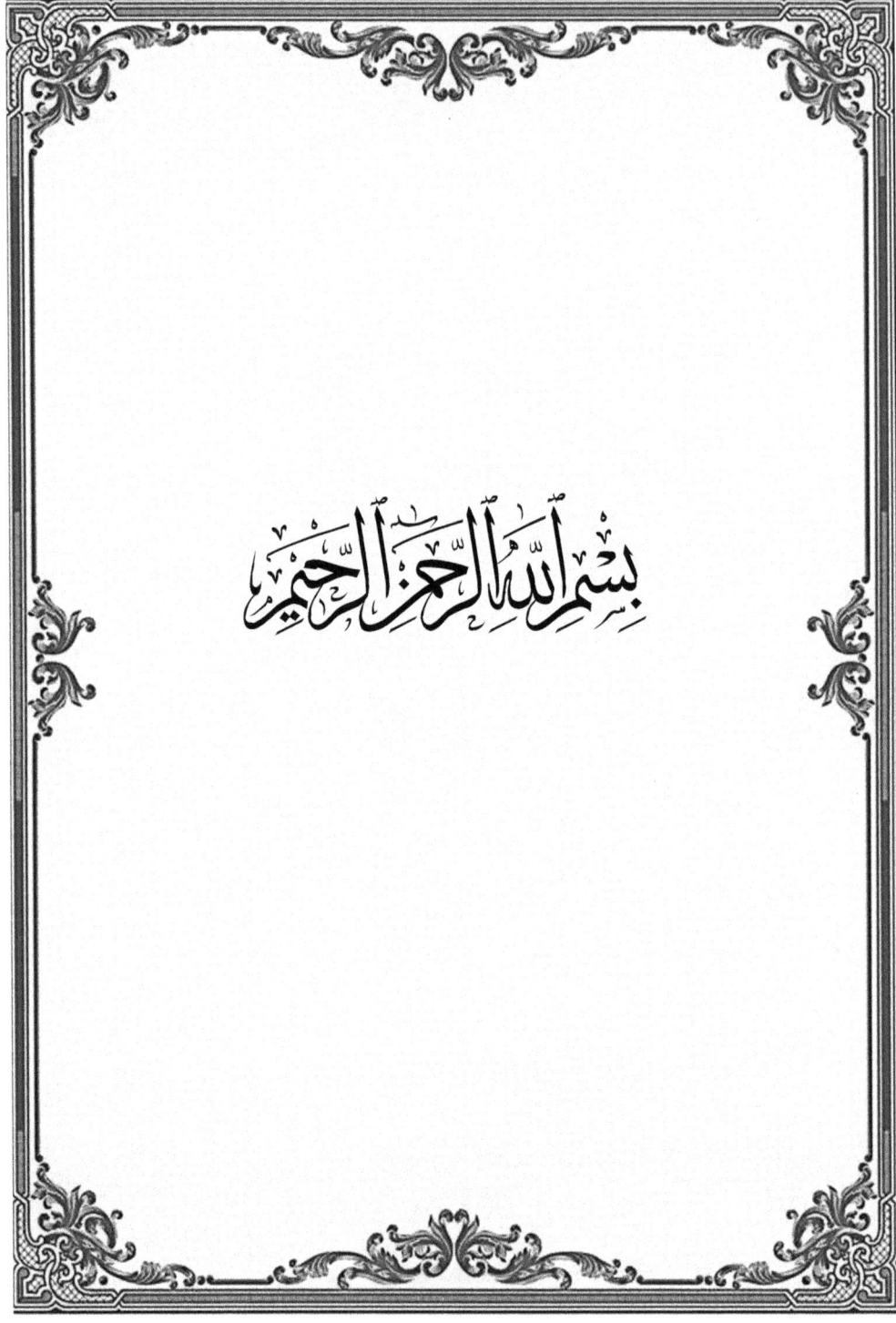

نقد النصائح الكافية لمن يتولى معاوية

تأليف

علامة الشام جمال الدين محمد القاسمي الدمشقي

(1283-1332هـ)

وبهامشه

النقود الضافية لمنتقد النصائح الكافية

تأليف

شيخ العترة الإمام المجتهد محمد بن عقيل بن عبد الله ابن يحيى باعلوي

السيد العلامة عبد القادر بن محمد بن عبد الله ابن يحيى باعلوي

ينشر لأول مرة

محلاة بانتقادات مقتبسة للعلامة ابن عقيل من:

«النصائح الكافية لمن يتولى معاوية» «تقوية الإيمان برد تزكية ابن أبي سفيان»
«العتب الجميل على أهل الجرح والتعديل» «ثمرات المطالعة»
«أحاديث المختار في معالي الكرار»

تقديم ومراجعة

السيد العلامة المحدث حسن بن علي السقاف

السيد العلامة د. محمد بن سقاف الكاف

اعتنى به

علوي بن صادق الجفري

النقود الضافية

محمد بن عقيل (مؤلف)

عبد القادر ابن يحيى (مؤلف)

علوي الجفري (محقق)

217 صفحة، (تحقيقات 6)

17×24

ISBN: 978-1-7398252-7-0

«الآراء التي يتضمنها الكتاب لا تعبر بالضرورة عن وجهة نظر الدار».

حقوق الطبع محفوظة

لا يسمح بإعادة إصدار أو طبع أو نشر هذا الكتاب أو أي جزء منه أو تخزينه في نطاق استعادة المعلومات أو نقله بأي شكل من الأشكال دون إذن خطي سابق من دار النضيري للدراسات والنشر

الطبعة الأولى: 1445هـ-2023م

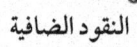

Dar Al-Nadhiri for Studies & Publications

المالك والمدير العام

أسامة بن أبو بكر النضيري باعلوي

الموقع الإلكتروني:

https://www.daralnadhiri.com

البريد الإلكتروني:

daralnadhiri@gmail.com

هاتف: 911682 7961 44+

لندن- المملكة المتحدة

المالك والمدير العام

عبد الله بن نايف المطيري

البريد الإلكتروني:

ibnshehabcenter@gmail.com

المحتويات

مقدمة السيد حسن السقاف 13

مقدمة السيد محمد بن سقاف الكاف 17

مقدمة المحقق 20

الرقية الشافية من نفثات سموم النصائح الكافية لمن يتولى معاوية: 22

نقد النصائح الكافية لجمال الدين القاسمي وعلاقته مع العلامة ابن عقيل: ... 24

الحقيقة المخفية حول نقد القاسمي للنصائح الكافية: 27

طباعة جمال الدين القاسمي لنقده على النصائح الكافية: 31

نقد السيد العلامة محمد بن عقيل ابن يحيى لنقد النصائح للقاسمي: 34

نقد الحبيب العلامة عبد القادر بن محمد بن عبد الله ابن يحيى: 37

نسبة الرد إلى السيد عبد القادر بن يحيى: 40

علامة الشام جمال الدين محمد القاسمي 41

نسبه: 41

مؤلفاته: 41

وفاته: 42

السيد العلامة محمد بن عقيل ابن يحيى 43

نسبه: 43

ولادته: 44

شيوخه: 44

مؤلفاته: 44

كتب نسبت إليه خطأ: 45

وفاته:	45
السيد العلامة عبد القادر بن محمد ابن يحيى	46
عملي في الكتاب	47
مقدمة تفنيد «نقد النصائح الكافية لمن يتولى معاوية»	51
خطبة الكتاب	65
فيها الباعث على التأليف وأن المسألة التي ألف لها يجب إيفاؤها ما يليق بها والإعجاب بحرية فكر ابن عقيل وأن في كتابه ما يقف من معاوية على غرائب وخلاصة	65
المقدمة	69
شهرة أصل المسألة وتعدد المذاهب فيها فمنهم من يرى السكوت ومنهم من يرى الخوض	69
ما ذهب إليه ابن عقيل هو مذهب الإمامية وشيعة اليمن والمعتزلة ومقالة ابن أبي الحديد في رأي المعتزلة في البغاة والخوارج	69
ما قاله الشهرستاني في خلاصة الخلاف وأن البغي هل يوجب اللعن، والنقل عن الإمام يحيى في عدم قبول رواية من حارب أهل البيت خاصة	75
رجال المعتزلة من السلف وممن روى له الشيخان	76
بيان أن التنابز بالألقاب الذي أحدثه المتأخرون عقوا به سلفهم؛ كالبخاري ومسلم، وقطعوا به رحم الأخوة الإيمانية	77
قضت حرية العلم عهد السلف أن لا يبخل بفكر والاستشهاد له	79
من الشغف بالعلم تدوين التوقف	80
نبذة عن داود الظاهري	80
الرزية كل الرزية توسيد المناصب إلى غير أهلها ومقالة الزبيدي في ذلك	81
لا يسوغ ملام مجتهد ومن رأى الحق في وجهه فقد قامت عليه الحجة، ومن عقل ابن عقيل أن يفسح المجال للبحث	82
المبحث الأول	85
في بيان أن اللعن لا يشفي علة في إظهار الحق والنقل عن أمير المؤمنين عليه السلام في النهي عن سبِّ أهل الشام	85

يجب على المناظر أن يحتج بها يصدقه الذي تقام عليه الحجة............90
المبحث الثاني............97
في تحقيق الاستدلال بالعمومات وأنها ظواهر معناها ظني............97
المبحث الثالث............101
في أن الآثار المروية في اللعن تحتمل الخبر والإنشاء............101
المبحث الرابع............107
في أن الحديث الضعيف لا حجة فيه في الأصول ولا في الفروع فأحرى بمرويات المؤرخين وأن الواجب التمييز............107
تنويه ابن الأثير بتاريخ الطبري............108
المبحث الخامس............113
في أن الوقيعة في معاوية تستلزم رفض مرويه ومروي من أقام معه من الصحب وهو خلاف إجماع السلف............113
ما قاله الذهبي في الثقات الذين تكلم فيهم بما لا يوجب ردهم............117
ما قاله ضياء الإسلام في رسالته من أن أئمة اليمن من أهل البيت تلقوا الكتب الستة بالقبول وأخذوا منها أدلتهم وقبلوا رواية من بها من الصحب............118
فوائد الاشتغال بعلم الحديث............119
بيان أن كتب الحديث مشتركة بين الأمة يرويها الشيعي عن السني وبالعكس، وأن عادة السلف الرواية عن المخالفين في المذهب، وأن كتب الحديث هي إيمانية محمدية لا شافعية ولا غيرها............120
المبحث السادس............125
لا تفسيق ولا تضليل إلا بمجمع عليه............125
أسماء الصحابة الذين توقفوا عن مبايعة علي............125
مذهب الأصم وهشام والكرّامية والخوارج في الإمامة............127
مشاهير رجال الخوارج............128
المبحث السابع............133
الأخوة الإيمانية لا ترفع بالمعاصي............133

ما يقوله الناصبي والشيعي في علي ومعاوية 134
مذهب أهل السنة وجوب كراهة ذنب المذنب لا ذاته بل يحب لإسلامه 142
المبحث الثامن 145
اتفاق الحكماء على أنَّه لا يليق بالمناظر أن يهيج إلا بعد أن يقتل المسائل علمًا، وكلام ابن رشد في ذلك 145
شُبَهُ محاربي عليٍّ عليه السلام 145
المراسلة بين علي ومعاوية في أخذ البيعة 150
ما دار بين نافع بن الأزرق وأصحابه من الحرورية وبين ابن الزبير في انتقادهم على أبيه وطلحة وعائشة والخليفة الثالث والرابع ودفاع ابن الزبير بالحكمة المسددة 151
المبحث التاسع 157
في تحقيق بلوغ معاوية رتبة الاجتهاد 157
سرِّ بلوغ بعض الصحابة رتبة الاجتهاد مع قصر مدة الصحبة 161
رواية أهل المسانيد حديث معاوية وعده في طبقات المتوسطين في الفتوى من الصحب واحتجاج ابن حزم على أن ما أتاه معاوية باجتهاد بأدلة عديدة 162
ما قاله ابن تيمية في اجتهاد معاوية في مآتيه 166
المبحث العاشر 171
في الجواب عما أنكروه على معاوية في سيرته 171
رأي معاوية في أن بني أميَّة أولى قريش بالسلطة 173
مكانة آل حرب في قومهم وتعظيم عمر لأبي سفيان 173
خطبة معاوية في أنَّه الأحق بهذا الأمر وهمّ ابن عمر بالرد عليه 174
إمامة المفضول مع وجود الفاضل لا خلاف في صحتها وكلام ابن حزم في ذلك 175
المبحث الحادي عشر 177
من عدل المؤلف إذا ذكر لأحد ما عليه ما يشفعه به ما له ثم نسيان السيئ للحسن، وذلك تمهيد لأن خلافة معاوية لم تخل من يمن على المسلمين 177
غزوات معاوية وفتوحاته وحديث: «أَوَّلُ جَيْشٍ يَغْزُو القِسْطَنْطِينِيَّةَ مَغْفُورٌ هَمْ» 178
ما كان يعمله معاوية في نهاره 179

ما قاله ابن عباس في تأبين معاوية 180	
غاية المنتقد أن يرى معاوية من المخلطين والتوبة مرجوة لهم 181	
فلسفة الغزالي في هذه المسألة وهي بيت القصيد وموافقة المؤلف له فإنه أبعد الناس عنه 183	
المبحث الثاني عشر 187	
في تحقيق الحب في الله والبغض فيه وهو من المضنون به 187	
المبحث الثالث عشر 193	
دعوى وجوب بغض معاوية وإباحة لعنه توجب ارتكاب الحسن جريمة كبرى في تنازله عن الخلافة له 193	
المبحث الرابع عشر 199	
بحث مهم جدًّا عن سبب ترك البخاري الرواية عن الإمام جعفر الصادق والجواب عن أبيات نظمت في ذلك ومنه يعلم سر عدم الرواية لكثير من الأئمة في الصحاح والمسانيد والسنن 199	
خاتمة 209	
في أنّ خلاصة البحث موافقة السلف في قبول مرويَّات معاوية ومن كان معه من الصحب، والرد على كثير من الحشوية الذين لا يفاضلون بين الصحب، وتبرؤ المؤلف ممن ظهر كيدهم للسلالة الطاهرة، وسوق جملة من رسالة للخوارزمي في وصف اضطهاد العلويين في العصور الغابرة وما كان عليه المتغلبة عليهم من الشوائن الظاهرة 209	
قائمة المراجع 214	

مقدمة السيد حسن السقاف

بسم الله الرحمن الرحيم

الحمد لله رب العالمين، والصلاة والسلام على سيدنا محمد نبينا الأمين، وعلى آله الأطاهر المتقين، ورضي الله عن الصحابة والتابعين، وعلى من تمسك بشرع نبينا واقتدى بسنته إلى يوم الدين.

أما بعد:

فهذه مقدمة أضعها لكتاب جمال الدين بن محمد سعيد بن قاسم الحلاق القاسمي الشامي (1283-1332هـ) الموافق (1866-1914م) المسمى «نقد النصائح الكافية لمن تولى معاوية» يرد به على السيد العلامة محمد بن عقيل الباعلوي الحضرمي (1279-1350هـ) بأسلوب ناعم في بدايته ثم يتخاشن بعد ذلك في نقل نصوص ممجوجة عن ابن تيمية في أواخره، علماً بأن السيد محمد بن عقيل تعقب الشيخ الحلاق القاسمي في رده المتهالك هذا وردَّ عليه ردوداً نجدها في الحواشي والتعليقات هنا على هذا الكتاب! كما نجد أيضاً في تلك التعليقات رداً للعلامة الحبيب عبد القادر بن محمد بن عبد الله بن يحيى العلوي (ت...هـ) أيضاً. ونجد أيضاً بعض الردود والتعليقات للمعتني بهذا الكتاب ومحققه وهو من تلامذة تلامذة العبد الفقير أسأل الله تعالى أن يؤيده الله تعالى ويسدده ويكتب له الأجر والمثوبة على هذه الهمة العلية.

ومختصر الكلام: أن الشيخ الحلاق القاسمي كان يردُّ على السيد محمد بن عقيل وهو يتظاهر أنه معه وموافق له ثم يجلب كلام ابن تيمية محاولاً الرد على بعض

الحقائق الثابتة ومغالطاً في كثير من الأمور، أي مكابراً بالباطل! فهو بدل أن يوافق السيد محمد بن عقيل في ثوابت الأمور يحاول أن ينكر وأن يؤوِّل وأن يأتي بكلام النواصب الطاعنين في سيدنا علي عليه السلام والرضوان ليوازن بنظره بين الأمور! وهو في كل ذلك متكىء على ترهات ابن تيمية المعروفة التي انتقده العلماء لأجلها كما في «الدرر الكامنة» للحافظ ابن حجر العسقلاني وغيره.

ومن المعلوم أيضاً أن توجه الشيخ الحلاق القاسمي كان توجهاً وهابياً سلفياً وقد نص في رسالته أو في رده هذا على السيد محمد بن عقيل أن (محمد حسين ناصيف) وهو وهابي معروف كان يقيم بمدينة جدة كان يموّل الفكر الوهابي في تلك الحقبة للتمدد والرد على المذاهب وأهل الحق المنزهين لله تعالى، كما تبين في المقدمة التي فيها رسائل (جمال الدين الحلاق القاسمي) ومكاتباته التي يعترف فيها بذلك للسيد محمد بن عقيل ويشير بأنه مغلوب على أمره في تأليف هذا الرد وطباعته ونشره! وقد انكشف لنا من اعترافات الشيخ القاسمي بعض ما كان يفعله (ناصيف) مما خفي علينا ولم نعلمه من قبل!

ومن أمثلة ما جاء في هذا الرد المتهالك:

أنه بدأ الكتاب في صفحاته الأولى بالثناء البليغ على السيد محمد بن عقيل ثم ثنى ذلك بالمغالطات في التمثيل بنقل كلام النواصب في آخر الكتاب وكأنه لا يقول به!

مع أن صديقه السيد محمد رشيد رضا صاحب مجلة المنار كان له موقف واضح ضد معاوية! فالسيد رشيد رضا يقول مثلاً في مجلته «المنار» (9/ 213):

[إن سيرة معاوية تفيد بجملتها وتفصيلها أنه كان طالبا للملك ومحبا للرياسة، وأنني لأعتقد أنه قد وثب على هذا الأمر مفتاتاً، وأنه لم يكن له أن يحجم عن مبايعة علي بن أبي طالب بعد أن بايعه أولوا الأمر...].

وقال السيد رشيد رضا في المنار (12/ 954) أيضاً:

[ونحن من أولياء علي عليه السلام والرضوان لا من أولياء معاوية وفئته الباغية

عليهم من الله ما يستحقون ـ ولكننا لسنا بسبابين ولا لعانين كما ورد في وصف المؤمنين، وقد ذكرت في ترجمة الوالد رحمه الله – من المجلد الثامن – أنه كان يقول: «لا نحُب معاوية ولا نسُبه» وكيف نحُب من بغى على جدنا وخرج عليه وكان سبباً في تلك الفتن التي كانت نكتةً سوداء في تاريخ عصر النور الأول لنور الإسلام، وبه تحول شكل الحكومة الإسلامية عن القاعدة التي وضعها لنا الله تعالى في كتابه بقوله في المؤمنين ﴿وَأَمْرُهُمْ شُورَىٰ بَيْنَهُمْ﴾ إلى حكومة شخصية استبدادية .....].

وقال السيد رشيد أيضاً في مجلته المنار (33/ 441):

[وكذا معاوية وأتباعه خلافًا لابن حجر الهيتمي وأمثاله الذي يخرجون هؤلاء منهم بحجة أنهم كانوا مجتهدين متأولين فلهم أجر واحد، ولعلي وأتباعه أجران؛ فإن متبع الحق مستقل الفكر فيه بلا هوى ولا تعصب لمذهب يجزم بأن معاوية نفسه كان باغيًا خارجًا على الإمام الحق كالخوارج، وأنه طالب ملك. ويؤيد ذلك إكراه الناس على جعل هذا الملك لولده يزيد المشتهر بالفسق، وأن بعض الخوارج كانوا متأولين كبعض أصحاب معاوية الذين اعتقدوا أنه كان على حق في مطالبته بدم عثمان].

ومن المعلوم أن جماعة من كبار أهل العلم وحفاظ الحديث من أهل السنة والجماعة صرَّحوا بأنه لا يصح شيء في فضل معاوية، لكن يأبى المعاندون والمتعجرفون ومن لا تزال نزعة ابن أبي داود وابن تيمية وابن عبد الوهاب مغروسة في سواد قلبه إلا أن يجادل بالباطل مصعّراً خده كما قال الحق سبحانه: ﴿وَجَٰدَلُواْ بِٱلْبَٰطِلِ لِيُدْحِضُواْ بِهِ ٱلْحَقَّ فَأَخَذْتُهُمْ فَكَيْفَ كَانَ عِقَابِ ۝٥﴾ ﴿وَمِنَ ٱلنَّاسِ مَن يُجَٰدِلُ فِى ٱللَّهِ بِغَيْرِ عِلْمٍ وَيَتَّبِعُ كُلَّ شَيْطَٰنٍ مَّرِيدٍ ۝٣﴾ ﴿إِن فِى صُدُورِهِمْ إِلَّا كِبْرٌ مَّا هُم بِبَٰلِغِيهِ فَٱسْتَعِذْ بِٱللَّهِ إِنَّهُۥ﴾.

قال الحافظ ابن حجر في شرح البخاري (7/ 104) نقلاً عن إسحاق بن راهويه والنسائي وإسماعيل القاضي المالكي: «**لم يصح في فضائل معاوية شيء**».

وتأويلات بعضهم المردودة حيث يقولون بأن الحافظ أراد كذا ولم يرد كذا تقوّلٌ وافتآت من مستكبرين معاندين بالباطل، ولن ينفعهم ذلك.

والمتمسك بحديث أم حرام ليثبت الفضائل الباطلة في أن أول من يغزو البحر من هذه الأمة مغفور له لم يدرك ولم يفهم ما نص القرآن عليه في قوله تعالى: ﴿إِنَّ ٱلَّذِينَ يُبَايِعُونَكَ إِنَّمَا يُبَايِعُونَ ٱللَّهَ يَدُ ٱللَّهِ فَوْقَ أَيْدِيهِمْ فَمَن نَّكَثَ فَإِنَّمَا يَنكُثُ عَلَىٰ نَفْسِهِۦ وَمَنْ أَوْفَىٰ بِمَا عَـٰهَدَ عَلَيْهُ ٱللَّهَ فَسَيُؤْتِيهِ أَجْرًا عَظِيمًا ۝١٠﴾ فقد بين الله تعالى أن الناكث وإن كان داخلاً في عموم ممدوحين فإنه يخرج بسوء أفعاله منه، وما سوى ذلك خرط القتاد!

وقد استعمل السيد ابن عقيل والسيد عبد القادر أحياناً كلمات من صنف الغرائب اللغوية وكان التعبير عن تلك الأفكار بأسلوب أوضح أحسن، وعلى كل حال فالسيد ابن عقيل مجاهد كبير في إثبات الحق وإبطال الباطل جزاه الله تعالى عنا خيراً، وينبغي الاعتناء بكتابه «النصائح الكافية بمن تولى معاوية» وتحقيقه وتخريج أحاديثه تخريجاً معتبراً والاهتمام بإخراج الكتاب إخراجاً يليق بمثله من الكتب النوادر التي ينبغي أن تكتب بماء الذهب!

وكنت أود الاستطراد أكثر فيما يتعلق بهذا الكتاب ولكنني في انشغال عن التفرغ لذلك وأسأل الله تعالى في ختام هذه المقالة أن يجزي القائمين على تحقيق الكتاب وطبعه ونشره خير الجزاء إنه سميع قريب مجيب. والله يقول الحق وهو يهدي السبيل.

مقدمة السيد محمد بن سقاف الكاف

بسم الله الرحمن الرحيم

الحمد لله العزيز الحميد منزل القرآن المجيد، والصلاة والسلام على سيد العبيد، هادي الخلق للطريق الرشيد، وعلى وصيه وباب مدينة علمه الإمام الحق مرشد كل عنيد، وعلى آلهما الكرام مصابيح الظلام ومن تبعهم إلى يوم القيام.

لقد اطلعت من زمن طويل على ما زعمه الشيخ القاسمي نقداً على كتاب «النصائح الكافية لمن تولى معاوية» للسيد العلامة المحقق محمد بن عقيل بن يحيى العلوي الحسيني أعلى الله درجته وأجزل مثوبته.

ويظهر من القاسمي داء الشاميين الذي لفحهم به إمامهم ابن هند من النصب المتواري والمبطن ويرتقي إلى جلاء النصب في أعلى درجاته، وتجد أن السيد ابن عقيل يظهر فيه وصف (أنه ملأ الدنيا وشغل الناس) فبحوثه متينة متجددة من الناحية العلمية، مبنية على أقوى النقول من الكتاب والسنة وحقائق التاريخ. ولم يترك مجالاً لمعترض أو ناقد إلا من كان جاحداً أوحاسداً أو جاهلاً معانداً، وهذه أصناف لا يلتفت إليها في مضمار الطرح العلمي والموضوعي، وإن كان القاسمي الحلاق الدمشقي تظاهر بالموضوعية وأخذ ينعق بنقول النواصب كإمامه ابن تيمية الحراني، وشتان ما بين الكاتبين والفرق واضح بين الأصيل والدخيل والمحتكم للنقل والعقل والمتابع لكلام النواصب.

إن السيد محمد بن عقيل بن يحيى مفخرة من مفاخر بيته بلا مرية حيث كان صوتاً مدوياً بالحق على أسس وقواعد علمية متينة بعيدة عن تقليد المقلدة أو اتباع الأهواء، كما أنه فخر لليمن وأهله وللإسلام بكل مذاهبه.

ولكن ابن عقيل فارس مجلٍ وأسد هصور أبى نقد هذا الناقد فأخرس رغاءه وفند مقولاته والتي في واقعها لاتتطلب شيئًا من العناء للرد، فالحجج في «النصائح» كافية. وقد أمتعنى المؤلف حفظه الله وأدام توفيقه بهذا الجمع الموفق حيث تجلت الردود العلوية على مقالات الحلاق الناصبية. ومن نوادر هذا الجمع الذي أمتعني هو نقد السيد عبد القادر بن محمد بن يحيى العلوي، والذي ظهرت فيه متانة الرد وقوة العبارة مع اطلاع علمي بارز إلا أننا لم نعرف شيئاً عن سيرته وترجمته وقد انبرى أسداً كاسراً على مقالات القاسمي الواهية.

وفي حقيقة الأمر أن مطية معاوية هم أشباه القاسمي ممن جنبوا الكتاب والسنة وجانبوا الحق تبعاً لهوى طغاتهم من المبرسمين المتبعين للفكر الأموي الذي رسخه إمام الفئة الباغية (معاوية) وشاب على فكره الصغير وهرم في اتباعه الكبير، وضجت به المنابر والنوادي وسطرت له الطروس والمصنفات دون نظر في صريح الكتاب والسنة من ذم الكافرين والظالمين والفاسقين والقاتلين والمجرمين ممن أوجب الله التبري منهم ولعنهم وتوعدهم بأقسى الوعيد وأشد العذاب لهم ولمن تولاهم، جنبنا الله أحوالهم ومهاوي ضلالهم، وجعلنا من المتمسكين الموالين لمن أمرنا الله ورسوله باتباعهم وموالاتهم والبراءة من عدوهم وهم خلفاء النبي صلى الله عليه وآله وسلم حقاً وهم عدل الكتاب قطعاً.

ومن أعجب العجب في هذا المقام و مع ما أبرزه السيد محمد بن عقيل العلوي رضوان الله عليه أن نجد أصواتاً منقنقة وناعقة من بني جلدته وأرومته يشنون حرباً شعواء عليه ولا أعلم أتقية ؟!! أم جبناً ؟!! أم اعتقاداً؟!! وفي الحقيقة إن كان على هذه المسالك فالمنابذ لمقالات السيد فيما يخص ولاية أمير

المؤمنين علي بن أبي طالب عليه السلام والبراءة من أعدائه فقد جانب أوامر الله ورسوله وعق أباءه وأجداده من أئمة العترة عليهم سلام الله، فمن ادعى أن السيد محمد بن عقيل عليه الرحمة خالف طريق السلف فهذه دعوى واهية كاذبة فاسدة، فلقد تواتر عن أسلافنا الأجلاء ممن يعتد بأقوالهم قد سلكوا مسلك الوصي عليه السلام وخلفاؤه من أئمة الحق في البراءة من أعداء الإمام عليه السلام، وما كان ابن عقيل بدعاً من قومه أو شاذاً عن عشيرته؛ بل هو قول العديد من علماء أهل السنة والجماعة ممن خلعوا الربقة الناصبية الأموية.

ونجد أن هذا الكتاب مشحون بمادة علمية مركزة سواء في مقالات النواصب مما ذكره الحلاق القاسمي أو في مقولات الحق التي أوضحها السيدين محمد وعبد القادر آل يحيى عليهم رحمة الله ورضوانه.

سائلين المولى أن يحقق النفع من هذا المصنف الفريد وهذا الجمع المميز، ويحفظ جامعه والمعتني به سليل الدوحة العلوية والعترة الفاطمية، ويديم توفيقاته في خدمة الحق وأهله وإخراس صوت الباطل وحزبه.

كتبه/

محمد بن سقاف بن علي بن عمر بن شيخ الكاف
عضو هيئة الإفتاء الشرعي بالجمهورية اليمنية
الأحد: لسبعة وعشرين خلون من ذي الحجة الحرام / 1444 من هجرة سيد المرسلين صلى الله عليه وآله.

مقدمة المحقق

بسم الله الرحمن الرحيم

الحمد لله رب العالمين، وبه نستعين على أمور الدنيا والدين، والصلاة والسلام على سيدنا محمد سيد المرسلين، وآله الطيبين الطاهرين، ورضي الله تعالى عن أصحابه البررة المتقين، وبعد:

فقد اشتهر لدى الخاص والعام ما وقع من الاختلاف والتغاير في الآراء القرن الماضي في شأن معاوية ابن أبي سفيان، الناشئ بسبب خلافٍ وقَع بين العلامة محمد بن عقيل ابن يحيى وآخرين في كشف حال معاوية وحكم لعنه، فاستُفتي الأستاذُ محمد رشيد رضا ليفصل في حكم هذه الحادثة، فأفتى بعدم الجواز[1].

قال العلامة ابن عقيل: (وقد أجابه أحد العلماء بأنه مخطئ بلا شبهة، وأطال في جوابه مِن الاستدلال والنقل بما لا تقوم به حجة، وحيث أنّي أرى الحق مع العالم الأول وأرى أنّ هذا المجيب قد استعجل في أمر كان له فيه أناة.. لم يسعني إلا أن أكتب هنا ما عملتُه وتحقَّقتُه في هذه المسألة... وأرجو أنْ يعيد ذلك المجيب الفاضل النظرَ فيما قاله؛ إذ لا ريب أنّ الحقّ ضالته وضالتي)[2].

ويظهر من ذلك أنّ العلامة ابن عقيل إنما شرع في كتابة «النصائح» بعد خلافه مع الأستاذ رشيد رضا، وهو غير صحيح، فقد ذكر الأستاذ رشيد رضا

(1) مجلة المنار، (14/ 314).

(2) النصائح الكافية لمن يتولى معاوية، (ص17 -18).

بأنّ العلامة ابن عقيل قد كتب إليه يخبره بشروعه في كتابة «النصائح» قبل ذلك؛ أي: حين اختلف العلامة ابن عقيل مع أحدهم في حكم لعن معاوية(3).

فلم يوافق العلامةُ ابن عقيل العلامةَ محمد رشيد رضا حين أفتى بعدم جواز لعن معاوية، فكتب إليه بمخالفته لرأيه وبأنه سيبين حجته في الكتاب الذي توجه إلى تأليفه؛ أي: «النصائح الكافية لمن يتولى معاوية»(4)، وقد أعذر الأستاذ رشيد رضا العلامة ابن عقيل في اجتهاده، كما رأى الأصلح له ترك قراءة «النصائح» حتى لا يحكم للعلامة ابن عقيل أو عليه(5).

ولم يكن أثر «النصائح الكافية» في أرض الواقع منحصرًا على طائفة من الناس، فقد أحدث ضجة في العالم الإسلامي بأكمله، ويصف العلامة رشيد رضا «النصائح» بقوله: (أحدث عند طبعه وانتشاره ضجة عظيمة)(6)، بل وصل الأمر إلى صدور أمر من الدولة العثمانية بمنع دخول كتاب «النصائح» إلى أراضيها(7).

ويخبر جمال الدين القاسمي صديقه العلامة ابن عقيل بذلك بقوله: (يخجلني أن أذكر لسيادتكم شيئًا، ولكن ربما يسركم من جهة أخرى، وذلك أنّ كتابكم لّما طارت به شهرته الآن وغدا من أشهر سمر النبهاء، لا سيما لما صدر الأمر من المجلس النيابي بمنع دخوله)(8)، فقال العلامة ابن عقيل في جوابه: (وما ذكرتم من منع حكومة الاستانة دخول كتاب «النصائح».. فقد ساءني كما ساء كل محب

(3) مجلة المنار، (14/ 314).
(4) وكان الذي سمى كتابه هو شيخه العلامة المتفنن أبو بكر بن عبد الرحمن ابن شهاب كما في مكاتبة منه إليه بتاريخ 20/ شوال/ 1325هـ.
(5) المصدر السابق، (14/ 315).
(6) المصدر السابق.
(7) محمد بن عوض بافضل، تنوير الأغلاس، (1/ 341)، محمد الشاطري، أدوار التاريخ الحضرمي، (ص451).
(8) مكاتبة إليه بتاريخ 4/ رجب/ 1328هـ، المذكرات (ص91).

لله ولرسوله، وما كنت أدري أنّ الاستبداد لم يزَلْ كما هو ولم يتبدل غير اسمه، وأنّ الأتراك يتعصبون بالباطل لعدو آل محمد أكثر مما يغضبون بالحق لرب محمد ولمحمد، فإنّ بلادهم ملآنة بالكتب المشحونة بالطعن في الإسلام والقرآن والنبي، ولكن أبى الأحمق إلا أن يدل على حمقه، ولا قوة إلا بالله، والمتأمل في حالة المسلمين الآن وعلمائهم يرى العجب من التناقض في كثير من أمورهم، والله المسئول أن يبدل الحال بخير منه بمنِّه وكرمه)[9].

ولم يكن منع دخول «النصائح» إلى بعض البلدان إلا علامة على قبوله وانتشاره وقوة حجة مؤلفه مما تسبب في انقلاب كثير من المسلَّمات التقليدية الموروثة لدى كثيرين في موالاة معاوية مما يبشر بخير وحصل به المقصود، قال العلامة ابن عقيل في مكاتبة إلى العلامة علوي بن طاهر الحداد: (وقد علمتم ما حدث من الانقلاب بنشر كتاب «النصائح الكافية» مما يبشر بخير)[10].

الرقية الشافية من نفثات سموم النصائح الكافية لمن يتولى معاوية:

بعد انتشار صيت «النصائح» حاول السيد حسن بن علوي ابن شهاب الردَّ عليه، فألّف كتابًا وسماه «الرقية الشافية من نفثات سموم النصائح الكافية لمن يتولى معاوية»، وتحدث عنه الأستاذ رشيد رضا بقوله: (كان أول من غلا في التشنيع على كتاب «النصائح الكافية» رجل من العلويين اسمه السيد حسن ابن شهاب، **يظهر لي أنه كان يحسد السيد محمد بن عقيل** على ما آتاه الله من المكانة العلمية الأدبية في قومهم الحضارمة وغير قومهم في مهاجرهم سنغافورة وغيرها، فأراد وقد سنحت له الفرصة أن يرفع من قدر نفسه، ويضع من قدر محسوده، فألف رسالة سماها «الرقية الشافية من نفثات سموم النصائح الكافية»، وصار يكتب إلى من يعرف من علماء الأقطار يستنجدهم بحماسة وشدة للرد

(9) 4/ شوال/ 1328هـ، المذكرات (ص93).

(10) في مكاتبة إليه 18/ صفر/ 1341هـ، ثمرات المطالعة (3/ 260).

على هذا الكتاب، وقد كتب إليّ بإمضائه وغير إمضائه في ذلك)[11].

وقد تُعقِّب السيد حسن ابن شهاب بردَّين على كتابه «الرقية»:

الرد الأول للحبيب العلامة عبد الله بن أبي بكر الحبشي، ولم أقف عليه.

الرد الثاني للحبيب العلامة أبي بكر ابن شهاب، وسماه «وجوب الحمية عن مضار الرقية»، وهو أشهرهما، ويحدثنا العلامة رشيد رضا عن هذا الرد بقوله: (وقد ردّ على كتاب «الرقية» الشيخ أبو بكر ابن شهاب المدرس بمدرسة دار العلوم بحيدر أباد دكن، وهو أشهر علماء الحضارمة في هذا العصر بكتاب سماه «وجوب الحمية عن مضار الرقية»، قرأتُ عدة مباحث منه فظهر لي تهافت حسن بن شهاب وضعفه، وأنّ الجهل وحده لا يهبط بصاحبه إلى مثل تلك الشتائم والدعاوى والتمويهات لولا مساعدة الحسد واتباع الهوى، وأين حسن ابن شهاب من السيد محمد بن عقيل؟

وأيـن الثريـا وأيـن الثـرى وأيـن معاويـة مـن علـي)[12]

ويصف العلامة ابن عقيل كتاب «الرقية» في مكاتبة إلى العلامة جمال الدين القاسمي بقوله: (وهنا قد نُشر كتابٌ في الرد على «النصائح»، ولولا أنه محض سباب ومغالطات.. لقدمت إليكم نسخة منه)[13].

فما أنِ اطلع السيد حسن ابن شهاب على «وجوب الحمية» إلا وتسارع في تراجعه عما قرره في كتابه «الرقية» وصرح بخلافه، فالسيد حسن ابن شهاب كان يحتج في «الرقية» على العلامة ابن عقيل بكلام شيخه العلامة ابن شهاب ظنًّا منه مخالفته للعلامة ابن عقيل، فلما بيّن له العلامة ابن شهاب رأيه وطريقة العلويين.. لم يتوانَ بالكتابة إليه وتصريحه له بكرهه لمعاوية، ولكن مع أنّا لم نعثر

(11) مجلة المنار، (14/ 315).

(12) مجلة المنار، (14/ 315).

(13) من مكاتبة بتاريخ 4 شوال 1328هـ، المذكرات (ص94).

على تلك المكاتبة وجدنا جواب العلامة ابن شهاب الدين على ما كتبه إليه مع تعليقاته على بعض مواضعه، فقد كتب إليه بتاريخ 4 رمضان سنة 1327هـ(14): (أما قولكم «ونحن ممن لا يحب معاوية ونكرهه».. فنقول لك: هذا هو ظننا في جنابك؛ إذ هو اللائق بفضلك ودينك وصدق إيمانك ويقينك، لا نتهمك بشيء من ذلك، كيف تتصور محبتك لمعاوية وأنت تقرأ قول الله تعالى: ﴿لَّا تَجِدُ قَوْمًا يُؤْمِنُونَ بِٱللَّهِ وَٱلْيَوْمِ ٱلْآخِرِ يُوَآدُّونَ مَنْ حَآدَّ ٱللَّهَ﴾ [المجادلة:22])(15).

والراجح لديّ أنّ السيد حسن ابن شهاب لم يكن مقتنعًا أساسًا بما كتبه في «الرقية»، وإنما كتبه لأمر يرجوه كما بيّنه الأستاذ رشيد رضا وغيره، وقد بسطتُ تفصيل ذلك في كتابي «البيان لموقف السادة آل أبي علوي من معاوية ابن أبي سفيان»(16).

نقد النصائح الكافية لجمال الدين القاسمي وعلاقته مع العلامة ابن عقيل:

وممن قام بالرد على «النصائح الكافية» العلامة جمال الدين القاسمي، وكان ذلك بعد أن أرسل إليه العلامة ابن عقيل نسخة منها طالبًا منه رأيه فيما كتبه(17)؛ كما طلب من غيره من علماء عصره.

---

(14) وفيه أن السيد حسن بن علوي كتب إليه بتاريخ 16 شعبان سنة 1327هـ.

(15) المكاتبة بتمامها ملحق بـ«وجوب الحمية» (ص101).

(16) (ص126).

(17) ينظر غلاف نسخة القاسمي من «النصائح» ص124 من الرسائل المتبادلة بين جمال الدين القاسمي ومحمود شكري الألوسي، ويقول القاسمي في مكاتبة إلى الألوسي ص122: (فلم تمضِ مدة حتى حضرني من مدة ذلك الكتاب، ومعه كتاب من مؤلفه يطلب فيه رأيي من ذلك الموضوع، ولما طالعتُه ورأيتُ مؤلفه استعمل حرية الفكر والاجتهاد المطلق في هذا الباب.. شكرته من هذه الجهة).

وقد كان العلامة القاسمي صديقًا مقرَّبًا من العلامة ابن عقيل، والمكاتبات الواقعة بينهما أكبر شاهد على ذلك[18]، وكان القاسمي حريصًا على بقاء مودّتهما وإنِ اختلفا في الرأي، فيقول العلامة القاسمي في مكاتبة إلى العلامة ابن عقيل بعد أن أعرض عن إرسال نقده إليه أولاً: (ثم خطر ببالي الإعراض عن إرسالها؛ **استبقاءً لأخي المولى وتوجُّهِ قلبِه، فإني أحرص غاية الحرص أن لا يكدر صفاء المودة شيء** إلا أنّ الذي جرأني على إرسالها رسائلُكم الشريفة)[19]، وقال: (كما أنّي أتقبل كلّ ما يرد به عليّ بصدر منشرح؛ لأنّ الآراء لا محاباة فيها، وللصداقة والحب موضع، والرأي والمشرب موضع، ولا مؤاخذة)[20]، ويقول في مقدمة نقده: (**وأرجو أن لا يكون نقدي هذا مما يحل عرى الخلة، ولا ينقض أواصر المودة،** فإنّ التباين في الآراء والأذهان كالاختلاف في الأشكال والألوان، فلا يوجب للقلوب تنافراً ولا للمعارف تناكرًا، سيما على رأيِ أنّ كلَّ مجتهدٍ مصيبٌ، فالخطب في الباب قريب، وهذا ما أتحققه من كمال السيد - نفعنا الله بمحبته -، ولولا يقيني به.. لما بررته في إجابة طلبته، **فإنّ استبقاءَ رضاهُ أشهى إليّ من كل مشتهى**)[21].

وكان الأمر كما توقعه العلامة القاسمي، فقد أجابه العلامة ابن عقيل بقوله: (وقد وصل ما جمعتموه فيما يتعلق بما كتبتُه في «النصائح الكافية»، وقد ابتدأتُ في

(18) وكان الذي عرّف جمال الدين القاسمي على العلامة ابن عقيل هو السيد عبد الله بن محمد الزواوي المكي، ينظر الرسائل المتبادلة بين القاسمي والألوسي (ص130).

(19) 29/ ذو القعدة/ 1327هـ، المذكرات (ص68).

(20) المصدر السابق، (ص70).

(21) ينظر (ص64) من هذا الكتاب، ويقول القاسمي في مكاتبة إلى محمود الألوسي (ص122): (إلا أني رأيت في تأليفه مغامز لا يجوز السكوت عنها، فكتبتُ في الانتقاد عليه نحوًا من أربع كراريس مباحث فلسفية وأثرية، ثم خجلتُ من إرسالها إليه استبقاء لمودته، وخيفة أن يهدم مؤلَّفه بالكلية؛ لأنه بمثابة النقض لبنيانه واجتثاث أصله، ثم ألحّ عليّ في عدة كتابات بأنه في انتظار شديد لرأيي، وهكذا كتب صديقه من الآستانة السيد محمد من عزوز... فاضطررتُ إلى إرساله).

قراءته وتفهمه، وعلى كلِّ حالٍ فإنّي لكم من الشاكرين على حسن ظنّكم بي ومحبّتكم لدوام الوداد، **فلا زلتم أهل الفضل والوفاء**)[22]، ولم يزل العلامة ابن عقيل يصف جمال الدين القاسمي بكونه صديقًا له حتى بعد موته رحمه الله، ومن ذلك قوله: (صديقنا المرحوم جمال الدين القاسمي)[23]، وكان شديد التعظيم لصديقه القاسمي كما نجده في عدد من مكاتباته، وذلك مثل:

- قوله في مكاتبة إليه: (مولانا الأستاذ الجليل العلامة أخونا الشيخ جمال الدين القاسمي الأسعد دام فضله آمين)[24].
- وفي أخرى: (حضرة مولانا الأستاذ الإمام الشيخ جمال الدين القاسمي الأمجد)[25].
- وفي أخرى: (حضرة سيدي الأستاذ العلامة الشيخ جمال الدين القاسمي المحترم أدام الله نفعه)[26].
- وفي أخرى: (جناب مولانا الأستاذ الجليل الأوحد الشيخ محمد جمال الدين القاسمي المحترم دام علاه)[27].

كما أنّا نجد العلامة ابن عقيل أثناء نقده لنقد جمال الدين القاسمي يقول قبل تعليقاته على أقواله: (قال سيدي حفظه الله)، و(قال الأستاذ أمتعنا الله به) وغير ذلك مما سيأتي نقله في نقده.

ونجد في مقابل ذلك المحلَّ الرفيعَ للعلامة ابن عقيل في قلب جمال الدين القاسمي؛ كما هو ظاهرٌ فيما نقلتُه مِن مقدمة نقده وفي كلامه في عدد في مكاتباته

(22) مكاتبة بتاريخ 8/ محرم/ 1328هـ، المذكرات (ص70).
(23) ثمرات المطالعة، (3/ 46).
(24) 8/ محرم،1328هـ، المذكرات (ص70).
(25) 15/ محرم/ 1328هـ، المذكرات (ص71).
(26) 16/ ربيع الأول/ 1328هـ، المذكرات (ص79).
(27) 4/ شوال/ 1328هـ، المذكرات (ص93).

إليه، منه:

- قوله في مكاتبة إليه: (حضرة الأستاذ الجليل، نفعنا المولى بدعواته آمين)[28].
- وفي أخرى: (حضرة مولانا العلامة، نفعنا المولى بعلومه)[29].
- وفي أخرى: (حضرة مولانا الأستاذ العلامة زاده المولى فضلًا وإفضالًا)[30].
- وفي أخرى: (حضرة السيد الكامل والسند الفاضل حفظه المولى وأيده ووفقه وسدده آمين)[31].

الحقيقة المخفية حول نقد القاسمي للنصائح الكافية:

كان بين جمال الدين القاسمي والعلامة ابن عقيل مكاتبات عن «النصائح» والنقدِ الذي جمعه العلامة القاسمي قبل اطّلاع العلامة ابن عقيل عليه، فالعلامة ابن عقيل كان يترقب منه إرسال نقده لـ «النصائح» إليه؛ وهو إذ ذاك مسودة، وكان قبله عبارة عن تعليقات على مواضع من «النصائح» نظّر فيها، ويحدثنا القاسمي عن ذلك بقوله في مكاتبة إلى العلامة ابن عقيل: (ثم سيدي إني قد عرفتكم أني كتبتُ بعض الملاحظات على مواضع مِن **مؤلَّفكم الفخيم** قيّدتُها أثناء مطالعته، رأيتُ لي فيها نظرًا، ثم لمّا سودتُّ أوراقًا في ذلك وحشرتُ إليها نصوصًا.. رأيتُها تفيدُ الواقفَ عليها مهما كان رأيُه في المسألة)[32].

فأرسل القاسمي إلى العلامة ابن عقيل مسودته من نقده ليطّلع عليه، فقرأه العلامة ابن عقيل ثم ردّه إليه [33]، فكان نقده أوراقًا بخطه خاصة بينه وبين

---

(28) 29/ ذو القعدة 1327هـ، منقولة من المذكرات (ص68).
(29) 11/ صفر/ 1328هـ، المذكرات (ص74).
(30) 27/ شوال،1328هـ، المذكرات (ص94).
(31) 7/ صفر/ 1329هـ، المذكرات (ص96).
(32) 29 ذو القعدة، 1327هـ، المذكرات (ص68).
(33) المذكرات (ص71).

العلامة ابن عقيل لم يكن غرضه من نقده على «النصائح» طبعه ونشره، وإنما كان عبارة عن كراسة خاصة له أرسلها إلى صديقه العلامة ابن عقيل لما طلب رأيه من «النصائح»، ولم يرسلها إلى أحد غيره إلا إلى الشيخ عبد الرزاق أفندي البيطار(34).

ومما تجدر الإشارة إليه أنّ **العلامة القاسمي لم ينفرد بكتابة نقده، فقد شاركه فيه الأستاذ محمد أفندي كرد علي**، وقد قال ذلك العلامة القاسمي بنفسه في مكاتبة إلى العلامة ابن عقيل أثناء حديثه عن صديقه الأستاذ محمد أفندي كرد علي: (وشاركني في بعض ما انتقدته)(35)، ولكن من العجيب أن يذكر العلامة القاسمي مع ذلك رغبة الأستاذ محمد أفندي كرد علي في كتابة تقريظ لـ «النصائح»(36)!

وقبل أنْ نتحدث عن طباعة «النقد» نذكر أنّ العلامة ابن عقيل قد ردّ على بعض ما ذكره القاسمي في تلك المسودة من خلال مكاتبات كانت بينهما، فلما اطّلع العلامة ابن عقيل على نقد القاسمي.. كتب له بعض الانتقادات على المقدمة وأول مبحثين منه فقط، وأخبره بأنّ بإمكانه التعليق على بقية مباحثه لو احتاجَ إلى مزيد بيان، ولكن نجد أنّ القاسمي قد اكتفى بما كتبه العلامة ابن عقيل ولم يطلب بيانًا أكثر من ذلك، ولعله أغناه عن ذلك قيام السيد العلامة عبد القادر بن محمد ابن يحيى بالرد على جميع مباحث النقد الأربعة عشر، كما أنه اطلع على «وجوب الحمية» للعلامة ابن شهاب بعد كتابته لنقده(37).

---

(34) ذكر ذلك في مكاتبة إلى العلامة ابن عقيل يوم الاثنين 11 صفر 1328هـ، المذكرات (ص76).

(35) 29 ذو القعدة 1327هـ، منقولة من المذكرات (ص69).

(36) ذكر ذلك في مكاتبة إلى العلامة ابن عقيل يوم الاثنين 11 صفر 1328هـ، المذكرات (ص76)، ويذكر ذلك أيضًا القاسمي في مكاتبة إلى الألوسي (ص123).

(37) ذكر ذلك في مكاتبة إلى العلامة ابن عقيل يوم الاثنين 11 صفر 1328هـ، المذكرات (ص75).

أما موقف علامة الشام القاسمي من معاوية بعد ذلك فيحدثنا أحد تلامذة العلامة ابن عقيل وهو السيد عبد الله بن أحمد ابن يحيى عن موقف جرى بين العلامتين - حين زاره ابن عقيل في دمشق(38) - أثناء حديثه عن «النصائح» في ترجمته لشيخه فيقول: (ومن أولئك الذين تصدوا للرد عليه علامةُ الشام جمال الدين القاسمي، ولكنه في النهاية رجع عن قوله معترفًا بفضل المؤلف ومستغفرًا ذنبه، وأخبرني من يوثق بكلامه بأنه ذات يوم جمع المرحوم وجمال الدين القاسمي مجلس وجرى الحديث فيه إلى ما نحن بصدده، فما أسرع أنْ تقدم إلى المؤلف معتذرًا عن ردِّه قائلًا له: إني لم أكتب ذلك الرد إلا لأني رأيتُ الأمة لم تقدر ذلك الكتاب حق قدره، فأردتُّ أن أُلفت أنظارها، فكتبتُ ردي عليه، وليس لي رائد فيما ردتته إلا ذلك.

وما أنا إلا من غزية إن غوت غويت وإن ترشد غزية أرشد

وأجابه المؤلف غفر الله له بقوله صلوات الله وسلامه عليه وآله: «**إِنَّمَا الأَعْمَالُ بِالنِّيَّاتِ وَإِنَّمَا لِكُلِّ امْرِئٍ مَا نَوَى**»)(39)، وسيأتي ما يؤيّد هذا المعنى عند حديثنا عن طباعة «نقد النصائح».

كما يشهد لتراجعه عن موقفه واعتناقه مشرب العلامة ابن عقيل ما كتبه إليه بعد اطلاعه على كتاب «وجوب الحمية عن مضار الرقية» للعلامة المتفنن أبي بكر ابن شهاب الدين حيث ذكر فيه أنّ هذه المسألة قد نضجت وكادت أن تحترق بسبب ما كتبه العلامة ابن عقيل وشيخه ابن شهاب، ونص علامة القاسمي: (فقد كان أمس غاية تناول كراريس الكتاب الجليل «وجوب الحمية»، وقد كانت تصلني في أوقات أرسالًا، ولم يَضِعْ والحمد لله منها

(38) ويذكر العلامة ابن عقيل في مذكراته لقاءه بالقاسمي والبيطار دون ذكره لتفاصيل ما وقع بينهما (ص103).

(39) من سيرة المرحوم السيد محمد بن عقيل، مجلة المعرفة المصرية، السنة الأولى، الجزء الثامن، أول ديسمبر 1931م، رجب سنة 1350هـ.

شيءٌ، وقد سهل عليّ بوصولها تباعًا مطالعته بتمام، **لا يزال مؤلفه شهابًا للدين والدنيا، وكوكبًا لكل منقبة مثلى، رأيتُ هذا المبحث بما كتبتم وكتب غيركم قد نضج وكاد يحترق**، ومن محاسن المناظرات أن تحوي نهاية ما يقال فيها لها أو عليها؛ لأنه لا يبقى بعد بذل الجهد مِن كلٍّ غموضٌ في البحث أو خفاء فيه؛ لأنّ الحقد عليه مسحة من النور وقوته فيه، كثير من شيوخ العلم الأخيار كان يستر بمثل هذه المباحث ومن رأيه أنّ كل مجتهد فيه ومبحوث عند مختلف فيه، ينبغي أن تنشر آراء الفضلاء في شأنه وتبث على الملأ بالكتابة أو الطبع؛ ليظهر ما تكنه خفايا الأفكار من محجبات الحقائق، ولا ريب أن المستفيد من مشهد ذلك يرجع عليها بالثناء والدعاء ما كانت وجهتها نصرة الحق لا التشهي وراء الهوى، وحظ النفس والله عليم بذات الصدور)[40].

وسيظهر للقارئ من خلال قراءته لنقد القاسمي مواضعَ مخالفة صراحةً لما يراه العلامة ابن عقيل، وما ذلك إلا لكون العلامة القاسمي لم يصلح شيئًا في كتابه بعد رد العلامة ابن عقيل عليه، فقد طلب العلامة ابن عقيل منه - بعد أن أخبره بأنه سيشرع في طباعة النقد - أن يقوم بإصلاح ما في كتابه، فقال له: (وعسى أن تكونوا قد أعدتم فيها النظر قبل الطبع بعد وصول ما كتبته إليكم عنها)[41]، ولكن لم يتمكن العلامة القاسمي من ذلك؛ فإنه قد طبع نقده قبل وصول كتاب العلامة ابن عقيل إليه[42].

(40) من مكاتبة إليه 27 شوال 1328هـ ، المذكرات (ص96-97)، والظاهر أنّ القاسمي لم يكتفِ بما كتبه إليه العلامة ابن عقيل من نقده، فإنه لم يقُل ما سبق إلا بعد اطلاعه على «وجوب الحمية»، أما قبله.. فيقول في مكاتبة إلى الألوسي (ص130) واصفًا نقد العلامة ابن عقيل: (ثم أرسل إليّ يجيب عن بعض مباحثه الأولى بما لا ينقع غلة)، وكان ذلك 14 رمضان 1328 ، أي قبل وصول كتاب «وجوب الحمية» إليه.

(41) من مكاتبة 4/ شوال/ 1328هـ، المذكرات (ص94).

(42) فقد طبع نقده في شهر رجب 1328هـ .

طباعة جمال الدين القاسمي للنقده على النصائح الكافية:

يحكي العلامة القاسمي عن طباعة كتابه فيقول في مكاتبة إلى العلامة ابن عقيل: (بلغ بعض الحضارمة الرحالة نقدي لمواضع من كتابكم وكان زارني في ربيع الثاني، ثم طار نبأ الكتاب إلى صديق لنا في جدة، فكتب إليّ بإرساله إليه لمطالعته، فأرسلت له المسودة التي أرسلتها لكم، فلم يفجأني إلا إرسالها مضمونة على أحد أصحابه دراهم ليقوم بطبعها على نفقته[43]، وقد كتب لي بذلك مع أني كنت ذكرت له كما ذكرت لسيادتكم أنّ هذا النقد لا فكر لي الآن بطبعه؛ لأني سئمت من القال والقيل، وزهدت في هذا السبيل، ولكن حِرْص الصديق وصحبته حالت دون مراجعته، وقلتُ: إذا أراد الله أمرًا.. هيأ أسبابه، ولو خليت ونفسي.. لما نشرته ولو كان عندي ما يفيء بنفقة طبعه، يخجلني هذا لئلا يفهم حشوي أو غبي أنّ النقد لبغضاء بيننا أو شحناء لا سمح الله، أو قصد الحط من المقام المحفوظ، معاذ الله)[44].

ويقول القاسمي: (وإني وأيم الله ما أذنت بنشره إلا لما رأيتُ مَن قام بنفقة طبعه بادر بإرسال القيمة وأعانه على فكره بعض إخواني عندنا، لا تشفيًا أو فرحًا بالرد، حاشا، فإنّ أخلاقهم والحمد لله على غاية ما يرام، وإنما هو سهولة الوقوف على ما كتبت، وتيسر مطالعة وتوفير عناء نسخِه، وسرورًا بمقدمته وخاتمته، وحرصًا على تلك النقول النادرة، ويعلم الحق أنّ مقامكم عندنا فوق ما يتصوره المخلصون، وإني لأخاف من نشره أنْ يفهم عني بخلاف ما في النفس، إلا أنّ الأغبياء لا يهمنا أمرهم، والمدار من كل أمة على عقلائها، فهم الكثيرون

---

(43) وهو محمد حسين نصيف ينظر الرسائل المتبادلة بين القاسمي والألوسي (ص131)، وكان محمد نصيف من أعيان جدة وممن نشر كتب الوهابية وأعان على ذلك، ترجم له الزركلي (6/ 107).

وقد كان للقاسمي علاقة واتصال مع محمد نصيف من قبل هذا وطبع له عددا من كتبه، والذي عرفه عليه كان الألوسي، ينظر الرسائل المتبادلة بينهما (ص69).

(44) من مكاتبة إليه 4 رجب 1328هـ، المذكرات (ص91).

وإن قلّوا، والأقوياء وإن ضعفوا)[45].

وقد يستغرب كثيرون في الدافع الذي دفع العلامة القاسمي بالسماح بطباعة نقده وقد تراجع عنه، والذي تبين لي أنه كان لأسباب ثلاثة:

- **الأول**: التعريف بكتاب «النصائح الكافية لمن يتولى معاوية»:

وقد بين بنفسه سبب ذلك فيما نقلناه عنه سابقًا، ويشهد لذلك أيضًا إشارته إليه في مكاتبة إلى العلامة ابن عقيل حيث قال القاسمي ما نصه: (وربما يسرني أو يسركم إذا نظرنا إلى أنّ هذا الرد أو النقد في الحقيقة هو ستارة وتعريض بشيء آخر، وقد قال لي أحد نبهاء إخواننا لمّا طالعه: هذا ليس بردٍّ ولا نقدٍ، قال: لأنّ الأدب الذي استعملته مع السيد والتنويه بشأنه في الخطبة لا يزيد عن الأدب مع الوالد أو الأستاذ، وإنما القصد أمور وحاجة في النفس ينادى بها على رؤوس الحشوية باسم النقد، هكذا يقول، **وقد فطن لمقصدي؛ فإنّ الكتاب لو لم يكن فيه إلا المقدمة والخاتمة.. لكفى في التعريف بمسائل**، والتنوير لأفكار لم تزل جامدة، لا تسمع بمثلها مهما عاشت، **هكذا قصد من تبرع بطبعه والله أعلم بنيته** وفراستكم أسمى من أن تعرَّف بما ذكر)[46].

- **الثاني**: تعليم أدب الخلاف بين العلماء:

يجد المتتبع لمكاتبات العلامة القاسمي إلى العلامة ابن عقيل كثرة معاتبته للمتعصبين من جهلة المقلدة الذين لا حظ لهم من أدب الخلاف، وقد أراد من هذا النقد أنْ يكون درسًا لهم في كيفية التعامل مع من يخالفهم في الرأي، قال رحمه الله في مكاتبة إلى العلامة ابن عقيل: (ولقد كان لنقد الفقير بعد طبعه موقع في تعليم الأدب غريب؛ لأنّ الأسلوب الذي توخيته لم يعهدوه، لا بل لم يسمعوا

---

(45) من مكاتبة إليه 27 شوال 1328هـ، المذكرات (ص95).

(46) من مكاتبة إليه 4 رجب 1328هـ، المذكرات (ص92).

به، والحق لهم؛ لأنهم لا يعلمون إلا نقود السباب والتشفي والتضليل والتكفير، أمّا هذا الباب الذي فتحناه لإخواننا.. فسيكون بمثابة درس أو دروس ترشد إلى ما يجب في هذا المقام)[47].

وقد حظي العلامة القاسمي بمقصوده، فلاحظ عدد من أهل العلم أدب ولطافة العلامة القاسمي في هذا الرد، ومن هؤلاء العلامة محمد رشيد رضا، فيقول في ذلك: **(وإنما نود لو يكون كل ناقد كالقاسمي في أدبه وإخلاصه وتحريه ما يرى أنه الأنفع للناس**، فما فرّق كلمةَ المسلمين إلا أهل الجدل والمراء بالهوى)[48].

- الثالث: إتمامه لمباحث «النصائح الكافية».

لم يكن كل ما في نقد القاسمي ردًّا على «النصائح» بل كان جزء منه إتمامًا لبعض مباحثه، وهو ما طلب العلامة ابن عقيل من العلامة القاسمي فعله، فيقول في مكاتبة إليه: (كما أني أرجو مِن فضلكم أن تتموا ما رأيتُم فيه نقصًا مِن مباحث رسالتي)[49].

ويظهر أنّ القاسمي أراد أن تكون مقدمة نقده لكتاب «النصائح الكافية» إتمامًا لمباحث «النصائح الكافية»، فإنه في مقدمة نقده أشار إلى علو مقام العلامة ابن عقيل، كما قرر أنّ الخلاف في لعن معاوية خلافٌ سائغ وقد ذهب إلى رأي العلامة ابن عقيل عدد من الفرق الإسلامية، وقد أثنى العلامة ابن عقيل على تلك المقدمة بقوله: (وقد أعجبتني صراحتكم وجميل بحثكم سيما في المقدمة، فلكم عند الله أجر اجتهادكم إن شاء الله)[50].

وأخيرًا أقدم شكري لكل من دعمني وقدّم لي يد العون في إنجاز هذا العمل ونشره، سواء أكان ماديًّا أم معنويًّا، وأخص منهم السيد أسامة النضيري مدير دار النضيري، وأخي الباحث عبد الله المطيري الذي أتحفني بكثير من المعلومات

---

(47) من مكاتبة إليه 27 شوال 1328هـ، المذكرات (ص95).
(48) محمد رشيد رضا، مجلة المنار، (14/ 316).
(49) المذكرات (ص66).
(50) المذكرات، (ص71).

مما استفدت منها في هذا الكتاب وفي غيره وهو أيضًا مدير مركز أبي بكر ابن شهاب، كما أشكر الأستاذ الباحث يوسف عبد الإله الضحياني الذي عثرنا بفضله على نسخة أخرى من نقد السيد عبد القادر ابن يحيى.

نقد السيد العلامة محمد بن عقيل ابن يحيى لنقد النصائح للقاسمي:

السيد محمد بن عقيل - كما ذكرنا سابقًا - هو مؤلف «النصائح الكافية»؛ أي: الكتاب الذي قام جمال الدين القاسمي بالرد عليه، وقد قام بالتعليق على مواضع من نقد القاسمي بعد أن وعده بذلك في قوله في مكاتبة إليه: (وقد وعدتكم أن أكتب إليكم بشيء مما يتعلق بما كتبتموه لتعيدوا نظركم فيه، وبهذا أقدم إليكم أسطرًا يسيرةً نموذجًا لما يختلج بالبال يتعلق بما كتبتموه على «النصائح»؛ لتعيدوا نظركم فيه، فوفاءً بالعهد أكتب إليكم بهذا أسطرًا يسيرة، وأرجو غضّ النظر عن التقصير الكثير)[51].

فنقد السيد محمد بن عقيل على نقد القاسمي عبارة عن تعقبات على مواضع من نقده أرسله إليه في مكاتبة، وقد نقلها بتمامه العلامة ابن عقيل في مذكراته من صحفة 81 إلى 89، كما نقله أيضًا في أوراق مفردة في ستة أوراق.

ولم ينقد العلامة ابن عقيل نقد القاسمي كاملًا، حيث اقتصر في ذلك على نقد مقدمته وأول مبحثين من نقده، ثم قال في آخره: (ولنا كلام على جميع المباحث الباقية أرى أنّ في فهمكم ما يغني عن شرحه، وإن شئتم نتكلف كتابة ذلك فأفيدونا).

---

(51) 16/ ربيع الأول/ 1328هـ، المذكرات (ص81).

صور من نقد العلامة محمد بن عقيل على نقد القاسمي ضمن المذكرات:

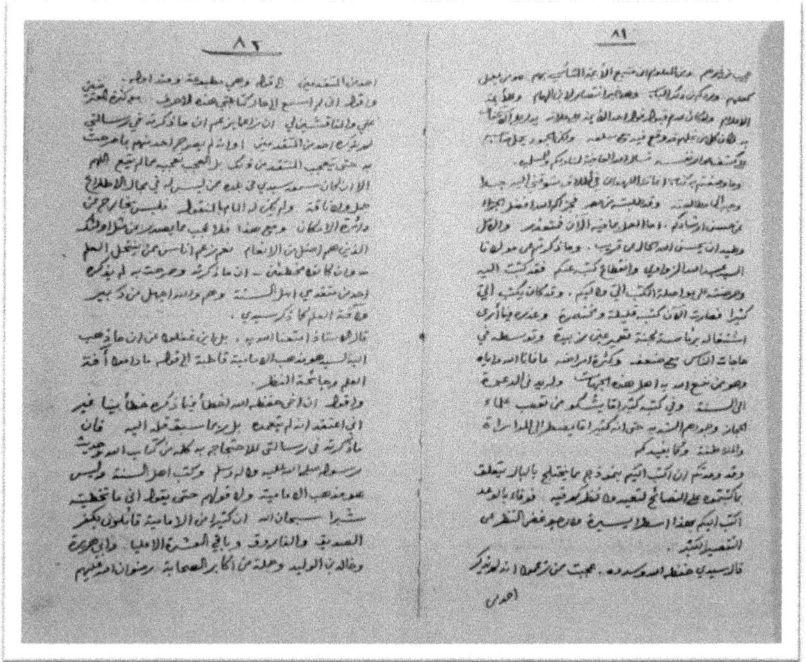

صور من نقد العلامة بن عقيل من أوراق مستقلة:

وقد وعدتكم أن أكتب إليكم بشيء مما يتعلق بالكتاب لتقيدوا نظركم فيه وبهذا أقدم إليكم أسطرا بسيرة
نموذجا لما يختلج بالبال قال سيدي حفظه الله عجب ممن زعموا أن لم يذكر أحد من المتقدمين الأقطاب وهي مطبقة [illegible]
وأقول إني لم أسمع الحال كتابتي هذه الأحرف [illegible] المتقدمين على [illegible] أن [illegible]

أن ما ذكرته في رسالتي لم يذكره أحد من المتقدمين أو أنه لم يصرح به أحد منهم بما صرحت به حتى يتعجب المتعجب
من ذلك بل العجب تعجبه مما لم يقع اللهم إلا أن يكون سمعه هو في بلده ممن ليس له في مجال الاطلاع جمل ولا ناقة
ولم يكن له بالمتقدم معرفة ولا إلمام فليس بخارج من دائرة الأمثال ومع هذا فلا عجب مما يصدر من أمثال أولئك
الذين هم أضل من الأنعام نعم زعم أناس ممن ينتحل العلم وإن كانوا شرذمة أن ما ذكرته وصرحت به لم
لم يذكره أحد من متقدمي أهل السنة وهم والله أجهل من دبير ولا فقه العلم كما ذكر سيدي
وقول سيدي حفظه الله بل إني [illegible] أن ما ذهب إليه السيد هو مذهب الإمامية قاطبة الأقطاب ما داموا أهل
العلم وصالحة النظر [illegible] وأقول [illegible] حفظه الله أخطأ فيما ذكره
خطأ بينا غير أني أعتقد أنه لم يتهم بل ربما سبق قلمه إليه فإن ما ذكرته في رسالتي للاحتجاج به كله من كتاب الله وحديث
رسول صلى الله عليه وآله وسلم وكتب أهل السنة وليس هو مذهب الإمامية ولا قولهم حتى يقال أني ما تخطيت
شبرا سبحان الله أكثر الإمامية قائلون بكفر الصديق والفاروق وباقي العشرة إلا عليا وأبي
هريرة وخالد بن الوليد وجملة من أكابر الصحابة رضوان الله عليهم ومما يكفر هؤلاء من الإمامية فهو جازم
بفسقهم دع عنك ما اتفقوا عليه في معاوية وعمرو ومسروق وبسر ومن شاكلهم
الإمامية قائلون بأن أبا لؤلؤة محسن مصيب يثنون عليه الثناء الحسن ويتولونه ويقولون إن عثمان قتل
بحق الإمامية قائلون بعصمة الأئمة الاثني عشر وبوجوب تقليدهم حتى فيما يخالف الحديث ويقولون إن المهدي
المنتظر هو محمد بن الحسن وإنه حي إلى الآن إلى غير ذلك من الأقوال المشهورة عنهم فهل رأى سيدي حفظه الله وأبقاه
الخير أني تعديت شيئا من هذا في رسالتي أو لمحت إليه حتى يسوغ له أن يقول أني ما تخطيت مذهبهم شبرا.
وأنا والله لم أخط إليه شبرا نعم إن كان مراد سيدي بالإمامية أئمتهم كعلي والحسنين وزين العابدين والحسن
ابن الحسن والباقر وأخيه زيد والصادق وموسى الكاظم وأمثالهم من أئمة الهدى رضوان الله عليهم أجمعين فقد صدق
فإني أقول بما قالوه وأعتقد ما اعتقدوه ولم أخرج عنه شبرا وإن خالفتهم في شيء عنه مسروق أو علقمة أو عكرمة
أو فليح أو واحد نظرائهم ممن يزعم ابن حزم وابن تيمية ومن سلك في هذا المقام طريقهما أنهم أفضل من أولئك
وأعلم منهم بالدين فذلك بعيد على شاكلته الآية
قال أخي أحسن الله إليه ولتنظر ما قاله الفاضل ابن أبي الحديد ليعلم أن متحصل رسالة السيد إلخ
انتهى كلام ابن أبي الحديد وأقول غفر الله لصاحبنا ما زل به قلمه يتقول حفظه الله أن متحصل رسالتي هو مجمل
٣

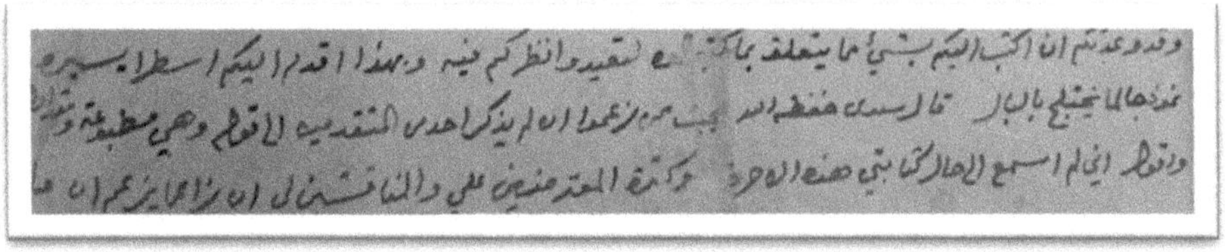

نقد الحبيب العلامة عبد القادر بن محمد بن عبد الله ابن يحيى:

توجد نسختان من هذا الرد كلاهما في دار المخطوطات اليمنية، حيث أوقف العلامة ابن عقيل كتبه على الجامع الكبير، ثم نقل مؤخرًا المكتبة الغربية المشتملة على كتبه إلى دار المخطوطات اليمنية.

النسخة الأولى: عبارة عن مجموع مشتمل أيضًا على «أصل تقوية الإيمان»، و«صادق الفجرين في جواب سؤال البحرين» للعلامة أبي البركات نعمان الألوسي.

ونقده على نقد القاسمي واقع في (11) لوحًا. ورمزت إليها بـ(أ).

صور من نقد العلامة عبد القادر ابن يحيى على نقد القاسمي:

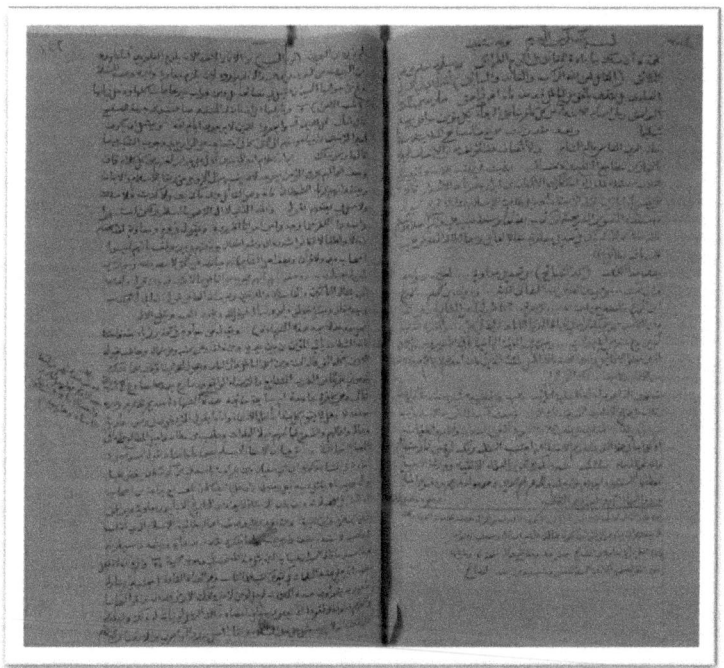

النسخة الثانية: تقع هذه النسخة أيضًا في دار المخطوطات اليمنية، وعدد ألواحها (21)، ورمزت إليها بـ(ب)، دونك صور منها:

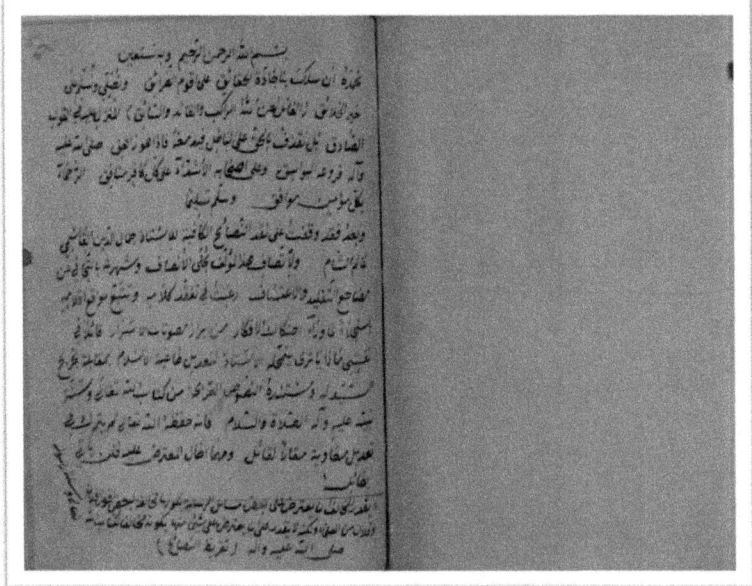

من بداية المخطوط

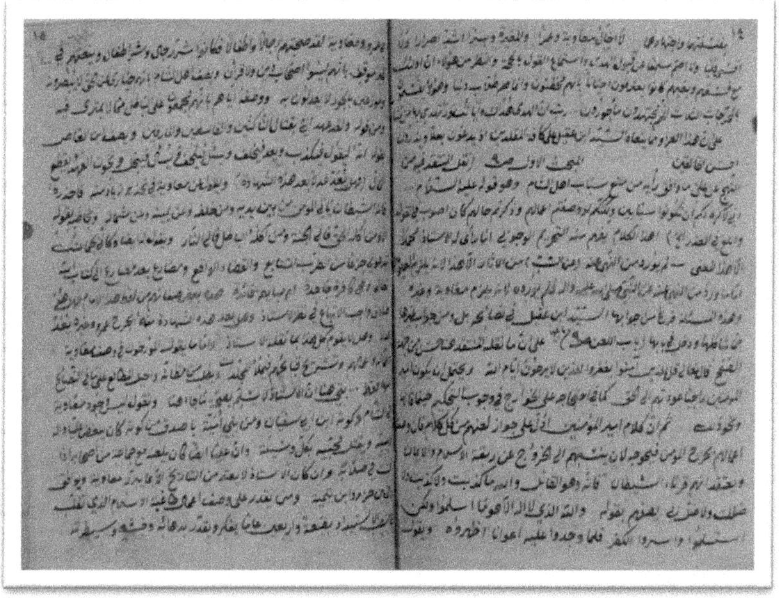

من وسط المخطوط

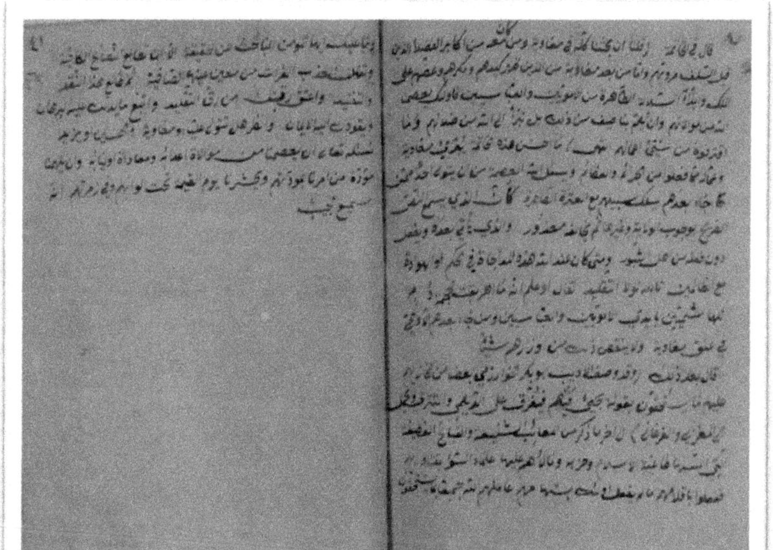

من نهاية المخطوط

نسبة الرد إلى السيد عبد القادر بن يحيى:

هذا الرد ثابت النسبة إلى السيد عبد القادر، وقد نسبه إليه ابن عمه العلامة ابن عقيل في بداية المجموع الذي فيه النسخة الأولى.

علامة الشام جمال الدين محمد القاسمي

نسبه:

هو أبو الفرج محمد جمال الدين ابن محمد سعيد بن قاسم بن صالح بن إسماعيل بن أبي بكر القاسمي الكيلاني الحسني الدمشقي.

مؤلفاته:

1 - محاسن التأويل «تفسير».
2 - دلائل التوحيد.
3 - ديوان خطب.
4 - الفتوى في الإسلام.

5 - إرشاد الخلق إلى العمل بالبرق.

6 - شرح لقطة العجلان.

7 - نقد النصائح الكافية «وهو كتابنا هذا».

8 - مذاهب الأعراب وفلاسفة الإسلام في الجن.

9 - موعظة المؤمنين، اختصار لإحياء علوم الدين.

10 - شرف الأسباط.

11 - تنبيه الطالب إلى معرفة الفرض والواجب.

12 - جوامع الآداب في أخلاق الأنجاب.

13 - إصلاح المساجد من البدع والعوائد.

14 - تعطير المشام في مآثر دمشق الشام.

15 - قواعد التحديث من فنون مصطلح الحديث.

16 - رسالة في الشاي والقهوة والدخان.

17 - الفضل المبين على عقد الجوهر الثمين.

وفاته:

توفي القاسمي ودفن في دمشق سنة 1332هـ، ورثاه كثير من تلامذته وإخوانه منهم رشيد رضا، ومحمود الألوسي، وأخوه صلاح الدين القاسمي، وخير الدين الزركلي وغيرهم.

السيد العلامة محمد بن عقيل ابن يحيى

نسبه:

هو السيد محمد بن عقيل بن عبد الله بن عمر بن أبي بكر بن عمر بن طه بن محمد بن شيخ بن أحمد بن حسن الأحمر ابن علي العنّاز ابن علوي بن محمد مولى الدويلة ابن علي بن علوي بن محمد الفقيه المقدم ابن علي بن محمد صاحب المرباط ابن علي خالع قسم ابن علوي بن محمد بن علوي بن عبيد الله ابن المهاجر أحمد بن عيسى بن محمد بن علي العريضي ابن جعفر الصادق ابن محمد الباقر ابن علي زين العابدين ابن الحسين السبط ابن علي بن أبي طالب وابن

فاطمة الزهراء بنت سيد المرسلين عليهم سلام الله أجمعين.

ولادته:

ولد بحضرموت بقرية مسيلة آل شيخ، ونشأ بها، وكانت ولادته ضحى يوم الأربعاء ليومين بقيا من شهر شعبان سنة 1279هـ الموافق 18 فبراير 1863م.

شيوخه:

1- والده الحبيب عقيل ابن يحيى.
2- عمه الحبيب محمد ابن يحيى.
3- الحبيب العلامة المتفنن أبو بكر بن عبد الرحمن ابن شهاب.
4- الحبيب العلامة محسن بن علوي السقاف.
5- الحبيب العلامة عيدروس بن عمر الحبشي.
6- الحبيب العلامة أحمد بن حسن العطاس.
7- الحبيب العلامة علي بن محمد الحبشي.

مؤلفاته:

1- أحاديث المختار في معالي الكرار.
2- ثمرات المطالعة.
3- العتب الجميل على أهل الجرح والتعديل.
4- النصائح الكافية لمن يتولى معاوية.
5- تقوية الإيمان برد تزكية ابن أبي سفيان.
6- فصل الحاكم في النزاع والتخاصم فيما بين بني أمية وبني هاشم.
7- الهداية إلى الحق في الخلافة والوصاية.
8- رسالة في الرد على منهاج السنة.
9- رسالة في إيمان أبوي المصطفى.

10 - رسالة في نجاة أبي طالب.
11 - رسالة في تحقيق مقام الخضرية.
12 - الرحلات.
13 - المراسلات.
14 - المذكرات.
15 - ضجيج الكون في فضائع عون.

كتب نسبت إليه خطأً:

1 - حجة ما على الجبابرة من حبل القرآن.

توجد منه نسخة في دار الكتب المصرية، رقم 282 أخلاق تيمور، والصواب أنّ مؤلفه محمد بن عقيل المكي.

2 - الرسالة العينية في معرفة سر السلوك المهدوية.

توجد من نسخة في الجامع الكبير بصنعاء، رقم 2919، والصواب أنّ مؤلفه محمد بن عقيل المكي.

وفاته:

توفي رحمه الله بالحديدة شمال اليمن يوم الثلاثاء الساعة التاسعة صباحًا الثالث عشر من ربيع الأول سنة 1350هـ، الموافق 28 يوليو 1931.

فعظمت بموته المصيبة وقد قامت حكومة الإمام ورجال دولته بتشييعه إلى مدفنه وسارت مئات الجند منكسة أسلحتها في جنازته، وأقفلت المحاكم ثلاثة أيام حدادًا.

السيد العلامة عبد القادر بن محمد ابن يحيى

هو ابن عم العلامة ابن عقيل، وكان بمنزلة أحد تلامذته، وبينهما مكاتبات كثيرة لا تزال مخطوطة يعلم من خلالها شدة تعظيمه لابن عمه ومنزلته لديه. توفي بمدينة سيئون، ولم أقف على من ترجم له.

عملي في الكتاب

- كتبت مقدمة مختصرة عن «النصائح الكافية» ونقده للعلامة القاسمي، تشتمل أيضًا على تحقيق موقف العلامة القاسمي من معاوية ابن أبي سفيان، وسبب طبعه لنقده الذي ألّفه لا لنشره، وعلاقة جمال الدين القاسمي مع العلامة ابن عقيل.

- كتبت نبذة عن نقد السيدَين محمد بن عقيل وابن عمه عبد القادر بن محمد.

- تَرْجمتُ لجمال الدين القاسمي والعلامة محمد بن عقيل ترجمة مختصرة، أما العلامة عبد القادر بن محمد ابن يحيى.. فلم أقف على ترجمته.

- اعتمدت في نصّ الكتاب على طبعة مطبعة الفيحاء في دمشق التي طبع في حياة المؤلف سنة 1328 بنفقة الشيخ المحمد البسام والأفندي محمد بن حسين نصيف.

- أثبت جميع تعليقات المؤلف في الهامش وأشرت إلى تعليقاته بقولي: «القاسمي» في آخر كل منها.

- خدمت نص الكتاب وذلك من خلال:

1- عزو الآيات.

2- عزو الأحاديث النبوية.

3- تخريج ما وجدته من أقوال العلماء.

وجعلت ذلك في نفس المتن بين قوسين معكوفين [...]؛ لكون الهامش مملوءًا غالبًا.

- أَثبتُّ نقدَ السيد العلامة محمد بن عقيل ابن يحيى على المواضع التي انتقدها من نقد العلامة القاسمي أسفل نص نقد القاسمي.
- أَثبتُّ مقدمةَ العلامة عبد القادر ابن يحيى لنقده قبل نص «نقد القاسمي».
- أَثبتُّ نقدَ السيد العلامة عبد القادر ابن يحيى على المواضع التي انتقدها من نقد العلامة القاسمي أسفل نص نقد العلامة ابن عقيل.
- ربطت المواضع التي أحال فيها السيد عبد القادر ابن يحيى على «النصائح الكافية» بصفحاتها في النسخة التي طبعتها مؤسسة دار الكتاب الإسلامي؛ لأنّ السيد عبد القادر اعتمد في الإحالة على النسخة الهندية لـ «النصائح».
- اقتبست نصوصًا قيمة من عدد من كتب العلامة ابن عقيل المختلفة - وهي: «النصائح الكافية لمن يتولى معاوية»، و«تقوية الإيمان برد تزكية ابن أبي سفيان»، و«العتب الجميل على أهل الجرح والتعديل»، و«ثمرات المطالعة» المشتمل على نقده على «منهاج السنة» وكذلك صفحات كثيرة في بيان حال معاوية ابن أبي سفيان «وأحاديث المختار في معالي الكرار»- مما يشتمل على رد بعض ما قرره العلامة القاسمي في نقده، وأشرت إلى الكتاب المنقول منه قبل النقل منه.

مقدمة تفنيد

«نقد النصائح الكافية لمن يتولى معاوية»

تأليف

السيد العلامة عبد القادر بن محمد بن عبد الله ابن يحيى

بسم الله الرحمن الرحيم (52)

وبه نستعين

نحمده أن سلك بنا جادة الحقائق، على أقوم الطرائق، ونصلي ونسلم على خير الخلائق، القائل: «**لَعَنَ اللهُ الرَّاكِبَ وَالقَائِدَ وَالسَّائِقَ**»(53)، المنزل عليه في القول الصادق: ﴿**بَلْ نَقْذِفُ بِالْحَقِّ عَلَى الْبَاطِلِ فَيَدْمَغُهُ فَإِذَا هُوَ زَاهِقٌ**﴾ [الأنبياء:18]، صلى الله عليه وآله فروعه البواسق، وعلى أصحابه الأشداء على كل كافر منافق، الرحماء بكل مؤمن موافق، وسلم تسليمًا.

وبعد:

فقد وقفت على «نقد النصائح الكافية» للأستاذ جمال الدين القاسمي عالم الشام، ولاتِّصاف هذا المؤلِّف بِحُلى الإنصاف وشهرته بالتجافي عن مضاجع التقليد والاعتساف.. رغبتُ في تفقد كلامه وتتبع مواقع أقلامه؛ استجلاءً لما وراء احتكاك الأفكار من إبراز مصونات الأسرار قائلًا في نفسي: ماذا يا ترى يتمحّله الأستاذ لتعديل طاغية الإسلام بمقابلة تجريح السيد له، ومستنده النصوص الصريحة من كتاب الله تعالى وسنة نبيه عليه وآله الصلاة والسلام، فإنه حفظه الله تعالى لم يترك في تعديل معاوية مقالًا لقائل، ومهما أطال المعترض عليه.. فلن يأتي بطائل(54).

---

(52) أما بقية نقده على نقد القاسمي.. فستراه أسفل الموضع المنتقَد عليه.

(53) قال الهيثمي [مجمع الزوائد، (1/ 118)]: (رواه البزار [3839] ورجاله ثقات)، وقال العلامة ابن عقيل [ثمرات المطالعة، (1/ 262)]: (أقول: الملعونون في هذا الحديث الصحيح هم: أبو سفيان، وابناه؛ معاوية ويزيد)، ينظر تاريخ الطبري (10/ 58).

(54) يقدر المخالف أن يعترض على بعض مسائل الرسالة بكونها مخالفة لبعض أقوال فلان وفلان من العلماء، ولكنه لا يقدر على أن يعترض على شيء منها بكونه مخالفًا لكتاب الله تعالى وسنة رسوله. «المؤلف».

يشتمل هذا الكتاب «نقد النصائح» على تعديل معاوية، لعين رسول الله وابن لعينه، وعمرو بن العاص الشانئ الأبتر[55]، ومروان بن الحكم الوزغ ابن الوزغ[56] والفضض من لعنة الله[57]، وسمرة الخاطب في أهل الشام بأنّ قوله تعالى: ﴿وَمِنَ ٱلنَّاسِ مَن يُعۡجِبُكَ قَوۡلُهُۥ فِي ٱلۡحَيَوٰةِ ٱلدُّنۡيَا ...﴾ [البقرة:204] الآيات.. نزلت في عليّ، والمغيرة الذي لم يكن يدعْ شتم علي أيام ولايته، وغيرهم من الفئة الباغية؛ كأبي الأعور، وبسر، وشرحبيل، الذين فعلوا الأفاعيل، وقهروا الأمة بالأباطيل[58]، الذين كان أحدهم لا يتأثم مهما احتقب من الآثام، ولا يهمه سفك الدم الحرام.

تصفحته فإذا هو مباحث فلسفية لتأييد مذهبٍ وتعضيد مشربٍ، مقدمة قول فلان وفلان على صريح الأحاديث الشريفة وآيات القرآن، فرجعتُ آسفًا لِمَا مُني به الإسلام والدين من أولئك الطلقاء المتغلبين على منصب الخلافة النبوية بالبغي والعدوان والظلم والطغيان؛ إذ كل ما جاء في هذا النقد - وإنْ زعم الأستاذ أنه اجتنب التقليد وتنكبه - ثمرة من ثمار استبدادهم، والله لهم بالمرصاد[59].

---

(55) نعتٌ للعاص المعني بقوله تعالى: ﴿إِنَّ شَانِئَكَ هُوَ ٱلۡأَبۡتَرُ ۝٣﴾ [الكوثر:3] على قول جماعة من الصحابة؛ كابن عباس «تفسير البغوي» (8/ 560).

(56) روى الحاكم في مستدركه (8477) عن رسول الله صلى الله عليه وآله وسلم أنه قال في مروان: «**هُوَ الْوَزَغُ بْنُ الْوَزَغِ، الْمَلْعُونُ ابْنُ الْمَلْعُونِ**»، وقال: (هذا حديث صحيح الإسناد ولم يخرجاه).

(57) قالت عائشة رضي الله عنها مخاطبة مروان بعد زعمه بأنّ قوله تعالى: ﴿وَٱلَّذِي قَالَ لِوَٰلِدَيۡهِ أُفّٖ لَّكُمَآ﴾ [الأحقاف:17] نزل في أخيها عبد الرحمن بن أبي بكر [الكامل، ابن الأثير، (3/ 100)]: (أنتَ القائل لعبد الرحمن إنه نزل فيه القرآن؟ والله ما هو به ولكنه فلان بن فلان، **ولكنك أنتَ فَضَضٌ من لعنة نبي الله**)، ينظر «ثمرات المطالعة» (1/ 72).

(58) انظر بوائق معاوية في «النصائح» صفحة 15 [ص40]، وفظائع عمال معاوية صفحة 40 [ص79] وما يليها. «المؤلف».

تنبيه: جميع إحالات العلامة عبد القادر ابن يحيى على «النصائح» موافق لما في الطبعة الهندية، وما بين المعكوفين موافق لطبعة دار الكتاب الإسلامي.

(59) انظر الصفحة الثامنة السطر الخامس وما بعده من «نقد النصائح» «المؤلف».

شرّد ملوك الجور العلماء الأتقياء وورثة الأنبياء، فقطعوا ألسنتهم وأيديهم وأرجلهم وألجموهم بلجم الحديد، وهدموا دورهم ودفنوهم أحياء وردّوا شهاداتهم وشهّروهم بالآفاق، ومنعوا أن يَذكروا أن يُسمّوا عليًّا أو يُحدَّث عنه[60]، هذا مع كثرة الآيات والأحاديث الواردة في فضله وعلمهم بها.

فاغتَنَمَ تلك الفرصة علماءُ السوء وقرّاء الرياء، فتقرّبوا إلى ملوك الجور تزلّفًا إلى نيل مرضاتهم؛ طمعًا في الحطام والسحت الحرام وحرث الدنيا الذي من أراده آتاه الله منه وماله في الآخرة من نصيب، واغتنمَها أيضًا المتغلبون ظلمًا وعدوانًا منهم، فولّوهم المناصب العالية، وملأوا جيوبهم من السحت الحرام[61]، الفيء الذي خانوا به الأمةَ غلولًا، فملأ أولئك الطوامير[62] من فضائلهم وطمسوا رذائلهم[63]، وأفتوهم الفتاوى وسموهم أهل السنة والجماعة، وصيَّروا سيئاتهم حسنات، ومثالبهم محامد، وسمّوا عنادهم للحق اجتهادًا، ونكوبهم عن الصراط استقامةً وسدادًا، وطال الحال على هذا المنوال، فران الباطل على البصائر، وتبلدتِ العقول، وطمست أعلام الحق، والرعايا على دين ملوكها إلا من عصم الله وقليل ما هم.

فاستحكمت مَلَكة التقليدِ بالعلماء والأمة وأبيح دم من يخالف رأيًا ولو مشهورًا بالجور أو ينتقد ما يوجب الانتقاد، حتى في نفس الزمن الذي زعم الأستاذ أن حرية العلم بلغت مبلغها حينما كان يحضر درس داود الظاهري أربعمائة متطلس، ومن ذلك ما أصاب ويصيب بعض العلماء حتى الآن ولو لم يقصد التقليد ولكنه يذهب بسائقه ذهولًا إلى خلاف الحق بدون شعور منه

---

(60) اطلب «النصائح» ص117 [ص196] وما بعدها. «المؤلف».

(61) انظر قصة سمرة وأخذه المال على خطبته ص51 [ص95] من «النصائح» «المؤلف».

(62) طوامير جمع طامور: الصحيفة.

(63) كما فعل ابن تيمية وابن حزم وابن حجر وغيرهم، انظر ص70 [ص126] في أسباب وضع الأحاديث من «النصائح» «المؤلف».

ويحسبون أنهم مهتدون.

عجبتُ للأستاذ كيف يذهب به الانتقاد ويهيم من فنونه بكل واد؛ حرصًا على تعديل طاغية الإسلام حرب الله ورسوله ولعينه وابن لعينه والوزغ ابن الوزغ طريد الرسول صلى الله عليه وآله وسلم وطريد صاحبيه[64] رضي الله عنهما أيضًا، وغيرهما، مع أنّ تعديلَهم تجريحٌ لمن يدور معه الحق حيث دار فمن دونه من العترة الطاهرة، ولا يرى ذلك جرأة على خير الأنام ولا استخفافًا بما يَجُرُّ من التبعة والملام وبوادر الآثام والانتقام ذهابًا إلى رأي ابن تيمية وابن حزم وابن حجر ومن قلدهم وقلدوه[65]، وهذا قلّد الذين لا يفارقهم القرآن ولا يفارقونه وأذهب الله عنهم الرجس وطهرهم تطهيرًا إن كان لا بد من التقليد.

عجبًا وأي عجب أولئك البغاة جنوا ثمرة بغيهم وأوتوا حطام الدنيا وحرثها الذي هو مطمح أبصارهم، وغاية مرتمى أفكارهم، ولم يبالوا لأجله بمراعاة القربى ولا حفظوا نبيهم في ثِقَلَيه لأحقادٍ بدرية وضغائن جاهلية، نعاها عليهم مَن عاب معاوية على فعله من الصحابة؛ كالصديقة رضي الله عنها وغيرِها.

فما بال هؤلاء يطمسون أعلام الحق جريًا على منهاجهم المعوج، يشاركونهم

---

(64) أثبت ما في (ب) وهو الصواب، وفي (أ): «صاحبه».

(65) قال العلامة ابن عقيل [تقوية الإيمان، (ص46)]: (وهو [أي: ابن حجر]، والذهبي، وابن تيمية من كبار نواصب أهل السنة، ومن أكثرهم تغريرًا وزورًا وإن تفاوت مراتبهم في ذلك، وقد شاركهم في كثير من ذلك بعض علماء تلك الطائفة المحترمة، فتجد في طيات أقاويل بعضهم من دقائق النصب وخبثه ما هو قرة عين إبليس، مما يدل على أنهم قد مردوا على النصب، وغمر قلوبهم بغض علي وأهل البيت، فأعماها رانها، عاملهم الله بقسط عدله، آمين.

فكن من زبدهم وسموم نصبهم على حذر، ورضي الله عن شيخنا العلامة ابن شهاب إذ كتب على ظهر الكتاب المسمى «تطهير الجنان» تصنيف ابن حجر المكي شعرًا:

لا تنكروا جمع «تطهير الجنان» ولا ... مدحا به كذبا فيمن بغى وفجر

فإنما طينة الشيخين واحدة ... ذاك ابن صخر وهذا المادح ابن حجر).

في آثامهم ولم ينالوا شيئًا من حطامهم، ويتعنون بحمل أثقالهم وآصارهم وأغلالهم، ويمنعون أن تذكر فظائعهم وشنائعهم، **بل ينبزون من يذكرها بالرفض والابتداع وينسبونه إلى الخروج عن ربقة الإسلام ويحلون دمه الحرام،** ولم يصيبوا مِن دنياهم شيئًا، خسروا الدنيا والآخرة، ذلك هو الخسران المبين، فكيف لو نالوا ما نال عمرو وأضرابه، اللهم إنّ هؤلاء فتكوا بأقلامهم ولا فَتْكَ أولئك بسهامهم، وأصابوا مِن القلوب بكلامهم فوقَ ما أصاب أولئك من الجسوم بكلامهم.

من عذيري من هؤلاء العلماء يَقعدون على منصّة الفتوى مَنصبَ الإمامة في الدين؛ فيفرِّعون من الأحكام في تحليل الحلال وتحريم الحرام ما تحِيْر به الأفهام، وتتيه به الأوهام، ويستنبطون المسائل الدقيقة والجليلة بكل حيلة ووسيلة، وتراهم مع ذلك يَعدِلون عن مُحكم الآيات القرآنية، وصريح الأحاديث الشريفة النبوية؛ ذهابًا إلى تصحيح أغلاط مقلَّديهم، مع أمر أولئك لهم بنبذ أقوالهم وضرب عرض الحائط بها إذا خالفتِ السنة.

ويُكَفِّرون ويَنبِزون بالابتداع مَن خالف لهم قولًا أو ذمّ لأئمة الجور فعلًا، متسترين لذلك برداء الدين ونصرة السنة والكتاب المبين، وإنك لَتحِير مع دقة استنباطهم كيف يذهلون عن البديهيات الجلية المعلومة من الدين بالضرورة، يخالفون مَن لا يُخالَف، يدفعهم الغرور بعلمهم إلى مخالفة النصوص الصريحة؛ اتباعًا لقياساتهم الفاسدة، ونتائجهم العقيمة، الله تعالى شأنه وجل جلاله يقول: ﴿لَّا تَجِدُ قَوْمًا يُؤْمِنُونَ بِٱللَّهِ وَٱلْيَوْمِ ٱلْآخِرِ يُوَآدُّونَ مَنْ حَآدَّ ٱللَّهَ وَرَسُولَهُۥ ....﴾ [المجادلة:22] الآية، وهم يقولون ما على من حادّ الله ورسوله من بأس، وأنت تعلم مقدار مُوادّتهم لمن حادّ الله ورسوله، وكيف نصبوا أنفسهم لمعاداته؛ بتَبريرِ أعمال أعدائه وتحويل سيئاتهم حسنات، فلا نطيل المقال بهذه الجلية.

إنّ معاوية وأشياعه ممن حادّ الله ورسوله؛ لشهادة الأحاديث الكثيرة بأنّ

حرب علي ومحادته حربٌ ومحادة لله ولرسوله صلى الله عليه وآله، وأنَّ من آذى عليًّا فقد آذاه، وولي علي ولي الله، إلى غير ذلك من الأحاديث الشريفة التي لا تحصر، انظر ما في «النصائح» منها ص66 [ص118]، وإذا لم يكن معاوية وأشباهه محادّين لله ولرسوله.. فمن يكون؟ وما هي المحادة لله ولرسوله إذًا؟

أليس مخالفة الشريعة صُراخًا جهدًا(66) باستلحاق زيادٍ(67)، وحكم الجاهلية، وترك الشورى، ومحاربة الوصي، وقتل المخبتين، وغير ذلك من المحادّة والعناد، ويُدَّعى له الاجتهاد أيضًا(68).

ويقول سبحانه وتعالى: ﴿وَمَن يَقْتُلْ مُؤْمِنًا مُّتَعَمِّدًا فَجَزَآؤُهُۥ جَهَنَّمُ خَٰلِدًا فِيهَا وَغَضِبَ ٱللَّهُ عَلَيْهِ وَلَعَنَهُۥ وَأَعَدَّ لَهُۥ عَذَابًا عَظِيمًا ﴿٩٣﴾﴾ [النساء:93]، وقد قتل معاوية حجرًا وأصحابه المخبتين تعمدًا وحديثهم مشهور، وقتل غيرهم كثيرًا من كبار الصحابة رضي الله عنهم، ثم هؤلاء يقولون لا يجوز لعنه، ويحكمون له في النجاة بتاتًا، ولا يبالون بصراحة النصوص، وقال سبحانه وتعالى: ﴿وَمَن يَكْسِبْ خَطِيٓـَٔةً أَوْ إِثْمًا ثُمَّ يَرْمِ بِهِۦ بَرِيٓـًٔا فَقَدِ ٱحْتَمَلَ بُهْتَٰنًا وَإِثْمًا مُّبِينًا ﴿١١٢﴾﴾ [النساء:112].

وممالأةُ معاوية على قتل عثمان رضي الله عنه في الشر، ورغبته فيه، واتهامه عليًّا بذلك؛ توصّلًا إلى مقاصده الدنيئة معلومة من إرساله الجيش لنصرته ظاهرًا، وإيصائه بضدّ ما أظهر، كل ذلك حرصًا وكلبًا على حطام الدنيا، محادة لله ورسوله(69).

والنبي صلى الله عليه وآله يقول: «**مَنْ سَبَّ عَلِيًّا.. فَقَدْ سَبَّنِي**»(70)، وهم

---

(66) في (ب): (صراخًا جدًا).

(67) ينظر «النصائح الكافية» (ص100-104).

(68) ينقل المنتقد في المبحث التاسع من ذلك عن ابن تيمية وابن حزم الغرائب «المؤلف».

(69) صفحة 19 [ص48] من «النصائح». «المؤلف»

(70) أخرجه النسائي في «السنن الكبرى» (8476)، وأحمد (26748)، قال الهيثمي [مجمع الزوائد، (9/ 133)]: (رجاله رجال الصحيح غير أبي عبد الله الجدلي وهو ثقة)، وصححه السيوطي في «الجامع الصغير» (8717)، وشعيب الأرنؤوط في تخريج المسند.

يقولون: السّابّ لعليٍّ مجتهدٌ مأجورٌ بلسان الفعال الذي هو أبلغ من لسان المقال.

ويقول صلى الله عليه وآله: «**حُبُّ عَلِيٍّ إِيمَانٌ وَبُغْضُهُ كُفْرٌ**»(71)، وهم يحكمون لأكبر مبغضيه بالإيمان ولأكثر محبيه بالكفر(72).

ويقول صلى الله عليه وآله: «**حُبُّ عَلِيٍّ وَحُبُّ الأَنْصَارِ إِيمَانٌ وَبُغْضُهُمْ نِفَاقٌ**»(73)، ومعاوية كان يبغض عليًّا والأنصارَ لأحقاد بدرية [وضغائن جاهلية، فإذًا هو منافق، والمنافق في الدرك الأسفل من النار، وهم](74)، يقولون: إنه في أعلى العليّين.

[و]الصدّيقةُ رضي الله عنها تقول: (ويل لمعاوية من حجر وأصحاب حجر)(75)، ومعاوية نفسه يقول: (يومي منك يا حجر طويل)(76)، وهم يقولون: لا بأس، لا تخف، لا عليك، أنت كاتب الوحي(77) وخال المؤمنين(78).

شريكه في دنياه وآثامه عمرو بن العاص يقول: (لك الويل منه غدًا ثم لي)(79)، وأخوهما سمرة الثقة الثبت يقول: (لعن الله معاوية)(80)، وصديقه

---

(71) أخرجه مسلم بمعناه في صحيحه (78).

(72) لبغضهم معاوية وتجويزهم لعنه «المؤلف».

(73) ورد هذا في عدة أحاديث صحيحة منها ما رواه البخاري (17) ومسلم (74): «**آيَةُ الإِيمَانِ حُبُّ الأَنْصَارِ، وَآيَةُ النِّفَاقِ بُغْضُ الأَنْصَارِ**»، وقد أدرج المؤلف متن هذا الحديث بالحديث السابق.

(74) ما بين المعكوفين ساقط من (أ) وأثبته من (ب).

(75) في «أنساب الأشراف» (5/ 265) نسبة ذلك إلى الإمام الحسن بن علي عليهما السلام.

(76) الكامل لابن الأثير، (3/ 83)، وينظر تفصيل قتل معاوية لحجر بن عدي في «النصائح الكافية» (ص104-109).

(77) ينظر بطلان القول بأنه كاتب الوحي في «النصائح» (ص265)، و«ثمرات المطالعة» (1/ 262)، و(3/ 86).

(78) ينظر بطلان القول بأنه خال المؤمنين في «النصائح» (ص264)، و«دلائل النبوة» (5/ 415)، و«تفسير البغوي» (3/ 309)، و«نهاية المطلب» (12/ 23)، و«تفسير ابن كثير» (3/ 381)، و«تاريخ الإسلام» للذهبي (2/ 303)، و«تفسير السمعاني» (4/ 260).

(79) قاله ضمن قصيدة أرسلها لمعاوية مشهورة بالقصيدة الجلجلية.

(80) «النصائح» 9 [ص30،97] «المؤلف».

الخصيص المغيرة يشهد عليه بالكفر[81]، وهم يقولون: طوبى له ولكم[82]، معاوية بن يزيد نعى على أبيه وجده قبائحهما وأفعالهما الموبقة ويبكي لهما، وهؤلاء يطوبون ويصوبون الإمام الشافعي رضي الله عنه بقوله:

مَـن لَّمْ يُصَـلِّ عَلَـيكُمْ لَا صَـلَاةَ لَـهُ ....

وهؤلاء يقولون: قاتل الآل مقبول الصلاة مرضيُّ الأقوال والأفعال.

الإمام أحمد رحمه الله يقول: (وهل يتولّى يزيد مؤمن؟! ومالي لا ألعنُ مَن لعنه الله)، ويستشهد بقوله تعالى: ﴿ فَهَلْ عَسَيْتُمْ إِن تَوَلَّيْتُمْ ... ﴾ [محمد:22][83] وما استنبط منها أَلصقُ بمعاوية منه بيزيد، وهم يبالغون في تقرير ولايته ووجوب الاستغفار لهما.

الحسنُ البصري يعدّ بعض أعماله موبقات[84] وهم يعدونها كلها منجيات.

أبو الفرج الأصفهاني صاحب «الأغاني» حمله الإنصاف واتباع الحق مع أمويته على التشيع - موالاة علي -، وهؤلاء جعلوا النصب دينهم الذي يدينون به[85].

---

(81) 92 [ص161] منه، «المؤلف».

(82) وانظر ما فيه من رغبتهم بقتل عمار ولثم سيف قاتله واستخفافهم بالسنة السنية «المؤلف».

(83) ينظر الرد على المتعصب العنيد المانع من ذم يزيد لابن الجوزي (ص41)، والصواعق المحرقة لابن حجر (2/ 635).

(84) نقله ابن الأثير بقوله [الكامل، (3/ 82)]: (أربع خصال كن في معاوية لو لم تكن فيه إلا واحدة.. لكانت موبقة: [1] انتزاؤه على هذه الأمة بالسيف حتى أخذ الأمر من غير مشورة وفيهم بقايا الصحابة وذوو الفضيلة، [2] واستخلافه بعده ابنه سكيرًا خميرًا يلبس الحرير ويضرب بالطنابير، [3] وادعاؤه زيادًا وقد قال رسول الله صلى الله عليه وآله وسلم: «**الوَلَدُ لِلفِرَاشِ وَلِلعَاهِرِ الحَجَرُ**»، [4] وقَتْلُه حِجرًا وأصحابَ حِجرٍ، فيا ويلا له من حجر! ويا ويلا له من حجر وأصحاب حجر!).

(85) كابن تيمية القائل [مدارج السالكين، (2/ 87)]:

إن كـان نصبًا حـب صـحب محمـد   فليشـــهد الـــثقلان أني ناصـــبي

ويح هؤلاء، أتلفوا دينهم ولم ينالوا دنيا غيرهم، فكانوا في ذلك دون ابن العاص وأنداده، كل ذلك منهم عصبية محضة، موالاةٌ للشجرة الملعونة في القرآن، ونقضًا لعرى الإسلام والإيمان.

وهاك بعض الملاحظات على هذا النقد؛ إذ ردّه برمّته يفضي إلى تطويل، ويحوج إلى ما يحرج من التفاضل والتفضيل، والتجريح والتعديل، ولسنا في صدد الردّ عليه، فقد كفى كل مؤمن هذه المؤونة السيد ابن عقيل في «النصائح»، والسيد أبو بكر ابن شهاب الدين في «وجوب الحمية»، وأَثبتا جرح هذا الطاغية وجواز لعنه ووجوب بغضه من الكتاب والسنة ومن أقوال فلاسفة الإسلام الذين هم أبعد غورًا وأكثر علمًا وأصحّ حكمًا وأدقّ استنباطًا مِن فلاسفة الأستاذ وإن لم يكن بهم عند السَّيِّدَينِ حجة إلا بما وافق القرآن الحكيم وسنة نبيه الكريم عليه وآله الصلاة والتسليم.

والأستاذ وغيره لا يأتي في ردّه إلا ترديد نغمة التقليد باختلاف الألحان، ومقابلة قال الله تعالى وقال رسوله بقال فلان وقال فلان، والله المستعان.

«تنبيه»

قد نلاحظ على بعض أقوال الأستاذ وعلى بعض ما ينقله مختارًا له وإن تظاهر بعدم الرضى في بعض منقولاته.

نقد النصائح الكافية لمن يتولى معاوية

تأليف

علامة الشام جمال الدين محمد القاسمي الدمشقي

(1283هـ - 1332هـ)

وبهامشه

النقود الضافية

لمنتقد النصائح الكافية

تأليف

شيخ العترة الإمام المجتهد محمد بن عقيل بن عبد الله ابن يحيى باعلوي

السيد العلامة عبد القادر بن محمد بن عبد الله ابن يحيى باعلوي

ينشر لأول مرة

محلاة بانتقادات مقتبسة للعلامة ابن عقيل من:

«النصائح الكافية لمن يتولى معاوية» «تقوية الإيمان برد تزكية ابن أبي سفيان»
«العتب الجميل على أهل الجرح والتعديل» «ثمرات المطالعة»
«أحاديث المختار في معالي الكرار»

اعتنى به

علوي بن صادق الجفري

بسم الله الرحمن الرحيم

[خطبة الكتاب]

[فيها الباعث على التأليف وأن المسألة التي ألف لها يجب إيفاؤها ما يليق بها والإعجاب بحرية فكر ابن عقيل وأن في كتابه ما يقف من معاوية على غرائب وخلاصة(86)]

الحمد لله وحده، وصلى الله وسلم على من لا نبي بعده، وعلى آله الأطهار، وأصحابه الأخيار.

أما بعد:

فقد أهدى(87) إليَّ العالم النحرير، والجهبذ الكبير، السيد محمد ابن يحيى بن عقيل(88)، نفعنا المولى بمحبته، وبارك لنا في إفادته، كتابا سمَّاه «النصائح الكافية لمن يتولى معاوية»، أيَّد فيه حفظه الله مذهب من جرَح معاوية ورهطه، ورأى أنَّ تعديلَهم زلّةٌ وغلطةٌ، وبنى عليه جوازَ لعن معاوية وسبّه، زعمًا بأنَّه لم يخشَ في أعماله مقامَ ربِّه.

وقد نوَّع في كتابه الفصول والأبواب، وأتى في تأييد مشربِه بالعجبِ العجاب، **مما أبان عن فضلٍ وطولِ باعٍ، وقوةِ استحضارٍ وسعةِ اطّلاعٍ، ويَدٍ في**

---

(86) ما بين المعقوفتين مستوحاة من عناوين الفهرس التي صاغها القاسمي.

(87) **في 10 جمادى الآخرة سنة 1327هـ من بلدة سنغافورة. «القاسمي».**

(88) الصواب: محمد بن عقيل ابن يحيى، فعقيل والده ويحيى جده الأكبر الذي تُنسب القبيلة له.

حرّية الفكر طولى، وصدعٍ بالاجتهاد من الدرجة الأولى، مما يدهش الواقف عليه، ويجذبه بكلّيّته إليه.

وقد رغب إليَّ أن أطَّلع على خوافيه، وأُعلِمُه برأيي فيه، مشيًا مع الإنصاف، وتنكبًا عن الاعتساف، فامتثلت أمرَه وطالعته بتمامه، ولم أغادر منه شيئاً إلا وفهمتُ سرَّ مرامه، ثم كتبت إليه بأنّ تحقيق هذه المسألة وإيفائها ما يليق بها لا ينبغي الإغضاء عنه، ولا التملص منه، لأنها مسألة مهمة، تقسمت لأجلها الأمة، فوجب فيها كشف الغمة، ولئن كان المذهب فيها معروفًا إلا أنّا نراه في الكتب بالإجمال موصوفًا، وليس العلم بها مفصلاً كالعلم بها مجملاً، فإنّ في البسط والتفصيل، والشرح والتحليل، ما يزيل اللّبس، ويجلي الحقيقة للنفس.

وقد جلَّى السيد - أيَّده الله - في بسطه لهذه المسألة غرائب فوائد، وعجائب فرائد، تُوقف من معاوية على غير ما كان يُعلم منه مجملًا، وتفتح من الوقوف على أعماله بابًا كان مقفلاً.

وإذا انكشف الغطاء، وانقشع غمام الخفاء.. استبان بعده منزلته اللائقة به، فلا يلحق بالسابقين، ولا بطبقة الأنصار والمهاجرين؛ كما عليه كثيرٌ من الحشوية، عديمي الفقه والروية، هذا أعظم ما يستفاد من مجموع الانتقاد.

ولَمَّا مرَّ بي في كتاب السيد المذكور مسائل فيها نظر من عدة أمور.. رأيت - إجابة لطلبه - أن أكتب له رأيي في انتقادها، وأدَعُ له الخِيرَة في نقدها أو اعتقادها، وما على العالم إلا أن يبذل جهده، ويتخيّر مما يراه أقوى دليلًا عنده.

وأرجو أن لا يكون نقدي هذا مما يحل عرى الخلة، ولا ينقض أواصر المودة، فإنّ التباين في الآراء والأذهان كالاختلاف في الأشكال والألوان، فلا يوجب للقلوب تنافراً ولا للمعارف تناكرًا، سيما على رأي أنّ كل مجتهد مصيب، فالخطب في الباب قريب، وهذا ما أتحققه من كمال السيد - نفعنا الله بمحبته -، ولولا يقيني به.. لما بررته في إجابة طلبته، فإنّ استبقاء رضاه أشهى إليّ من كل

مشتهى، وهل إلا إلى جمع الكلمة والتعاون على البر والتقوى المنتهى، وعسى أن يهتدي لمذهب السلف بما كتبه السيد وكتبناه فريقا الشيعة والنواصب(**)(89) هداهم الله، فإنّ الذي يسعى إليه الحكماء هو تعديل الغلاة من كل نِحله، وردهم إلى الوسط الذي بُنيت عليه الملة.

ولنقدِّم أمام المناقشة هذه المقدمة فنقول:

نقد السيد عبد القادر ابن يحيى

(**) **قلتُ**: أمّا النواصب.. فقد تألّفهم كثيرًا، وجعل علماءَهم مُقتداهُ، ولم يحِدْ عن منهاجهم، فلا بدع أن أَنِسوا به وأَلِفوه، وكيف يهتدون بما كتبه وهو إنما اقتبس منهم وأخذ عنهم؟

وأما الشيعة.. فمحال منهم ذلك؛ إذ جَرحَ عواطفَهم بتعديل من جرحه إمامهم وأبناؤه الأئمة الطاهرون، ومشى من أول كتابه إلى آخره على خلاف منهجهم على خط مستقيم، ولسان حالهم يقول مرددا كلام إمامهم أمير المؤمنين في جوابه للخوارج: «**أبعدَ إيماني بالله وجهادي مع رسول الله أشهد على نفسي بالكفر؟! قد ضللتُ إذًا وما أنا من المهتدين**»(90)، وهكذا يقولون: أبعد اقتدائنا بالكتاب الكريم والسنة الشريفة والعترة الطاهرة تغوينا هكذا فلسفة، وبيننا من الطلبة من يفوق صاحبها تحقيقا وتدقيقا، ضللنا إذا وما نحن من المهتدين.

---

(89) جمع ناصبي وهو من نصب العداوة لأهل بيت النبوة عليهم السلام وتظاهر ببغضهم، أو من نصب العداوة لعليٍّ عليه السلام أو أعلن بها، وفي «المعتبر» أن الخوارج هم المعنيون بالنصاب بناء على أن النصب لم يتحقق من غيرهم. اهـ من «البرهان القاطع» للسيد الطباطبائي «القاسمي».

(90) نهج البلاغة، (ص92-93).

المقدمة

[شهرة أصل المسألة وتعدد المذاهب فيها فمنهم من يرى السكوت ومنهم من يرى الخوض]

أصل المسألة مشهور تجاذبته أنظار الفرق حتى تعددت فيه المذاهب، وتنوعت المشارب، **فمنهم** من يرى السكوت عن تلك الماجريات؛ وهو ما للمحدِّثين وجمهورِ الفقهاء والمتكلمين، **ومنهم** من يرى الخوض لتمحيص الحقِّ وإشاعته؛ لكون المسألة تعددت شعبها ذُكرتْ في الكلام وفي الفقه وفي الأصول، وتلك أمهات العلوم التي يناط بها صحة ما ورائها مما تستتبعه ويندرج فيها لأنها الكلي الأعظم، والركن الأهم، دع عنك أنها شغلت من التاريخ جانبًا كبيرًا أصبحت فيه من أهم مسائله، فكيف يسوغ السكوت عنها وقد أُفعمت جوانبه، وأوقرت جنائبه.

[ما ذهب إليه ابن عقيل هو مذهب الإمامية وشيعة اليمن والمعتزلة ومقالة ابن أبي الحديد في رأي المعتزلة في البغاة والخوارج]

عجبتُ ممن زعموا أنَّ لم يذكر أحد من المتقدمين ما ذكره السيد في رسالته المنوه بها قبل، ولم يصرحوا به بما صرَّح به!

وألم يدرسوا مقالات الفرق الإسلامية في ذلك في كتب «الملل والنحل» وهي مطبوعة ومتداولة؟(*) بل أين غفلوا عن أنَّ ما ذهب إليه السيد هو مذهب الإمامية قاطبة، وشيعة اليمن، ومذهب المعتزلة ما تخطّاه شبراً(**) (91) ولا ابتدع مذهبًا وفكراً.

نقد السيد محمد ابن عقيل

(*) **وأقول**: إني لم أسمع إلى حال كتابتي هذه الأحرف مع كثرة المعترضين عليّ والمناقشين لي أنّ زاعمًا يزعم أنّ ما ما ذكرتُه في رسالتي لم يذكره أحد من المتقدمين، أو أنه لم يصرِّح أحدٌ منهم بما صرَّحتُ به حتى يتعجب المنتقدُ من ذلك، بل العجب تعجُّبُه مما لم يقع! اللهم إلا إنْ كان سَمِعَه سيدي في بلده ممنْ ليس له في مجالِ الاطلاعِ جملٌ ولا ناقةٌ، ولم يكن له إلمامٌ بالمنقول.. فليس بخارجٍ عن دائرة الإمكان، ومع هذا فلا عجب مما يصدر عن مثل أولئك الذين هم أضلُّ مِن الأنعام.

نعم، زعم أُناسٌ ممن ينتحل العلم - وإن كانوا مخطئين - أنّ ما ذكرتُه وصرَّحتُ به لم يذكره أحدٌ من متقدمي أهل السنة، وهم والله أجهل مِن دبير، وآفة العلم كما ذكر سيدي(92).

نقد السيد عبد القادر ابن يحيى

(**) ثم ذكر المنتقد في مقدمته ص4 أنّ ما ذهب إليه السيد في هذه المسألة مذهب الإمامية ما تخطاه شبرًا، واسترسل في إيضاح ما ذهب إليه بما يغري المطالع بعدم اعتبار أقوال السيد؛ إذ كلُّ ما ينسب إلى الإمامية يعدُّ عند الجمهور ساقط الاعتبار، والحقُّ أنّ الحقيقةَ ضالةُ السيد المنشودة، وغايته المقصودة، وليس بالمقلد، ولا كل ما يذهب إليه الإمامية مخالف للحقيقة.

---

(91) أي في مسألته هذه وإلا فإنَّه لم ينتحل مذهب الإمامية والحمد لله كما كتب لي . اهـ «القاسمي».

(92) أي في جملته الآتية.

ليتهم أعاروا نظرهم مقدمة «شرح نهج البلاغة» لعز الدين ابن أبي الحديد[93] ليروا أنّ المسألةَ مشهورةٌ معروفة، فيخففوا من غلوائهم، ويرققوا من جمودهم، لا بل يستروا من جهلهم وعوارهم، ولكن ما حيلة الذكي مع الغبي، والمحقق مع الحشوي، والمستدل مع المقلد، والسمح مع الجامد، لا ....

نقد السيد عبد القادر ابن يحيى

ونحن نرى أنّ ما ذهب إليه الأستاذ في هذه المسألة[94] تبعًا لابن تيمية وابن حزم وابن حجر هو عين ما ذهب إليه عمرو وبسر وسمرة والمغيرة وأضرابهم؛ تقليدًا لمجتهدهم الكبير معاوية الذي أدّاه اجتهاده إلى تجويز بل وجوب لعن أهل الكساء الذين أذهب الله عنهم الرجس وطهرهم تطهيرًا وإنْ نفى التقليد عن نفسه، وهَب أنّ هذا المجتهد أدّاه اجتهاده إلى استنباط لعن علي والحسنين وابن عباس لخروجهم عليه بغيًا، فما الحجة لمقلّديه في شتم البضعة النبوية[95] ومحلّها مِن رسول الله صلى الله عليه وآله معلوم من الدين لدى العموم، إلا أنهم خرجوا هذا الفرع مِن أصوله وأثبتوا له أجرَ المجتهدين في دين الله، لم ينقص هؤلاء مِن أقوال النواصب شيئًا إلا تصويبهم عليًّا باللفظ فقط، وهم في هذا أضرّ وأنكى؛ إذِ العدو في ثياب الصّديق أدهى وأمرّ، مَن يشكّ في أنّ هذه المحاماة والتصويب والتمحّل والتنقيب والشبه التي يبررون بها أعدى عدوٍّ لله ولرسوله آلمُ لقلب رسول الله صلى الله عليه وآله ولأمير المؤمنين مِن ضرب سيوف أولئك الأعراب الذين ما كانوا يعلمون أيمانهم مِن شمائلهم، اللهم أنّ أقلامَ هؤلاء لَأفتكُ مِن سيوف أولئك، وقصاراهم أن يعيدوا عليك قال فلان وقال فلان كلما جئتهم بآية من القرآن أو أحاديث بغضك كفر وحبك إيمان، لا حول ولا قوة إلا بالله.

---

(93) هو عز الدين أبو حامد عبد الحميد بن هبة الله بن محمد بن محمد بن الحسين بن أبي الحديد رحمه الله تعالى، عالم بالأدب معتزلي (ت655هـ).

(94) مسألة تصويب معاوية فقط، ولسان الحال أفصح من لسان المقال. «**السيد عبد القادر**».

(95) اطلب ص77 [ص136] من «النصائح».

حيلة معهم ما داموا آفة العلم وجائحة النظر (*).

ولنوردْ لهم ما قاله ذلك الفاضل - ابن أبي الحديد - ليعلموا أنَّ مفصَّل ....

نقد السيد محمد ابن عقيل

(*) **وأقول**: إن أخي حفظه الله أخطأ فيما ذكره خطأً بيِّنًا غير أني أعتقد أنه لم يتعمده، بل ربما سبق قلمه إليه، فإنّ ما ذكرتُه في رسالتي للاحتجاج به كله من كتاب الله، وحديث رسوله صلى الله عليه وآله وسلم، وكتب أهل السنة، وليس هو مذهب الإمامية، ولا قولهم حتى يقول إني ما تخطيته شبراً.

سبحان الله، إن كثيراً من الإمامية قائلون بكفر الصديق والفاروق وباقي العشرة - إلا عليًّا - وأبي هريرة وخالد بن الوليد وجملة من أكابر الصحابة رضوان الله عليهم، ومن لم يكفر هؤلاء من الإمامية.. فهو جازم بفسقهم، دع عنك ما اتفقوا عليه في معاوية وعمرو وسمرة وبسر ومن شاكلهم، الإمامية قائلون بأن أبا لؤلؤة محسن مصيب، يثنون عليه الثناء الحسن، ويتولونه، ويقولون: إنّ عثمان قُتل بحق، الإمامية قائلون بعصمة الأئمة الاثنا عشر، ووجوب تقليدهم حتى فيما يخالف الحديث، ويقولون إنّ المهدي المنتظر هو محمد بن الحسن، وإنه حي إلى الآن، إلى غير ذلك من الأقوال المشهورة عنهم.

فهل يري سيدي - وفقه الله وإيانا للخير - أنّي نقلت شيئًا من هذا في رسالتي، أو لّمحت إليه حتى يسوغ له أنْ يقول إني ما تخطيت مذهبهم شبراً، وأنا والله لم أخطُ إليه شبرًا!

نعم، إن كان مراد أخي بالإمامية أئمتهم؛ كعليٍّ والحسنين وزين العابدين والحسن ابن الحسن والباقر وأخيه زيد والصادق والكاظم وأمثالهم من أئمة الهدى رضوان الله عليهم أجمعين.. فقد صدق، فإنّي أقول بما قالوه، وأعتقد ما اعتقدوه، ولم أخرج عنه شبراً وإنْ خالفهم في شيء منه مسروق أو علقمة أو عكرمة أو فليح أو أحد نظرائهم ممن يزعم ابن حزم وابن تيمية ومن سلك في هذا المقام طريقهما أنهم أفضل من أولئك وأعلم منهم بالدين، ﴿ قُلْ كُلٌّ يَعْمَلُ عَلَىٰ شَاكِلَتِهِۦ﴾ [الإسراء:84].

رسالة السيد هو مجمل كلامِه في تلك المقدمة(96) قال رحمه الله [10/1]: (فأما القول في البغاة عليه – أي: على أمير المؤمنين علي كرم الله وجهه – والخوارج.. فهو على ما أذكره لك:

أما أصحاب الجمل.. فهم عند أصحابنا هالكون كلهم إلا عائشة وطلحة والزبير(97)، فإنّهم تابوا، ولولا التوبة.. لحُكِم لهم بالنار؛ لإصرارهم على البغي.

وأما عسكر الشام بصِفّين.. فإنّهم هالكون كلهم عند أصحابنا، لا يُحكم لأحدٍ منهم إلا بالنار؛ لإصرارهم على البغي وموتهم عليه، رؤساؤهم والأتباع جميعًا.

وأما الخوارج.. فإنهم مرقوا من الدين بالخبر النبوي المجمع عليه، ولا يُختلف في أنهم من أهل النار.

وجملة الأمر أنّ أصحابنا يحكمون بالنار لكلِّ فاسقٍ مات على فسقه، ولا ريب في أنّ الباغيَ على الإمام الحقّ والخارجَ عليه بشبهة أو بغير شبهة فاسقٌ، وليس هذا مما يخصّون به عليًّا عليه السلام، فلو خرج قوم من المسلمين على غيره من أئمة العدل.. لكان حكمهم حكم من خرج على الإمام(98) علي عليه السلام.

وقد يرى كثير من أصحابنا في قوم من الصحابة أحبطوا ثوابهم؛ كالمغيرة بن شعبة، وكان شيخنا أبو القاسم البلخي رضي الله عنه إذا ذكر عنده عبد الله بن الزبير يقول: لا خير فيه، وقال مرة: لا يعجبني صلاته وصومه، وليسا بنافعين له مع قول رسول الله صلى الله عليه وآله وسلم لعلي عليه السلام: «**لَا يُبغِضُكَ إِلَّا**

---

(96) أي كلامه في عسكر الشام بصفين من حيث الحكم عليهم بأنهم بغاة ظالمون فحسب، وإن كان السيد لا يوافق في غير ذلك، والقصد من النقل كله زيادة الاطلاع على مذاهب الفرق في هذه المسألة من كلام أصحابها. اهـ «القاسمي».

(97) في «شرح النهج» زيادة: «رحمهم الله».

(98) قوله: «الإمام» زيادة ليس في «شرح النهج».

مُنَافِقٌ»، وقال أبو عبد الله البصري لما سئل عنه: ما صحّ عندي أنه تاب من يوم الجمل، ولكنه استكثر مما كان عليه، فهذه هي المذاهب والأقوال.

وأما الاستدلال عليها.. فهو مذكور في الكتب الموضوعة لهذا الفن)، انتهى كلام ابن أبي الحديد بحروفه(*).

نقد السيد محمد ابن عقيل

(*) **وأقول:** غفر الله لصاحبنا ما زلّ به قلمه يقول حفظه الله: **إن مفصل رسالتي هو مجمل كلام ابن أبي الحديد في المقدمة**، وليس كذلك، قال ابن أبي الحديد: إنَّ أصحاب الجمل هالكون إلا طلحة والزبير وعائشة لأنهم تابوا، وأنا قد صرحت في رسالتي أن الثلاثة مجتهدون مخطئون، ثم أثبتُّ رجوعَهم إلى الحقّ بعد أنْ تبيّن لهم، وهذا هو قول أهل السنة قاطبة من أهل الحديث وأهل الرأي، أفيكون قولي هذا تفصيلاً لما قاله ابن أبي الحديد؟ كلا.

يقول ابن أبي الحديد: «**وأما عسكر الشام بصفين.. فإنهم هالكون كلهم عند أصحابنا، لا يحكم لأحد منهم إلا بالنار؛ لإصرارهم على البغي وموتهم عليه؛ رؤساؤهم والاتباع جميعًا**» فهل في رسالتي إلا الحكم عليهم بأنهم بغاة ظالمون كما في الحديث، عليهم ما على الباغي والظالم من الإثم إلا من تاب، أفهذا تفصيل لما أجمله ابن أبي الحديد؟ كلا!

نعم، ذكرتُ كما ذكر كثير من أهل السنة أناسًا بأسمائهم؛ كمعاوية وعمرو وسمرة وزياد والمغيرة ومروان وبسر وأشباههم بأنهم فساقٌ لا عدالة فيهم، ولا وثوق برواياتهم حيث ثبت عنهم وتواتر من الجرائر العظيمة ما لا ينكره إلا المكابر المتعسف، وتعددت منهم الموبقات بالبغي، وقتل الأنفس بغير حق، وسبّ الإمام علي عليه السلام على المنابر، ولعنه، وأهل بيته، والاستئثار بأموال المسلمين، والمجاهرة بعداوة الله ورسوله وأهل بيته، وإيصال الأذى إليهم وغير ذلك من أحداث السوء التي صدرت منهم بعد النبي صلى الله عليه وآله وسلم كما جاء في

[ما قاله الشهرستاني في خلاصة الخلاف وأن البغي هل يوجب اللعن، والنقل عن الإمام يحيى في عدم قبول رواية من حارب أهل البيت خاصة]

وقال الإمام الشهرستاني في كتابه «الملل والنحل» في الكلام على أهل الفروع [2/ 7]: (وللأصوليين خلاف في تكفير أهل الأهواء، فمِنْ مبالغٍ متعصِّبٍ لمذهبه كفَّر وضلَّل مخالفَه ومِن مُتساهلٍ مُتَألِّفٍ لم يكفِّر)، ثم قال[2/ 8]: (واختلفوا في اللعن على حسب اختلافهم في التكفير والتضليل، وكذلك من خرج على الإمام الحق بغيًا وعدوانًا، [فإن كان صدر خروجه عن تأول واجتهاد.. سمي باغيًا مخطئًا][99]، ثمَّ البغي هل يوجب اللعن؟ **فعند أهل السنة**: إذا لم يخرج بالبغي عن الإيمان.. لم يستوجب اللعن، **وعند المعتزلة**: يستحق اللعن بحكم فسقه ... الخ).

وقد وافق هؤلاء المعتزلة شيعةُ اليمن، قال ضياء الإسلام إسحاق بن المتوكل اليماني في رسالته «رفع الخلاف ....

نقد السيد محمد ابن عقيل

الصحيح أنها ستقع، وأن مرتكبيها يختلجون عن ورود الحوض، مأخوذ بهم ذات الشمال، ولم ينقل صدور توبة من أحد منهم، أو ندم، أو رجوع إلى الحق، أو استحلال ممن ظلموه.

إن كان هذا هو كل مذهب الإمامية.. فإني ولربي الحمد إمامي وإن لم تكن السنة إلا جحد قبائح هؤلاء، وبوائقهم، وتغطيتها، أو قلبها بالتأويلات الفاسدة حسنات.. فلست بسني.

---

(99) ساقط في الأصل.

في أسباب الائتلاف»(100) : (المعروف مِن مذهب الإمام يحيى بن الحسين عدمُ قبول الرواية عن جماعة من الصحابة؛ لاعتبار عدالة الصحابة عندهم كغيرهم من الناس، فرواية أهل الحديث عن المغيرة ومعاوية وعمرو وغير هؤلاء عنده غير مقبولة)، ثم قال الضياء: (وقد علم أنّ الشيعة - شيعة اليمن - لا يتجاوزون عمّن حارب أهل البيت وسبّهم؛ لاعتقادهم أنَّ ذلك حربٌ للنبي صلى الله عليه وآله وسلَّم وسبٌّ له، وذلك حربٌ لله، وبهذا جاءتِ الأحاديث المتكاثرة) اهـ بحروفه.

فيرى الواقف على ما نقلناه أنَّ المسألة قديمةُ العهد إلا أنَّ إعراض الخلف عن النظر في كتب المقالاتِ والخلافِ.. أورث دهشهم لكل ما لم يحيطوا به علمًا، ولا غرو أن يتقاصر عن هذه الكماليات من قصّر في الحاجيات.

[رجال المعتزلة من السلف وممن روى له الشيخان]

ربما يظنّ قليل الاطلاع أنَّ المعتزلة - وإن شئت فقل: القدرية- فئةٌ لا يؤبه لهم، ولا يقام لهم وزن؛ لأنهم في نَظَرِه الأعشى كالمارقة!

ولكن ماذا يكون جوابه إذا تلونا عليه أسماء القدرية من السلف وقلنا له: هم على ما رواه الإمام ابن قتيبة في «المعارف»: (معبد الجهنيّ، عطاء بن يسار، عمرو ابن عبيد، غيلان القبطي، الفضل الرقاشيّ، عمرو بن قائد، وهب بن منبه(101)، قتادة، هشام الدستوائي، سعيد بن أبي عروبة، عثمان الطويل، عوف بن أبي جميلة، إسماعيل بن مسلم المكي، عثمان بن مقسم البري، نصر بن عاصم بن أبي نجيح، خالد العبد، همام ابن يحيى، مكحول الشامي، سعيد بن إبراهيم، نوح بن قيس الطاحي، غندر، ثور بن زيد، عبّاد بن منصور، عبد الوارث التنوري،

(100) رسالة مخطوطة عندنا نقلناها من مخطوط يماني «القاسمي».
(101) يقال أنه رجع. «القاسمي».

صالح المري، كهمس، عباد بن صهيب، خالد بن معدان، محمد ابن إسحاق) اهـ.

وأمَّا عدةُ من أخرج لهم الشيخان - البخاري ومسلم - أو أحدهما منهم.. فهي كما في «تدريب الراوي شرح تقريب النواوي» للحافظ السيوطي [1/389]: (ثور بن زيد المدني، ثور بن يزيد الحمصي، حسان بن عطية المحاربي، الحسن بن ذكوان، داود بن الحصين، زكريا بن إسحاق، سالم بن عجلان، سلام بن عجلان، سلام بن مسكين، سيف بن سليمان المكي، شبل بن عباد، شريك بن أبي نمر، صالح بن كيسان، عبد الله بن عمرو، أبو المغيرة[102] عبد الله بن أبي لبيد، عبد الله بن أبي نجيح، عبد الأعلى بن عبد الأعلى، عبد الرحمن بن إسحاق المدني، عبد الوارث بن سعيد الثوري، عطاء بن أبي ميمونة، العلاء بن الحارث، عمرو بن أبي زائدة، عمران بن مسلم القصير، عمير بن هاني، عوف الأعرابي، كهمس بن المنهال، محمد بن سواء البصري، هارون بن موسى الأعور النحوي، هشام الدستوائي، وهب بن منبه، يحيى بن حمزة الحضرمي)، قال السيوطي: (هؤلاء رموا بالقدر) اهـ.

[بيان أن التنابز بالألقاب الذي أحدثه المتأخرون عقوا به سلفهم؛ كالبخاري ومسلم، وقطعوا به رحم الأخوة الإيمانية]

فنرى مِن هذا أنّ التنابزَ بالألقاب والتباغضَ لأجلها الذي أحدثه المتأخِّرون وفرَّقوا به بين الأمَّة.. عقُّوا به أئمتهم وسلفهم؛ أمثال البخاري ومسلم والإمام أحمد ابن حنبل ومَن ماثلهم مِن الرواة الأبرار، وقطعوا به رحم الأخوة الإيمانية الذي عقده تعالى بينهم في كتابه العزيز، وجمع تحت لوائه كلّ من آمن بالله

(102) أثبت ما في «تدريب الراوي»، وفي الأصل: «أبو معمر».

ورسوله ولم يفرِّق بين أحدٍ من رسله(**).

فإذًا كلُّ مَن ذهب إلى رأيٍ محتجًا عليه ومبرهِنًا بما غلب على ظنّه بعد بذل قصارى جهده وصلاح نيّته في توخي الحقِّ.. **لا ملام عليه ولا تثريب**؛ لأنه مأجور على أيّ حال، ولمن قام عنده دليلٌ على خلافِه واتَّضحت لـه المحجـة في

نقد السيد عبد القادر ابن يحيى

(**) صدق ولله درّه، ولكن أمَا لقائل أنْ يقول: حسبما تُخَوِّلُه حريةُ العلم متى كان عند الله محاباة في الحكم، أو هوادة لأحد في الحق، إذا كان المتأخرون عقوا هؤلاء السلف.. أمَا عقَّ بعضُ السلفِ نبيَّهم الطيب الطاهر صلوات الله عليه وآله بتصويبهم من عادى وصيّه وفعل مع عترته الأفاعيل مع علمهم بما ورد عنه من وجوب تعظيمهم وموالاتهم والوعيد الشديد لمن آذاه فيهم، أمَا عقوا الكتاب الكريم بانحيازهم إلى غير حيّزه؟

إذ الآل مع القرآن كما في الأحاديث الكثيرة، فانحيازه إلى عدوِّهم انحيازٌ إلى غير حيّزِ القرآن، ألا يرى الأستاذ أنّ مِن العقوق تعديلَ من جرحه عليٌّ عليه السلام والعترةُ الطاهرة، ألا يُعدّ عاقًّا مَن قَرَن الشجرةَ الخبيثة التي ما لها من قرار بالشجرة الطيبة التي أصلها ثابت وفرعها في السماء؟ أيُّ عقوقٍ أعظم من هذا؟ ألا يعز على القائل صلى الله عليه وآله: «**عَلِيٌّ مِنِّي كَنَفْسِي**»، «**عَلِيٌّ مِنِّي كَهَارُونَ مِن مُوسَى**»، «**أَنْتَ أَخِي**»، «**مَنْ كُنْتُ مَولَاهُ فَعَلِيٌّ مَولَاهُ**»، «**اللَّهُمَّ أَدْخِلْ إِلَيَّ أَحَبَّ خَلْقِكَ**»، هذا إلى ما له من السبق إلى الإيمان والهجرة والجهاد والنصرة لرسول الله صلى الله عليه وآله والقربى منه وبذل النفس له والعلم بالكتاب والتنزيل إلى غير ذلك من الفضائل التي انفرد بها ولم يشاركه أحدٌ فيها ألا يعز عليه أن يجعل المتعقب حربه سلفًا له، ألَا يعتقد المنتقد صِدق الحديث القائل: «**كَذَبَ مَنْ زَعَمَ أَنَّهُ يُحِبُّنِي وَيُبْغِضُكَ، لَا يُحِبُّكَ إِلَّا مُؤْمِنٌ وَلَا يُبْغِضُكَ إِلَّا مُنَافِقٌ**»، وقول علي عليه السلام: «لَا يَجْتَمِعُ حُبِّي وَحُبُّ مُعَاوِيَةَ فِي قَلْبِ مُؤْمِنٍ»، ماذا يقول الأستاذ بذلك؟ أهذا مِن موجبات حفظ الأخوة والتضافر على المودة والفتوة؟

غيره أنْ يجادله بالتي هي أحسن ويهديه إلى سبيل الرشاد مع حفظ الأخوة والتضافر على المودة والفتوة.

[قضت حرية العلم عهد السلف أن لا يبخل بفكر والاستشهاد له]

قضتْ حريةُ العلم والتأليف مِن عهد السلف أن لا يبخل بفكر ولا يضِنَّ برأي لا على أن يهمس به همسًا أو يتناجى به تناجيًا أو يدرس بين حيطان الخلوات أو يقرطم تخوفًا من القالات، بل على أن يبث وينشر، ويشرح ويقشر، ويصدع به في المجامع والجوامع، ويجهر به على المسامع.

وإن شئتَ نموذجًا من ذلك فهاك ما قاله السبكي في «جمع الجوامع» - وهو الذي اتخذه المتأخرون بيت قصيدهم في دراسة الأصول - في عدالة الصحابة [جمع الجوامع مع حاشية العطار، (2/200)]: (والأكثر على عدالة الصحابة، **وقيل**: هم كغيرهم، **وقيل**: إلى قتل عثمان رضي الله عنه، **وقيل**: إلا من قاتل عليًّا رضي الله عنه).

فهل يعدُّ خلاف ما ذهب إليه الأكثر ضلالًا حتى يُفسَّق الذاهب إليه أو يضلل؟! وحينئذ فـ«جمع الجوامع» يُعلِّم الفسقَ والضلالَ بنقله تلك الأقوال!

كلا، فإنّ سعة العلم تقضي بأن تُحكى الآراء والمذاهب وتنشر الاختيارات والمشارب؛ ليتسع للناظر النظر، وليعلم أنّ في الأمر سعة في مدارك المسائل ومآخذ الاجتهاد(**).

نقد السيد عبد القادر ابن يحيى

(**) ولكن على حين أن ذهب العلم والتأليف وذهب رجاله طعم السيف والنار وفنوا قتلًا وتشريدًا ونفيًا وتطريدًا، وجادت بوصل حين لا ينفع الوصل، يا هذا، إنّ حرية العلم ظلّت مقيدة بقيد من حديد حين كادت السياسة تقضي بقتل من لم يتبرأ من دين علي، حتى درست آثارها وأصبحت لا يعرف منها الآن إلا أنّ من يصوب خطأ أولئك البغاة ويصرح بتعديلهم حُرّ، ومَن يعارضه.. يُفسّق

[من الشغف بالعلم تدوين التوقف]

بلغ من الشَّغف بالنظر والنَّهم بالعلم وتدوين أفكار رجاله أن دوِّن التَّوقف وعُدَّ من العلم، فلو جرَّدت ما يمرّ بك من التوقف وما للواقفية.. لرأيتَ معك جانبًا وافرًا ولرجعتَ مملوءًا دهشًا وعجبًا.

[نبذة عن داود الظاهري]

وقد حكى ابن خلِّكان في ترجمة الإمام داود الظاهري أنَّه كان يحضر حلقة درسه نحو من أربعمائة صاحب طيلسان أخضر - وذلك سيما العلماء والرواة والوعاة في عهده - فترى مِن حرية العلم وعرفان قدر رجاله الأحرار أنْ يحضر درسَ داود هذا المقدار، ويحمل عنه مذهبه هؤلاء الكبار، وحرية مذهبه معلومة، واختياراته مشهورة، فقد انفرد عن الأئمة بأقوال، وناقش في اختياراته مَن سبقه من مشاهير الرجال.

أين ذهب عن المتأخرين ما كان عليه كبار المتقدمين؟ من أين جاءهم التعصب والجمود والتنابز بالألقاب ومنابذة التآلف ....

نقد السيد عبد القادر ابن يحيى

ويُضلَّل ويُبدَّع ويُكفَّر إن لم يقطع لسانه ويمزق ديوانه أو تهدم داره وتمحى آثاره، كما في سيرة معاوية وعماله الشنيعة(103) مع الشيعة، فانظرها مع مسألة اختراع الحديث في «النصائح» ص70 [ص127]، ثم في هذه الصفحة ذكر حضور العلماء درس داود الظاهري زعمًا أنها من حرية العلم، والحال أنه في عهد تلك الحرية كان من يذكر أهل البيت ولو كأحزاب هذا الزمان أو من يسمي ابنه عليًّا تفعل به الأفاعيل، أمَا سمعت بما جرى لابن السكيت مع المتوكل العباسي؟ وما هي تلك الحرية؟ هل هي إلا نشر مقالات النواصب والقدرية وأهل الإلحاد وغيرهم لا من يتولى عليًّا وأهل بيته.

---

(103) قوله: (الشنيعة) ساقط من (ب).

والتراحم والتعاطف(**)؟

[الرزية كل الرزية توسيد المناصب إلى غير أهلها ومقالة الزبيدي في ذلك]

إنّ الرزيَّةَ كلّ الرزية توسيدُ المناصب إلىٰ غير أهلها، وتسويدُ من ليس من أكفائها، وسيطرةُ جبابرة الاستبداد، واتخاذُ الحشوية آلة للاستعباد، حتىٰ ضعف العلم في المتأخرين وحملته، والأدب وكتبته، وخفت صوت العلماء الأحرار، وصدق ما قاله الزبيدي في «إيثار الحق»: (زاد الحقّ غموضًا وخفاءً خوفُ العارفين مع قلتهم مِن علماء السوء وسلاطين الجور وشياطين الخلق مع جواز التقية عند ذلك بنص القرآن وإجماع أهل الإسلام، وما زال الخوف مانعًا من إظهار الحق ولا برح ....

نقد السيد عبد القادر ابن يحيى

(**) **فأقول**: جاءهم مِن توسيد المناصب إلىٰ غير أهلها وتسويد مَن ليس مِن أكفائها، وسيطرة جبابرة الاستبداد كما في هذا الفصل من قوله: «حتىٰ ضعف العلم في المتأخرين وحملتِهِ والأدبُ وكَتَبَتُه وخفت صوت العلماء الأحرار وزاد الحق غموضًا وخفاء خوف العارفين مع قلتهم من علماء السوء سلاطين الجور وشياطين الخلق مع جواز التقية عند ذلك بنص القرآن وإجماع أهل الإسلام، وما زال الخوف مانعًا من إظهار الحق» ولا برح المحق عدوًّا لأكثر الخلق؛ كما قال الزبيدي، وصدق في المقال، فقد أصاب المحزّ والمفصل مِن صفات معاوية وعماله وخلفاء الجور حتىٰ الآن، فليراجع هذا الموضع المهم منه.

نعم، كان العلم وحريته عصر الراشدين رضوان الله عليهم حين كان من يقوِّم أَوَد الفاروق رضي الله عنه بسيفه، ويقال لعليٍّ أمرتنا فدمّرتنا حتىٰ طمس هذا الطاغية تلك الحرية ورسومها، ومشىٰ علىٰ أثره كل متغلب بالباطل.

المحق عدوًا لأكثر الخلق) اهـ (**).

[لا يسوغ ملام مجتهد ومن رأى الحق في وجهه فقد قامت عليه الحجة، ومن عقل ابن عقيل أن يفسح المجال للبحث]

إنَّ سنةَ كلّ مجتهد وإمام ومستدل ومستنبط أن يقول: هذا جهدي وقصارى ما وصل إليه فكري، فإن يكُ صوابًا.. فمن الله، وإن يك خطأ.. فمن الشيطان ونفسي، ولا يسوغ بعد هذا تصويب سهام الملام فيما يفرض خطؤه فيه، ومن المأثور المشهور قول بعض السلف: ما منّا إلا مَن ردَّ أو رُدَّ عليه إلا النبي صلى الله عليه وآله وسلم.

نعم، كل مَن رأى الحقّ في وجهه.. فقد قامت عليه الحجة به ولزمه العقد عليه، فمن نازعه فيه أو في شيء منه مبرهِنًا على مدَّعاه.. فعليه أنْ ينصف خصمَه ويتدبر في حجته، فإمّا أنْ يفندها بالحقّ أو يفيء إليها ﴿ فَبَشِّرْ عِبَادِ ﴿١٧﴾ ٱلَّذِينَ يَسْتَمِعُونَ ٱلْقَوْلَ فَيَتَّبِعُونَ أَحْسَنَهُۥٓ ﴾ [الزمر: 18].

ومن عقل المؤلِّف أن يفسح المجال للبحث ويشرح صدره للحوار والنقد، فإنَّ الحقيقة بنتُ البحث، وهكذا فعل مَن أخذنا في هذه الورقات نلاحظ عليه مواضع من تأليفه المنوه باسمه قبل، فإنَّه صرَّح بذلك في آخر تأليفه مما دلَّ على أنَّ القصدَ توخي الحق والسعي إليه.

نقد السيد عبد القادر ابن يحيى

(**) وما أحسن قوله ص8: «**إنّ الرزية كل الرزية توسيد المناصب إلى غير أهلها ... الخ**»، وأي سيطرة واستبداد وتجبّرٍ واستعباد أعظم مما فعله الأمويون والعباسيون من طمس السنة والاجتهاد في محو آثارها ومنع الأحاديث ودفنها والتشديد على من يروي فضائل علي والتنكيل به.

وإذ فرغنا مِن تمهيد هذه المقدمة فلنشرع في المباحث التي لاحظناها متوخين الاعتدال والعزو في كثير من هذه المعارك إلى حكماء الأعلام وفلاسفة الإسلام فنقول وبالله التوفيق (**):

نقد السيد عبد القادر ابن يحيى

(**) وأي اعتدال توخى الأستاذ بهذا العزو أنه عزا أكثر هذا النقد إلى ابن تيمية وابن حزم المعروفين بتحاملهما المشين على أهل البيت، أيرى الأستاذ أنّ عليًّا والأئمة الطاهرين من آل البيت ليسوا من حكماء الأعلام وفلاسفة الإسلام وحملة الأحكام ومن نقل عنهم كذلك؟

أهذه حرية العلم التي تقضي بأن تحكى الآراء والمذاهب كما قال؟ وهل في فلاسفة الإسلام أعظم من علي وبنيه عليهم السلام؟ الذين هم كما قال القائل وصدق:

إن عدّ أهل التقى كانوا أئمتهم ... أو قيل من خير أهل الأرض قيل همُ

أم هل يرى أن ما ورد عنهم في هذا الباب صحيح غير صريح أو صريح غير صحيح؟ هل من البرّ والمودة لذي القربى عدم اعتبار خلافياتهم وتبرير أعدائهم من النواصب؛ كابن تيمية وابن حزم اللذين لم ير معاوية واتباعه رأيًا إلا مالآه عليه ورأياه صوابًا وأثبتاه بفلسفتهما واجتهادهما، لا إخال معاوية وعمرا والمغيرة وبسرا أشد إصرارا ولا أقسى قلبًا ولا أصم سمعًا عن قبول الهدى واستماع القول بالحجة والنظر من هؤلاء، إنّ أولئك مع فسقهم وبغيهم كانوا يعترفون أحيانًا بأنهم مخطئون وإنما هم طلّاب دنيا، وهؤلاء يقسمون بالمحرجات الثلاث أنهم مجتهدون مأجورون، ربّ إن الهدى هداك وآياتك نور تهدي بها من تشاء، على أن هذا العزو مما ينعاه السيد ابن عقيل على كافة المقلدين؛ إذ يدعون بعلا ويذرون أحسن الخالقين.

المبحث الأول

[في بيان أن اللعن لا يشفي علة في إظهار الحق والنقل عن أمير المؤمنين عليه السلام في النهي عن سبِّ أهل الشام]

لقائل أن يقول لمن ألف في اللعن والطعن: إنّ اللعن من باب الشتم والسباب(104) وهو في باب إظهار الحقّ لا يشفي عِلّة ولا ينقع غلة(*)، دع عنك..

نقد السيد محمد ابن عقيل

(*) **وأقول**: في هذا الكلام خلطُ معنًى بمعنًى، وإجمالٌ في محلِّ تفصيل، فقوله أنّ اللعنَ مِن باب الشتم والسباب خلطٌ لمعنيين متغايرين، فإنَّ اللعنَ هو: الطردُ والإبعادُ؛ كما ذكره أئمة اللغة، ويطلق على الدعاء بذلك أيضًا، والشتم والسباب: نسبة القبيح إلى آخر، والفرق بينهما ظاهرٌ، فكيف يكونان من باب واحد.

ثم قوله: «**وهو في باب إظهار الحق لا يشفي علة ولا ينقع غلة**» اهـ لا ينطبق على ما فيه بحثنا؛ لأن ما قاله إنما يصدق بتلاعن المتناظرين لدى البحث بعضهما بعضًا وهو كما ذكر، ولا يرد على الباحث في حكم اللعن الشرعي من منع أو جواز أو ندب على طائفة مخصوصة أو شخص معين، فإنَّ ذلك مِن الأحكام التكليفية والبحثَ فيه كغيره من المسائل من فروض الكفاية، وما ذكرناه في الرسالة من هذا الباب لا كما يتخيله المنتقد(105).

---

(104) **قال الزبيدي في «شرح القاموس»: (الشتم قبيح الكلام من غير قذف، وفي «القاموس» شتمه سبَّه، وقال الراغب: السبُّ: الشتم الوجيع بما لا يليق) اهـ «القاسمي»**.

(105) وقد فصّل العلامة ابن عقيل حكم السب في «تقوية الإيمان» فقال [ص9]: (ومعنى السب: نسبة القبيح إلى آخر، وهو قسمان حق وباطل، فما كان منه بحق.. فهو محمود، ومنه سب النبي وأخيه عليهما وآلهما الصلاة والسلام للمشركين كأبي سفيان وأصحابه، أو للبغاة القاسطين كمعاوية وأذنابه؛ لتبيين حالهم وتحذير الأمة من غوايتهم وضلالهم، وما كان منه بغير حق.. =

أنّ النهيَ عنه صح في أخبار وآثار، ولا حاجة إلى سردها لأنها معروفة(*) في أمهات الحديث، وإنما نأثر منه ما لأمير المؤمنين عليٍّ عليه السلام؛ فإنه نهى عنه لما ذكرناه، فقد قال يوم الجمل: (أيها الناس، أملكوا عن هؤلاء القوم [أيديكم](106) وألسنتكم) نقله ابن الأثير [الكامل، (2/ 595)].

نقد السيد محمد ابن عقيل

(*) ونقول: نحن لا ندع تلك الأخبار والآثار ولا نتركها، بل نمتثل ما جاءت به مذعنين، ونتلقاها بالقبول فرحين، ولكنّا نعلم مشروعية اللعن أيضًا من

فهو مذموم؛ كسَبِّ أبي سفيان وابنه معاوية وأذنابهم لله ولرسوله ولأخيه).

وقال [ص10]: (ومن الطاعات التي يثيب الله فاعلها سب القسم الثاني للبيان والتحذير والتقرب إلى الله بذم أعدائه؛ اقتداء بالنبي ووصيه وأهل بيته وخيار أمته، وحكم سب المؤمن كقتله حرام بغير حق، قال الله تعالى: ﴿وَمَن يَقْتُلْ مُؤْمِنًا مُّتَعَمِّدًا فَجَزَآؤُهُۥ جَهَنَّمُ خَٰلِدًا فِيهَا وَغَضِبَ ٱللَّهُ عَلَيْهِ وَلَعَنَهُۥ وَأَعَدَّ لَهُۥ عَذَابًا عَظِيمًا ﴿٩٣﴾﴾ [النساء:93]، ولا يدخل في هذا الوعيد من قتل مؤمنًا قصاصًا أو حدًّا أو لدفع صياله أو لبغيه، بل هو ممدوح مأجور، وقد قتل سيدنا وإمامنا علي عليه السلام في ليلة الهرير خمسمائة وثلاثة وعشرين رجلا من بغاة الشام، وطلب قتل معاوية تقربا إلى الله تعالى وامتثالا لأمره وطاعة لأمر رسوله صلى الله عليه وآله وسلم فحال القضاء دون ذلك، ولا شك أن فعله هذا من أشرف الجهاد في سبيل الله تعالى).

وقال [ص59]: («تنبيه» سب من يسمونهم الصحابة بحسب اصطلاحهم الحادث بعضهم لبعض قد وقع قطعا، ولا سبيل لتأثيمهم كلهم، كما لا سبيل إلى القول بضد ذلك، وحيث إنه لم يقل أحد يعتد بقوله بتخطئة علي.. تحققنا أن سبه عليه السلام لأعدائه كان طاعة لله؛ فهو مثاب، ومثله من شاركه وناصره واتبعه؛ كما تيقنا أن سب أعدائه له عليه السلام كان ظلما وإثما ونفاقا وفسوقا، فما يُفهمه قولهم من ذم كل ساب لأي فرد ممن سموهم باصطلاحهم صحابة باطل قطعًا، وإلا لدخل فيه على جهتين متقابلتين، ففي إثباته إبطاله، فتأمل).

قلتُ: وقول الحبيب محمد بن عقيل بجواز السب للتحذير هو قول الشافعية وإن كان يجهله كثيرون، قال الإمام النووي [شرح مسلم، (7/ 20)]: (النهي عن سب الأموات هو في غير المنافق وسائر الكفار وفي غير المتظاهر بفسق أو بدعة، فأما هؤلاء.. فلا يحرم ذكرهم بشرّ للتحذير من طريقتهم ومن الاقتداء بآثارهم والتخلق بأخلاقهم.

(106) حذفه المؤلف وهو ثابت في الأصل، فإنّ إبقاءه له مبطلٌ دعواه من النهي المطلق للسب، فإنه عليه السلام لم ينههم عن القتال مطلقا؛ لثبوته.

وفي «نهج البلاغة» [ص232] أنه عليه السلام قال - وقد سمع قومًا من أصحابه يسبون أهل الشام أيام حربهم بصفين - : (إني لأكره لكم أنْ تكونوا سبّابين، ولكنكم لو وصفتم أعمالَهم، وذكرتم حالَهم لكان أصوبَ في القول(**)، ....

نقد السيد محمد ابن عقيل

كتاب الله تعالى، ومن أقوال رسوله صلى الله عليه وآله وسلم وفعله مكرراً مصرحًا، وحيث كان الجمع بين الأمر به والنهي عنه واضحًا - لاختلاف مواردهما - فلا تعارض بينهما، ولا حاجة إلى تطلب المرجح لأحدها على الآخر، فمورد الأمر هو من استحق اللعن بارتكابه مسوغًا من مسوغاته المذكورة معه، ومورد النهي هو من لا يستحقه لبراءته عن ارتكاب ما ارتكبه مستحقوه أو لمانع خاص به، كما ذكرت طرفًا من ذلك في رسالتي [النصائح الكافية، (ص36)]، فليلمم به المنصف وليقل بعد ذلك ما يشاء، ولذلك نظائر في الشرع لا تحصى، إنَّ النهي عن قتل المسلم وأذاه وأخذ ماله قد ورد مكرراً مصحوبًا بالوعيد الشديد، وجاءت الأوامر أيضًا بقتل القاتل، ورجم الزاني المحصن، وصلب قاطع الطريق، وقطع يد السارق، وجلد الشارب، والقاذف، وإجبار القريب على نفقة قريبه إلى غير ذلك(107).

نقد السيد عبد القادر ابن يحيى

(**) أهذا الكلام يفهم منه التحريم الوجوبي، أمَا رأى له الأستاذ محملًا إلا هذا المعنى؟ لم يورد من النهي عنه – عن السب – من الآثار إلا هذا؛ لأنه يلزم العلويين، أما ما ورد من النهي عن النبي صلى الله عليه وآله.. فلم يورده؛ لأنه يلزم معاوية وغيره.

وهذه المسألة فرغ من جوابها السيد ابن عقيل في «نصائحه»، بل ومن جواب غيرها مما شاكلها ودخل في بابها، «باب اللعن» ص9 [ص23] وما يليها، على أنّ ما

(107) وينظر «وجوب الحمية» للعلامة أبي بكر ابن شهاب (ص84).

....

نقد السيد عبد القادر ابن يحيى

نقله المنتقد هنا حسنٌ من جهة الصفح، قال تعالى: ﴿قُل لِّلَّذِينَ ءَامَنُوا۟ يَغْفِرُوا۟ لِلَّذِينَ لَا يَرْجُونَ أَيَّامَ ٱللَّهِ﴾ [الجاثية:14]، ويحتمل أن يكون أمير المؤمنين راجياً عودتهم إلى الحق كما في احتجاجه على الخوارج في وجوب التحكيم حينما قالها ونحو ذلك.

ثم إنّ كلام أمير المؤمنين أدلّ على جواز لعنهم من كلِّ كلام، فإنّ وصف أعمالهم يحرج المؤمن فيحوجه لأنْ ينسبهم إلى الخروج عن ربقة الإسلام الإيمان، ويعتقد أنهم قرناء الشيطان:

فإنه وهو القائل: (واللهِ مَا كَذَبْتُ وَلَا كُذِّبْتُ، وَلَا ضَلَلْتُ وَلَا ضُلَّ بِي)(108).

يصفهم بقوله: (واللهِ الذِي لَا إِلَهَ إِلَّا هُوَ [وفي «النهج»: فَوَ الذِي فَلَقَ الحَبَّةَ، وَبَرَأَ النَّسَمَةَ] مَا أَسْلَمُوا وَلَكِنِ اسْتَسْلَمُوا وَأَسَرُّوا الكُفْرَ، فَلَمَّا وَجَدُوا عَلَيهِ أَعْوَانًا.. أَظْهَرُوهُ)(109).

ويقول في عمرو ومعاوية: (وَلَقَدْ صَحِبْتُهُمْ رِجَالًا وَأَطْفَالًا فَكَانُوا شَرَّ رِجَالٍ وَشَرَّ أَطْفَالٍ)(110).

وينعتهم في غير موقف بأنهم ليسوا أصحاب دين ولا قرآن(111).

ويصف أهل الشام بأنهم حيارى عن الحق لا يبصرونه وموزعين بالجور لا يعدلون به(112)، ووصفه إياهم بأنهم مجمعون على الباطل مما لا يمترى فيه.

ومن قوله: (لقد عهد إليّ بقتال الناكثين والقاسطين والمارقين)(113).

---

(108) نهج البلاغة، (ص502).

(109) نهج البلاغة، (ص374).

(110) تاريخ الطبري، (5/ 49)، البداية والنهاية، (10/ 545).

(111) تاريخ الطبري، (5/ 59).

(112) نهج البلاغة، (ص181).

(113) قال الحافظ ابن حجر في «التلخيص» (4/ 127)]: (رواه النسائي في «الخصائص»، والبزار والطبراني، والناكثين: أهل الجمل؛ لأنهم نكثوا بيعته، والقاسطين: أهل الشام؛ لأنهم جاروا عن الحق في عدم مبايعته، والمارقين: أهل النهروان؛ لثبوت الخبر الصحيح فيهم: «**إِنَّهُمْ يَمْرُقُونَ مِنَ الدِّينِ كَمَا يَمْرُقُ السَّهْمُ مِنَ الرَّمِيَّةِ**»].

....

نقد السيد عبد القادر ابن يحيى

ويصف ابن العاص بقوله: (إِنَّهُ لَيَقُولُ فَيَكْذِبُ، وَيَعِدُ فَيَخْلِفُ، وَيُسْأَلُ فَيُلْحِفُ، وَيُسْأَلُ فَيَبْخَلُ، وَيَخُونُ العَهْدَ، وَيَقْطَعُ الإِلَّ)(114)، فهل يُعدّ عدلًا بعد هذه الشهادة؟

ويقول عن معاوية في تحذير زياد منه: (فَاحْذَرْهُ فَإِنَّهُ شَيطَانٌ، يَأْتِي المُؤْمِنَ بَيْنَ يَدَيهِ وَمِنْ خَلْفِهِ وَعَنْ يَمِينِهِ وَعَنْ شِمَالِهِ)، ويخاطبه بقوله: (أَلَا وَمَنْ أَكَلَهُ الحَقُّ.. فَإِلَى الجَنَّةِ، وَمَنْ أَكَلَهُ البَاطِلُ.. فَإِلَى النَّارِ)(115)، ويقول له أيضًا: (وَكَأَنِّي بِجَمَاعَتِكَ تَدْعُونِي جَزَعًا مِنَ الضَّرْبِ المُتَتَابِعِ، وَالقَضَاءِ الوَاقِعِ، وَمَصَارِعَ بَعْدَ مَصَارِعَ إِلَى كِتَابِ اللهِ تَعَالَى وَهِيَ كَافِرَةٌ جَاحِدَةٌ، أَو مُبَايِعَةٌ حَائِدَةٌ)(116).

هذه بعض صفاتهم مِن لفظِ هذا الإمام، فهل هو صادقٌ واجبُ الاتباع في نظر الأستاذ، وهل بعد هذه الشهادة منه بجرح عمرو وغيره يُعدّ عدلاً؟ وهل لا يقوم كل هذا بما نقله الأستاذ؟ وأما ما يقول المؤرخون في وصف معاوية وعماله وأعمالهم وتشريح قبائحهم.. فيملأ المجلدات، ويُطلب مِن مظانه، وأحيل المطالع على ما في «النصائح» منها فقط.

بقي هنا أنّ الأستاذ لا يُسلِّم بصحة ما جاء هنا، ونقول: ليس وجود معاوية في الشام وكونه ابن أبي سفيان ومن بني أمية بأصدق من كونه كان يبغض عليًّا وآله ويسبه ويقتل محبيه بكل وسيلة وأنّ عليًّا أيضًا كان يلعنه مع جماعة من أصحابه إذا قنت في صلاته وإن كان الأستاذ لا يعتدّ مِن التاريخ إلا بما يبرر معاوية ويوافق رأي ابن حزم وابن تيمية، ومَن يقدر على وصف أعمال طاغية الإسلام الذي تقلب في منصب الاستبداد بضعة وأربعين عامًّا يفكر ويقدر بدهائه وخبثه وسيطرته، وما أحسن ما قاله السيد ابن شهاب الدين بمثل هذا المعنى في«وجوب

(114) نهج البلاغة، (ص115).
(115) نهج البلاغة، (ص374).
(116) نهج البلاغة، (ص371).

وأبلغَ في العذر، وقلتم مكان سبّكم إياهم: اللهم احقنْ دماءنا ودماءهم، وأصلح ذات بيننا، وأهدهم من ضلالتهم، حتى يعرفَ الحقَّ من جهله، ويرعوي عن الغيّ والعدوان مَن لهج به) اهـ(117) وهو عين ما لحظناه وبالله التوفيق.

[يجب على المناظر أن يحتج بما يصدقه الذي تقام عليه الحجة]

وإنما آثرنا الاستدلال بما في «النهج» **لكون ما فيه مسلّمًا عند العلويين** وإن كان في نسبته بتمامه لعلي رضي الله عنه مقال لابن تيمية وللذهبي وغيرهما معروف(**)(118).

نقد السيد عبد القادر ابن يحيى

الحمية» ص34: (وإني والله لأنفعل عند ما تمر عليّ هذه الكلمات في كثير من كتب علمائنا – وهم الهداة القادة – مجتهد متأول مأجور، يقولون هذه الكلمات لرجل لو عَنَّ لأَعْتى ملوك الأرض على الله وأقواهم بأسًا وأكثرهم جنودا ونقودا أن يَعصي ربه بمثل ما عصاه ذلك الرجل لمْ يتأتَّ له ذلك ولم يقدر عليه الآن، فإنه لا يجد مثل علي عليه السلام وبقايا أهل بدر والمهاجرين والأنصار رضي الله عنهم فيحاربهم، ولا مثل الحسن والأشتر رضي الله عنهما فيسممهما، ولا مثل حجر أصحابه فيقتلهم صبرا، ولا خلافة نبوية فيحيلها إلى ملك عضوض، إلى غير ذلك من الموبقات التي يتأولونها له ولو بما لا يتصور إلا عن بعد) اهـ(119).

(**) **قلتُ:** وابن تيمية والذهبي مشهوران بنصبهما، كأنه لا يوجد إمام إلا ابن تيمية الذي لو قدر.. لمحا فضائل علي من لوح الوجود، فيورد الأستاذ ما ينقله عنه

---

(117) من «نهج البلاغة» الجزء الأول صحيفة (231) طبع بيروت سنة 1307هـ وفي قول الإمام كرَّم الله وجهه: (ولكنكم لو وصفتم أعمالهم ... الخ) إرشاد إلى توخي الحقائق في ذكر شؤون الخصوم، وهذا ما كان تكرر منه – كرَّم الله وجهه – في خطبه ومكاتباته ومجالسه في الشام، وليس هو من باب الشتم والسباب كما لا يخفى. «قاسمي».

(118) ينظر «منهاج السنة» (8/ 55) و«ميزان الاعتدال» (3/ 124).

(119) **وأقول:** لا يمكن الاحتجاج بما ذكره المنتقد للمنع من تجويز السب، فإنه دليل على جوازه؛ إذ قوله عليه السلام: «لَأَكْرَهُ» كراهةُ تنزيه لا تحريم، ويشهد لذلك قوله عليه السلام: «لَكَانَ أَصْوَبَ فِي القَوْلِ»، فحيث ثبت دل على أنّ سبَّهم صوابٌ مخالف للأصوب لا للصواب، ويشهد لذلك أيضًا ما سيأتي نقله عن نقد العلامة ابن عقيل.

وقد قال الإمام ابن حزم [«الفصل»، (4/ 78)]: (يجب أن يحتجّ المتناظرون بعضهم على بعض بما يصدقه الذي تقام عليه الحجة به، سواء صدقه المحتج أو لم يصدِّقه(**) ؛ لأنّ من صدق بشيء.. لزمه القول به أو بما يوجبه العلم الضروري، فيصير الخصم يومئذٍ مكابراً منقطعًا إن ثبت على ما كان عليه) اهـ(*) (**).

نقد السيد عبد القادر ابن يحيى

وكأنه لا عبرة بالألوف من العلماء المحققين وأساطين الحكماء المدققين الذين يعتقدون أن «النهج» لعلي في مقابلة إنكار ابن تيمية، وهكذا غالب هذا النقد مبني على أقوال هذين؛ أي: ابن تيمية وابن حزم المشهورين بالنصب) (120).

(**) وغرضه من إيراد هذه الفقرة أنّ إثبات النهي عن لعن معاوية وأصحابه من «النهج» يلزم العلويين، أما لو وجد فيه ما يوجب شتم معاوية.. فلا يلزمه وليس قول علي بحجة عليه لو ثبت فضلا عن أنه مطعون فيه عند ابن تيمية والذهبي؛ إذ لو سُلِّم «النهج».. لظهر خطل هذا النقد وخلله ومكابرة المنتقد ومن حذا حذوه، وإلا فمن ينكر أنّ عليًّا كان يسب معاوية، كما يريد الأستاذ أن يثبت ذلك من «النهج»، لا ينكرها أحد إلا المكابر، إذًا فيجب حمل قوله الذي نقله المنتقد على ما حَمل السيدُ قولَه صلى الله عليه وآله: «لم أبعث لعانا» وما في معناه، اطلب ما بهذا المعنى في «النصائح».

نقد السيد محمد ابن عقيل

(*) **ونقول**: كما أنه جاء عن أمير المؤمنين عليه السلام ما نقله حضرة الأستاذ عن ابن الأثير وعن «نهج البلاغة» فقد جاء عنه في «نهج البلاغة» أيضًا:

قوله للمغيرة بن الأخنس: «يَا ابْنَ اللَّعِينِ الأَبْتَرِ، وَالشَّجَرَةِ الَّتِي لَا أَصْلَ لَهَا وَلَا فَرْعَ، أَنْتَ تَكْفِينِي، [فـ]والله مَا أَعَزَّ اللهُ مَنْ أَنْتَ نَاصِرُهُ، وَلَا قَامَ مَنْ أَنْتَ مُنْهِضُهُ، أُخْرُجْ عَنَّا أَبْعَدَ اللهُ نَوَاكَ، ثُمَّ ابْلُغْ جَهْدَكَ فَلَا أَبْقَى اللهُ عَلَيْكَ إِنْ أَبْقَيْتَ» (121).

وجاء فيه أيضا عنه عليه السلام في ذم أهل الشام: «جُفَاةٌ طُغَاةٌ [وَ]عَبِيدٌ أَقْزَامٌ،

(120) وينظر «وجوب الحمية» ص37، ففيه تحقيق نفيس للعلامة ابن شهاب عن كتاب «نهج البلاغة» ومؤلِّفه.

(121) نهج البلاغة، (ص193).

نقد السيد محمد ابن عقيل

جُمِعُوا مِنْ كُلِّ أَوْبٍ، وَتُلُقِّطُوا مِنْ كُلِّ شَوبٍ»(122).

وجاء فيه أيضًا عنه عليه السلام: «أَمَّا بَعْدُ، فَإِنَّ عَيْنِي بِالمَغْرِبِ كَتَبَ إِلَيَّ [يُعْلِمُنِي] أَنَّهُ وُجِّهَ إِلَى(123) المَوسِمِ أُنَاسٌ مِنْ أَهْلِ الشَّامِ العُمْيِ القُلُوبِ، الصُّمِّ الأَسْمَاعِ، الكُمْهِ الأَبْصَارِ، الذِينَ يَلْبِسُونَ(124) الحَقَّ بِالبَاطِلِ، وَيُطِيعُونَ المَخْلُوقَ فِي مَعْصِيَةِ الخَالِقِ، وَيَحْتَلِبُونَ الدُّنْيَا دَرَّهَا بِالدِّينِ، وَيَشْتَرُونَ عَاجِلَهَا بِآجِلِ الأَبْرَارِ المُتَّقِينَ»(125).

وفيه أيضا من كتاب منه إلى معاوية: «وَإِنَّكَ وَاللهِ مَا عَلِمْتُ الأَغْلَفُ القَلْبِ، المُقَارِبُ العَقْلِ، وَالأَوْلَى أَنْ يُقَالَ لَكَ: إِنَّكَ رَقِيتَ سُلَّمًا أَطْلَعَكَ مَطْلَعَ سُوءٍ عَلَيكَ لَا لَكَ؛ لِأَنَّكَ نَشَدتَّ غَيرَ ضَالَّتِكَ، وَرَعَيتَ غَيرَ سَائِمَتِكَ، وَطَلَبْتَ أَمْرًا لَسْتَ مِنْ أَهْلِهِ، وَلَا فِي مَعْدِنِهِ، فَمَا أَبْعَدَ قَولَكَ مِنْ فِعْلِكَ، وَقَرِيبٌ مَا أَشْبَهْتَ مِنْ أَعْمَامٍ وَأَخْوَالٍ حَمَلَتْهُمُ الشَّقَاوَةُ وَتَمَنِّي البَاطِلِ عَلَى الجُحُودِ بِمُحَمَّدٍ صَلَى اللهُ عَلَيهِ وَآلِهِ وَسَلَّمَ، فَصُرِعُوا مَصَارِعُهُمْ حَيثُ عَلِمْتَ لَمْ يَدْفَعُوا عَظِيمًا وَلَمْ يَمْنَعُوا حَرِيمًا»(126).

وفيه أيضًا من كتاب منه عليه السلام إلى عمرو بن العاص:

«فَإِنَّكَ جَعَلْتَ دِينَكَ تَبَعًا لِدُنْيَا امْرِئٍ ظَاهِرٍ غَيُّهُ، مَهْتُوكٍ سِتْرُهُ، يَشِينُ الكَرِيمَ بِمَجْلِسِهِ، وَيُسَفِّهُ الحَلِيمَ بِخِلْطَتِهِ، فَاتَّبَعْتَ أَمْرَهُ(127)، وَطَلَبْتَ فَضْلَهُ اتِّبَاعَ الكَلْبِ لِلضِّرْغَامِ يَلُوذُ بِمَخَالِبِهِ(128)، وَيَنْتَظِرُ مَا يُلْقَى إِلَيهِ مِنْ فَضْلِ فَرِيسَتِهِ، فَأَذْهَبْتَ دُنْيَاكَ وَآخِرَتَكَ، وَلَو بِالحَقِّ أَخَذْتَ.. أَدْرَكْتَ مَا طَلَبْتَ، فَإِنْ يُمَكِّنِّي اللهُ مِنْكَ وَمِنِ ابْنِ أَبِي سُفْيَانَ.. أَجْزِكُمَا بِمَا قَدَّمْتُمَا، وَإِنْ تُعْجِزَا وَتَبْقَيَا.. فَمَا أَمَامَكُمَا شَرٌّ لَكُمَا»(129).

---

(122) نهج البلاغة، (ص357).

(123) في المخطوط: على.

(124) في المخطوط: يلتمسون.

(125) نهج البلاغة، (ص406).

(126) نهج البلاغة، (ص455).

(127) في المخطوط: أثره.

(128) في المخطوط: إلى مخالبه.

(129) نهج البلاغة، (ص411).

نقد السيد محمد ابن عقيل

ونقل ابن الأثير عنه عليه السلام أنه قال وهو يخطب: «أَوَلَيسَ عَجِيبًا أَنَّ مُعَاوِيَةَ يَدْعُو الجُفَاةَ الطَّغَامُ فَيَتْبَعُونَهُ؟»(130).

وقال أيضاً: «أَلَا إِنَّ مِصْرَ [قَدِ] افْتَتَحَهَا الفَجَرَةُ أُولُوا الجَورِ وَالظَّلَمَةِ الذِينَ صَدُّوا عَنْ سَبِيلِ اللهِ، وَبَغَوا الإِسْلَامَ عِوَجًا»(131) إلى كثير غير ذلك نقل عنه عليه السلام.

وحينئذ نجاري الأخ - حفظه الله - حيث ألزَمَنَا تقليدَ الإمام علي عليه السلام ظنًّا منه بأنَّنا نقول بمذهب الإمامية مِن وجوبِ تقليده، والقولِ بعصمته وإنْ لطَّف العبارةَ بقوله: «**إنّ «نهج البلاغة» مسلَّمٌ عند العلويين**» بدل الإمامية، فنسأله بأيِّ قولَيِ الإمام نأخذ؟ وعلى أيّ الوقائع نعتمد؟ أَعَلَى ما تكرَّرَ منه في خُطَبِه ومكاتباته ومجالسه مما نُقِلَ عنه تواترًا مِن سبِّ أولئك الظَّلمة الذين رئيسهم معاوية الباغي وقائده عمرو الطاغي؟ أم على الفقرتين اللَّتَينِ نقلهما الأخ عن ابن أبي الأثير و«نهج البلاغة»؟ ولنترك له حريته في الجواب بما يرى.

ونقول نحن: كل من الأمرين غير مطَّرد، فإنّ سبَّه عليه السلام لمن تقدم ذكرهم سبٌّ بما يقتضيه الحال والمصلحة، وهو مشروع للتحذير مِن ضلالهم الخطر العاقبة، ولبيان حالهم المذموم شرعًا والمجهول عند كثير من المغترين بأكاذيبهم، وقد سبَّ الرسول صلى الله علي وآله وسلم كما ورد في الصحيح كثيراً لمثل هذا الغرض أشخاصًا؛ كالحكم، وابنه مروان، والوليد، وأبي سفيان، وهند، وذي الثدية، وطوائف؛ كثقيف، وبني حنيفة، وبني أمية، والخوارج، وكثير ممن يطول تعدادهم، وما في رسالتي كله من هذا القبيل.

وأما نهي الإمام علي عليه السلام أصحابه عن سبّ أهل الشام - إن صحّ - فمحمول على أنه ربّما كان مجرد سبّ لا يحصل به غرض مقصود، أو كان سبًّا بغير ما هم مرتكبوه من الآثام، وهذا محظورٌ ومنهي عنه، فقول الشخص للرجل

(130) الكامل، (2/ 709).

(131) الكامل، (2/ 710).

....

نقد السيد محمد ابن عقيل

القاتل بغير حق والشارب يا زاني مثلا [قوله مثلا ثابت في نسخة وساقط في المذكرات] قذفٌ ممنوع يُحَدَّ قائلُه وهو مشمول بعموم النهي عن السبّ، ولا كذلك تقريع الفاسق بما اقترف، ولا يحدّ قاذف من ثبت عليه الزنا، وهذا أمر بيّن بنفسه يعرفه كل مطلع وهو قول أهل السنة جميعًا، ولكن كثيراً منهم ينكرونه في حق معاوية وأعوانه فقط؛ انتصاراً لمذهبهم وتحريفًا للكلم عن مواضعه، عفا الله عنّا وعنهم، ووفقنا وإياهم للرجوع إلى الحق والانقياد له آمين.

ولنا كلام على جميع المباحث الباقية أرى أنّ في فهمكم ما يغني عن شرحه، وإن شئتم نتكلف كتابة ذلك فأفيدونا.

نقد السيد عبد القادر ابن يحيى

(**) الله أكبر على الباطل وأهله، بماذا احتجّ السيد ابن عقيل على وجوب بغض معاوية وجواز لعنه؟ أليس من الكتاب والسنة؟ أليس بما يوجبه العلم الضروري من الدين؟ أليس بما يصدقه الأستاذ من صحاح أهل السنة والجماعة؟ وهل عنده شكّ في سنية السيد؟ أليس إيراد ما حواه من وجوب موالاة عليٍّ ومعاداة أعدائه وكون حبه إيمان وبغضه كفر تحصيل حاصل، أيرى الأستاذ أنّ ما أورده من «النهج» - مع ضعفه عنده - حجة على ابن عقيل داحضة لكل ما جاء في «نصائحه» عن الله تعالى وكتابه ورسوله ووصيه ومن اقتدى به من خيار الصحابة والتابعين أم يظن أن هذه الفقرة من «النهج» صريحة لا تقبل التأويل كما يتأول المنتقد الآيات الكثيرة والأحاديث الغزيرة التي أوردها السيد.

أين يذهب بهؤلاء العلماء بل أين يُتاه بهم مع وضوح أعلام الدين للمهتدين؟ أما والله، إنّ عليًّا لصادق في قوله بأنه لا يجتمع حبه وحب معاوية في قلب مؤمن وحبه إيمان فليفعل محب معاوية ما يريد.

المبحث الثاني

[في تحقيق الاستدلال بالعمومات وأنها ظواهر معناها ظني]

الاستدلال على اللعن بالعمومات وإن كان يحتجُّ به الأكثر إلا أنَّه لا إجماع في حجيَّة صيغة العموم ولا قاطع فيها كما بسطه الغزالي في «المستصفى».

ولا يمكن دعوى نصِّيَّة العموم في جميع أفراده؛ لأنَّه ظاهرٌ فيها وذلك لما يدخلها مِن التَّخصيص كثيرًا، وقد قال ابن عباس رضي الله عنهما في الردِّ على الخوارج: (عمدوا إلى آيات نزلت في المشركين فتأولوها في المؤمنين)[132]؛ فأفاد أنّ كثيرًا من الآيات وإنْ كان عامَّ اللفظِ إلا أنه يخصِّصه قرينتا سياقِه وسباقِه، والقرينةُ من أقوى المخصصات، وليس هذا من باب قولهم: العبرة بعموم اللفظ لا بخصوص السبب؛ لأنَّه بحثٌ آخر.

قال السيد اليماني في «إيثار الحق»: (العمومات ظواهر ومعناها ظني، ولها أو لأكثرها أسباب نزلت عليها تدلُّ على أنها نزلت في المشركين، وتعديتها عن أسبابها ظنية مختلف فيها أو نصوص جلية لكن ثبوتها ظني لا ضروري ثم لا تخلو بعد ذلك مما يعارضها أو يكون أظهر في المعنى منها) اهـ، وهو من المضنون به فاحفظه ينفعك في مواطن كثيرة(**).

نقد السيد عبد القادر ابن يحيى

(**) لما كان الاستدلال على اللعن بالعمومات من الآيات والأحاديث لا يوافق ما ذهب إليه الأستاذ ولا يَدَ له برد ما أتى له السيد من هذا القبيل.. أخذ

---

(132) الصواب أنّ قائله هو ابن عمر، صحيح البخاري (9/ 16)، ولفظه: (وكان ابن عمر يراهم شرار خلق الله، وقال: انطلقوا إلى آيات نزلت في الكفار فجعلوها على المؤمنين).

....

نقد السيد عبد القادر ابن يحيى

يحتج في هذا المبحث بأنه لا إجماع فيه ولم يقبله الغزالي ولا غيره، ولا يمكن دعوى نصيّة العموم في جميع أفراده، كأنّ السيد أتى به من عنديّاته كما يفعل هذا المنتقد، وجواب هذا المبحث وما شاكله [يُعرف مِن] قراءة «النصائح»(133) على أنّ القوم الذين نزل القرآن في أبياتهم يعلمون عمومه وخصوصه أكثر من الغزالي - إن كان لا بد من التقليد - وهم أطلقوا وقيدوا.

وأية حجة تَثبت على المخالف بعد الأخذ بها في هذا المبحث، وأي أمر أجمعت الأمة عليه؟ وأي نصوص جلية تخلو مما يعارضها بتأويل المؤولين كما ذكر في هذا الفصل، فليتثبت(134).

(133) فقد بسط العلامة ابن عقيل الكلام عن حكم لعن المعين وذكر الخلاف فيه والجواب عمن يحتج بقول الغزالي في (ص31) منها وما بعدها.

(134) **قلتُ**: لو اقتصر العلامة ابن عقيل على العمومات.. لكان لكلام المنتقد وجهًا، ولكن قد ذكر العلامة ابن عقيل أدلة في مشروعية لعن معاوية بعينه، ومِن ذلك لعن النبي صلى الله عليه وآله وسلم ووصيِّه له، فلا وجه لهذا الانتقاد من المنتقد.

المبحث الثالث

[في أن الآثار المروية في اللعن تحتمل الخبر والإنشاء]

الأحاديث المروية في لعن من لعنه النبي صلى الله عليه وآله وسلم يَحتمل لفظُها الخبر والإنشاء، ولا حجية في التأسي بها إلا على إرادة الثاني، وإذا أريد.. فالتأسي مقصور على مورده لا يتعداه إلى غيره؛ لأنّ اللعن أفظع ما عنون به في الشرع على المقت الرباني والغضب الإلهي فلا يصار إليه إلا ببرهان يطمئن به القلب وينشرح له الصدر وذلك في المجمع عليه خاصة، وأمَّا المختلف فيه.. فلا، وذلك استبراء للدين وذهابًا إلى ما لا يريب (**).

نقد السيد عبد القادر ابن يحيى

(**) وأنا أحيل المؤمن على مطالعة الجواب عن هذا البحث في محله من «النصائح» [ص23-40]؛ إذ ليس ثم إلا ترديد نغمة التقليد، ونحن نتأسى بها مقصورة على موردها لا نتعداه إلى غيره، وكون اللعن أفظع ما عُنوِن به في الشرع على المقت الربّاني والغضب الإلهي - كما ذكر المنتقد - لا يمنع من لعن من لعنه الله تعالى ولعنه رسوله صلى الله عليه وآله ولعنه وصيه الذي لا يفارق القرآن ولا يفارقه ويدور الحق معه حيث دار، وفي ذلك دليل وأي دليل على وجوب بغضه وجواز لعنه ولعن أشياعه وأنصاره، وإذا لم يكن في مثل ما ذُكر برهان يطمئن إليه القلب كما طلب الأستاذ.. فلا نعلم ببرهان.

إذا اطمأن قلب الأستاذ إلى السكوت عن مثالب معاوية وأعوانه ذهابًا إلى رأي عمرو وسمرة والمغيرة وزياد وبسر وأبي الأعور ومن نهج نهجهم ولفّ لفهم من العلماء الذين وثّقوهم واعتقدوا صلاحهم.. فهناك من أهل الإيمان من لا يطمئن قلبه بموادة من حادّ الله ورسوله ذهابًا إلى رأي عمار ذوي الشهادتين، وأبي الهيثم وقيس بن سعد، وأبي أيوب، والعدد الكثير من المهاجرين والأنصار البَدْرِيِّينَ

والمجمع عليه هو لعن النوع لا الفرد، قال ابن تيمية: (لعنة الفاسق المعين ليست مأمورًا بها، إنما جاءت السنة بلعن الأنواع(**)، ولذا ذهب الأكثرون إلى حظر لعن المعين أو كراهته، وأكثر المسلمين لا بد لهم من ظلم، فإن فتح هذا الباب.. ساغ أن يلعن أكثر موتى المسلمين(**)، والله تعالى أمر بالصلاة على ...

نقد السيد عبد القادر ابن يحيى

والأُحُدِيِّينَ منهم رضي الله عنهم جميعًا ومَن اقتدى بهم واهتدى بهديهم من المؤمنين؛ إذ تعترض شناعة لعن الوصي على المنابر كالشجى بين حلقه والوريد، فلا يطمئن إلى حبّ فاعلِه والسكوت عن مثالبه، اقرأ هذا المبحث وحكِّمِ الوجدان والإيمان.

(**) طالع الصحيفة 9 [ص29] وما بعدها في «النصائح» مما في هذا المعنى لتعلم أن هذا الفصل الذي أورده الأستاذ محتجًّا به دفع أو كالدفع لقول النبي صلى الله عليه وآله، وأي إجماع يعني الأستاذ؟ ولا أدري على ماذا أجمعت الأمة حتى نحتج به إذا كان ما أورده السيد ليس مما أجمعت عليه الأمة من الاستدلال على جواز لعن معاوية ووجوب بغضه مع أنه ليس إلا من الكتاب والسنة وما يفسرهما من إجماع أو استنباط صحيح مأخوذ منهما كما نبه عليه غير مرة.

وما أعجب ما يأتي به الأستاذ، أضاقتْ موارد الشريعة السمحاء؟ أما في كتب التفسير والحديث وشرّاحها من الجم الغفير وفي علمه الغزير مندوحة له عن احتجاجه بابن تيمية الذي قلما صحّ عنده حديث بفضل علي؟ أمّا معاوية فإنه يتشبث له بالواهيات، وابن تيمية إمام ناصبي ليس إلا، أبهذا يثبت الحجة على العلويين؟ أما نظر في قوله: «إنما يجب الاحتجاج على المرء بما يصدقه»؟ ألا يرى الأستاذ كم صدع السيد في «نصائحه» قائلًا بأنه لا يجوز مقابلة النصوص بأقوال العالم كائنًا من كان؟.

(**) أجل، ولكن ستر هذا الباب أهلك الأمة أو كاد بل صيرها همجية ووحشية لا تعرف من الإسلام إلا رسمه، لا فرق عندها بين أتقى الأتقياء وأشقى الأشقياء، مقيمَ الصلاة ومؤتي الزكاة ومَن يرتكب كبائر المحرمات، سيّان، وقاتل العترة وصاحب يوم الحرة هو وريحانتا رسول الله صلى الله عليه وآله في قَرَنٍ خالدين في جنة عدن، أيّة ديانة هذه؟

موتى المسلمين، ولم يأمر بلعنتهم، ولعنة الأموات أعظم من لعنة الحي)، ثم ساق الأحاديث الصحيحة في ذلك فليراجع من كتابه «منهاج السنة».

وفي «التحفة الاثنا عشرية في الرد على الإمامية» للدهلوي في تعزيز هذا البحث ما مثاله: (ومما يشهد لذلك قوله تعالى: ﴿وَٱسۡتَغۡفِرۡ لِذَنۢبِكَ وَلِلۡمُؤۡمِنِينَ وَٱلۡمُؤۡمِنَٰتِۗ﴾ [محمد:19]، والأمر بالشيء نهي عن ضده عند الإمامية، فالنهي عن اللعن واضح(**)، نعم، ورد اللعن في الوصف في حق أهل الكبائر عامًّا في الآيات، لكن هذا اللعن بالحقيقة على الوصف لا على صاحبه، ولو فرض عليه يكون وجود الإيمان مانعًا والمانع مقدم كما هو عند الإمامية، وأيضًا وجود العلة مع المانع لا يكون مقتضيًا؛ فاللعن لا يكون مترتبًا على وجود الصفة حتى يرتفع الإيمان المانع، وقوله تعالى: ﴿وَٱلَّذِينَ جَآءُو مِنۢ بَعۡدِهِمۡ يَقُولُونَ رَبَّنَا ٱغۡفِرۡ لَنَا وَلِإِخۡوَٰنِنَا ٱلَّذِينَ سَبَقُونَا بِٱلۡإِيمَٰنِ وَلَا تَجۡعَلۡ فِي قُلُوبِنَا غِلّٗا لِّلَّذِينَ ءَامَنُواْ رَبَّنَآ إِنَّكَ رَءُوفٞ رَّحِيمٌ ١٠﴾ [الحشر:10] نص في ....

نقد السيد عبد القادر ابن يحيى

ومع هذا فأيّة آية أو حديث مجمع عليه يخرج الروافض والنواصب وكل فرق الإسلام المبتدعة من شمول لفظ الإسلام والمسلمين، فهلا يرضى ابن تيمية بلعنهم؟ أما والله، إنّ ابن تيمية وابن حزم أنْ كانا ليعلمان أنّ هذه الأقوال مخالفة لما جاء به محمد صلى الله عليه وآله ولكنهما تصرّفا بها حسب أهوائهما فأحسنا التصرف بزعمهما، وانظر كيف يهوي المقلد من حالق ولا يشعر، وكيف ينغمس في هذه الحمأة الكدرة حتى العالم الكبير.

(**) والعجب من استشهاده بردّ الدهلوي المعاصر على الإمامية بإيراده ﴿وَٱسۡتَغۡفِرۡ لِذَنۢبِكَ وَلِلۡمُؤۡمِنِينَ﴾ [محمد:19] الآية، بأنّها مانعٌ إلى آخر ما تفلسف، كأنّ الإمامية تعتقد في معاوية الإيمان حتى يتجه هذا الرد عليهم، لا والله، لا يعتقدون أنه آمن قط بل ولا أسلم إلا بلسانه، وإنما اعتقادهم فيه أنه دخل في الدين كرهًا وخرج منه طوعًا، وأنه نصب نفسه لحرب الله ورسوله مدة حياته وهو من القاسطين الذين كانوا لجهنم حطبًا بل رئيسهم.

طلب المغفرة وترك العداوة لأنه جعل على الإيمان من غير تقييد)(**) اهـ .

نقد السيد عبد القادر ابن يحيى

(**) وقد جاء معاوية وأعوانه من بعدهم فنسأله: هل قالوا كما أمروا أم يسعهم ما لا يسع غيرهم؟ ويلزم سواهم ما لا يلزمهم، أم لا يضر هذا المجتهد مخالفة هذا النص؟ يريد الدهلوي والأستاذ أن يلزموا الإمامية باتباع هذا النص وأول من خالفه هذا المجتهد الذي يدافعان عنه وهم إنما يبغضونه لمخالفته له، إنّ أنصار معاوية ليضعونه موضعًا لا يرضاه الله له ولا رسوله ولا المؤمنون من أمته وإن رضيه هؤلاء[135].

(135) **قلتُ**: حكم لعن المعين مختلف فيه فلا يجوز الإنكار، وقد حقق ذلك السيد العلامة أبو بكر ابن شهاب في كتابه «وجوب الحمية» (ص79) وما بعده.

المبحث الرابع

[في أن الحديث الضعيف لا حجة فيه في الأصول ولا في الفروع فأحرى بمرويات المؤرخين وأن الواجب التمييز]

من المعلوم أنّ في الأحاديث صحاحًا وغيرها، فالصحيح ما حوته كتب الصحاح وسواه في الأسانيد والسنن وأمثالها؛ كما بسطه السيوطي في مقدمة «الجامع الكبير» [1/ 44].

والجمهور على أنّ الحديث الضعيف لا يعمل به إلا في فضائل الأعمال، وذهب الشيخان والظاهرية إلى عدم الأخذ به في شيء ما، لا في الفضائل ولا غيرها، وذلك استبراءً للدين مِن أنْ يُشرع فيه أمرٌ لم يثبت ولم يصح فنقول على الشرع ما ليس منه، وهذا ما ينشرح له الصدر؛ لأن الأصل براءة الذمة، وما سكت الشرع عنه فهو عفو منه، وفي الحديث: **«إِنَّ اللهَ سَكَتَ لَكُمْ عَنْ أَشْيَاءَ رَحْمَةً بِكُمْ غَيرَ نِسْيَانٍ فَلَا تَبْحَثُوا عَنْهَا»** (136).

والذين تمسَّكُوا بالضعيف في الفضائل اتَّفقوا على أنه لا يحتجّ به في غيرها لا في الأصول ولا في الفروع؛ لعدم صحة مخرجه.

إذا تقرَّر هذا.. فمسألتنا المبحوث فيها – مسألة اللعن والبغض في الله وما يستتبعها – مسألةٌ عظيمة لا يسوغ لمن يذهب إليها إلا أن يستند إلى نصِّ كتابٍ أو خبر متواتر أو آحاد اتفق على صحته، وإلا.. فباب الجرح والتفسيق وترتب الوعيد

---

(136) متفق عليه. «القاسمي».

لا يثبت بها في صحته خلاف فضلًا عن الضعيف الواهي الإسناد الذي لم يخرجه الشيخان ولا أرباب المسانيد ولا أهل السنن المتداولة فأحرى بمرويات المؤرخين التي ليست من هذا الباب - باب الاحتجاج في الأحكام - في شيء أصلا(**).

[تنويه ابن الأثير بتاريخ الطبري]

ولذا لما أفضت النوبة بابن الأثير في تاريخه «الكامل» إلى ذكر قصة الجمل وتفطن لما قد يغمز به فيما يرويه.. اعتذر بأنَّه تحرَّى أن يؤثرها عن أوثق مصدر لها فقال رحمه الله [2/ 618]: (لم أذكر في وقعة الجمل إلا ما ذكره أبو جعفر الطبري؛ إذ كان أوثق من نقل التاريخ، فإنّ الناس قد حشوا تواريخهم بمقتضى أهوائهم).

ولو أردنا أن نفتح باب التمسك بالأخبار الضعيفة وأقوالِ المؤرخين(137).. لرأينا للنواصب في نقض هذه المسألة أضعاف ما ترويه الشيعة فكاثروهم بها وأربوا عليهم(**)، فإذن ما يتمسك به على علَّاته يعود على الموضوع بالنقض.

نقد السيد عبد القادر ابن يحيى

(**) هذا المبحث أبدع الأستاذ وأغرب بفلسفته فيه، وكونه لا يصح من كتب الحديث إلا ما في صحاح أهل السنة لا يرد على السيد، فإنه لم يستشهد إلا بما في الصحاح المعتبرة عند أهل السنة والجماعة، وهل لا يعتبر مما جاء في التواريخ إلا ما يبرر معاوية، اقرأ البحث وانظر التمحل والتعصب بكل معانيهما.

(**) **قلتُ**: إنما أربوا عليهم وكثروهم لأنهم كانوا مطلق السراح، يقولون ما

---

(137) **قلتُ**: لا وجه لعطف أقوال المؤرخين على الأخبار الضعيفة؛ إذ ليس للأحاديث المروية في كتب التاريخ شروطٌ للقبول مختلفٌ عن غيره من الكتب، فحيث توفرت شروط القبول في أيّ حديث.. كان مقبولًا ولا نظر في الكتاب المروي فيه ذلك الحديث، ومِن العجيب أنّ المنتقد قد احتج بأقوال المؤرخين وغيرهم للرد على العلامة ابن عقيل في هذه الرسالة، كنقله عن «الأغاني» لأبي الفرج الأصفهاني ص178، وعن المسعودي ص177، وعن ابن المبرد ص148، 171.

فالصواب - في باب المناظرة والحجاج - التحاكم إلى الكتاب الحكيم، والخبر الصحيح القويم(**)، ضنا على الفهم السليم، أن يتمحل للواهي السقيم، ويستنتج من العقيم، وحرصًا ....

نقد السيد عبد القادر ابن يحيى

شاءوا، بل يُنقدون الدرهم والدينار بالقناطير المقنطرة على اختراع الأحاديث الكاذبة، وكفى من ذلك تناول سمرة الثقة الثبت من معاوية المجتهد المأجور أربعمائة ألف درهم حتى خطب أهل الشام بأنّ قوله تعالى: ﴿وَمِنَ ٱلنَّاسِ مَن يُعۡجِبُكَ قَوۡلُهُۥ فِي ٱلۡحَيَوٰةِ ٱلدُّنۡيَا وَيُشۡهِدُ ٱللَّهَ عَلَىٰ مَا فِي قَلۡبِهِۦ وَهُوَ أَلَدُّ ٱلۡخِصَامِ ٢٠٤﴾ [البقرة:204] الآيات نزلت في عليّ(138)، ولولا هذا وأمثاله لما قدر ابن حزم أن يفضل صهيبًا على العباس وبنيه وعقيل وبنيه على سيدي شباب أهل الجنة الحسن والحسين مع إنكار كل فضيلة لأهل البيت، ولما قدر على تفضيل أم حبيبة بنت أبي سفيان على أبي بكر وعمر وعثمان، ولا اختار تفضيل نساء النبي صلى الله عليه وآله على جميع من عدا الأنبياء من الناس، كما أورد في «فِصَله»، ولا قدر ابن المغيث على أن يؤلف كتابًا في فضائل يزيد يأتي فيه بالعجائب، انظر أسباب وضع الأحاديث ص70 [ص126] من «النصائح»(139).

أما الشيعة فقد كان محظورًا عليهم أن يتكلموا في فضائل عليّ، بل يقطع لسان من يذكره أو يلجم بلجام من حديد أو يدفن حيًّا إلى غير ذلك، فالعجب لِمَا خبأ الدهر؛ إذْ أصبح مثل هذا الأستاذ يتوكأ على مثل هذه الحجج الواهية ويعتمد على مكاثرة النواصب للشيعة بنقض فضائل عليّ والانتقاد على السيد.

وما على من يقول إنّ الأستاذ يرى الأخذ بقول النواصب أولى مِن الأخذ بأقوال أئمة آل البيت استنادًا إلى ما يظهر من معنى أقواله في هذا المبحث وغيره.

(**) ومفاده إنكار المتواتر مِن كل ما يذكر معاوية بما يوجبه العلم والدين سواء كان حديثًا أو تاريخًا أو غيرهما، ولا يقبل إلا ما يُعدّله، فهو كما قيل: كلمة حق يراد بها باطل، وهل هذا الطلب إلا عين ما طلبه معاوية وعمرو وأهل الشام وهم بغاة لا دين لهم كما شهد علي عليه السلام - وشهادته مقبولة عند الله والمؤمنين - يوم صِفّين، وإلى الآن ما عرفت الحقيـة والأحقية لـعلي إلا باللفظ مع

(138) ابن أبي الحديد، شرح نهج البلاغة، (ص1021).
(139) ينظر تقوية الإيمان (ص79).

على الوقت أن يصرف إلا في العوالي، من المباحث الغوالي، وصونًا للأذهان أن يَعلَق بها شبهات الواهيات، الجديرة بأن تمحى من صحائف المؤلفات لما جنته على العلم والدين من البليات.

وقد قال الإمام مسلم رحمه الله في مقدمة صحيحه أنَّ راوي الضعيف ضال غاش آثم، وما ألطف قول الإمام محمد بن حزم رضي الله عنه [«الفصل»، (4/ 88)]: (ولو أننا نستجيز التدليس والأمر الذي لو ظفر به خصومنا طاروا به فرحًا أو أبلسوا أسفًا.. لاحتججنا [بما روى: «اقتدوا باللذين من بعدي أبي بكر وعمر»، قال أبو محمد:][140] ولكنـ[ـه لم يصح][141]، يعيذنا الله من الاحتجاج بما لا يصح) اهـ.

نقد السيد عبد القادر ابن يحيى

ظهورها للأستاذ كالشمس في رابعة النهار كما سيجيء له، ومن أين يعلم من القرآن أنّ الحق لعلي وما علمه معاوية ولا عمرو ولا بسر ولا سمرة ولا طلحة ولا الزبير ولا أبو موسى الأشعري ولا نصف الأمة الذي لم يبايع عليًّا ولا لا.

ثم انظر كيف تُقلبُ الحقائقُ، الأستاذُ يطلب التحاكم إلى الكتاب الحكيم والخبر الصحيح القويم فيظن مطالع نقده أنّ السيد لم يعبأ بهما وإنما جل اعتماده على الآثار الواهية والأخبار الضعيفة ليس إلا، مع أنّ السيد حفظه الله تعالى لا حجة عنده إلا الكتاب والسنة، انظر ما في ص6 [ص24] من «النصائح».

والجملة من هذا المبحث والتفصيل رفع التواتر ونقضه، وقد أُلهم السيد ردّه عند قوله: «إنّ من ينكر هذا ومثله من الوقائع المتواترة هو أحد رجلين، إما رجل مغفل بل مخلوع منه غريزة العقل... الخ» ص64 [ص116] من «النصائح»، فطالع ما هناك واحكم بما يدلك عليه الوجدان.

---

(140) ساقط في الأصل وأثبته من الفصل.

(141) ساقط في الأصل، وأثبته من الفصل.

وقال الإمام ابن تيمية رحمه الله [«مجموع الفتاوى»، (3/ 380)]: (الواجب أن يفرق بين الحديث الصحيح والحديث الكذب، فإنّ السنة هي الحق دون الباطل؛ وهي: الأحاديث الصحيحة دون الموضوعة، فهذا أصل عظيم لأهل الإسلام عموماً ولمن يدعي[142] السنة خصوصًا).

وقال أيضًا رحمه الله [«منهاج السنة»، (13/ 330)]: (الكتب المصنفة في التفسير مشحونة بالغثّ والسمين، والباطل الواضح والحق المبين، والعلمُ إمّا نقلٌ مُصدَّقٌ عن معصوم، وإما قولٌ عليه دليلٌ معلوم، وما سوى هذا فإمّا مزيف مردود، وإما موقوف لا يعلم أنه بَهرَجٌ ولا مَنقود)(**) اهـ.

نقد السيد عبد القادر ابن يحيى

(**) ثم ختم هذا الفصل بابن حزم وابن تيمية كغالب فصوله، ولم يذكر قوله: «فالصواب في باب المناظرة والحجاج ... الخ» ونقل عنهما عدم اعتبار الأحاديث الضعيفة والموضوعة، وكأنه لم يطالع «منهاج السنة» و«تطهير الجنان» ليعلم ما هناك من هذا القبيل.

(142) أثبت ما في الفتاوى، في الأصل: «يدري».

المبحث الخامس

[في أن الوقيعة في معاوية تستلزم رفض مرويه ومروي من أقام معه من الصحب وهو خلاف إجماع السلف]

إنّ الوقيعة في معاوية تستلزم رفضَ مرويِّهِ بل ومروي كل من أقام معه في بلدته، أو قاتل تحت رايته من الصحابة والتابعين، ولو بعد مبايعة الحسن عليه السلام له، وهذا اللازم باطل؛ لأنه خلاف إجماع أهل السنة(143).

وقد روى أبو داود في سننه عن سفيان الثوري أنه قال: (من فضل عليًّا على الشيخين رضي الله عنهم.. فقد أزرى بالمهاجرين والأنصار)(144)، وهكذا يقال: مَن استجاز الوقيعة في معاوية.. فقد أزرى بكثير من الصحابة الذين فتحوا معه بلاد السواحل وغزوا عاصمة الروم وغيرها، وأزرى أيضًا بخيار

(143) **أقول**: قول المنتقد مردود من وجهين:
أولًا: لازم المذهب ليس بمذهب، لذا علق العلامة رشيد رضا على عنوان هذا المبحث بقوله [مجلة المنار، (14/ 315)]: (وهذا غير مسلَّم على إطلاقه)؛ إذ لا يلزم من الطعن في راوٍ الطعنُ في الراوي عنه، فقد ثبت في كثير من المصنفات الحديثية الرواية عن فسقة ومبتدعة.
ثانيًا: إجماع أهل السنة ليس بحجة حتى يحتج به المنتقد، قال الغزالي [«المستصفى»، (ص145)]: (مسألة: المبتدع إذا خالف لم ينعقد الإجماع دونه إذا لم يكفر، بل هو كمجتهد فاسق، وخلافُ المجتهد الفاسق معتبر)، وقال الآمدي [«الإحكام في أصول الأحكام» (1/ 229)]: (والمختار أنه لا ينعقد الإجماع دونه؛ لكونه من أهل الحل والعقد وداخلاً في مفهوم لفظ الأمة المشهود لهم بالعصمة، وغايته أن يكون فاسقًا وفسقه غير مخلّ بأهلية الاجتهاد).

(144) **قلتُ**: قد تصرف المنتقد في لفظ الحديث! ولفظه [4630]: (من زعم أنّ عليًّا عليه السلام كان أحق بالولاية منهما.. فقد خطّأ أبا بكر وعمر والمهاجرين والأنصار، وما أراه يرتفع له مع هذا عمل إلى السماء)، وقياسه باطل بهذا اللفظ.

التابعين ومن بعدهم؛ كمالك والشافعي وأبي حنيفة وابن حنبل والبخاري ومسلم وأبي داود والنسائي والترمذي والدارمي وابن أبي شيبة والحاكم والإمام داود وابن حزم وابن جرير ومَن بعدهم مِن رواة الأخبار وحفاظ الآثار، فإن هؤلاء كلهم رووا عن معاوية ومن كان معه من الصحابة(**).

وفي مسند الشاميين - أي الصحابة الذين نزلوا الشام - جزءٌ كبير في السنة ضمه الإمام أحمد إلى مسنداته في مسنده الكبير الشهير - وتراه الآن بتمامه في الجزء الرابع من الطبعة الأولى.

وكثر ما احتج الأئمة والفقهاء بمروياتهم وبنوا عليها من الأحكام ما هو معروف في كتب الفروع والخلاف حتى قبِلَ الجمهور مرويّهم الذي تفردوا به عن المكيين والمدنيين وغيرهم، فالإعراض عن أخبارهم بحجة أنهم والوا الإمام الباغي على الإمام الحق.. هدمٌ لجانب كبير من السنة لا غنى بها عن أحد وشذوذ غير ....

نقد السيد عبد القادر ابن يحيى

(**) لدفع الوقيعة في معاوية نقل ما روى أبو داود في سننه عن سفيان الثوري أنه قال: «من فضّل عليًّا على الشيخين فقد أزرى بالمهاجرين والأنصار»، قال: «وهكذا يقال مَن استجاز الوقيعة في معاوية.. فقد أزرى بكثير من الصحابة ... الخ» وأزرى أيضًا بخيار التابعين ومن بعدهم كمالك والشافعي وأبي حنيفة وابن حنبل إلى آخر ما ذكر من عنديّاته الفلسفية، مع أنّ هؤلاء وأمثالهم قد ذكر السيد أعذارَهم، والأستاذ يقول في بعض مباحثه ناقلًا أنّ أهل العلم يكتبون ما لهم وما عليهم، فلو كتب ما عليه هنا.. لقال: إن مَنْ عدّل معاوية ودافع عنه.. فقد أزرى بالنبي الكريم صلى الله عليه وآله وأزرى بالوصيّ والآل كافة وبأكثر البَدْرِيِّينَ وَالأُحُدِيِّينَ، لا بل وأزرى بالإيمان والإسلام وبالعقل والنقل والشرع والعرف، لا يعدّ خلاف آل البيت كلهم بمقام كلمة سفيان، أين التعصب، بل أين الإنصاف يا أستاذ، وهذا المقام مما تطول فيه المناقشة.

معقول(145)، ومثله التذبذب في الشاميين أعني قبول بعض منهم دون آخرين كعمرو بن العاص وابنه عبد الله والمغيرة وأمثالهم فإن هذا التبعيض لا يتجه ولو على القول بجرحهم؛ لأنّ العقل لو خلي ونفسه.. لاستبعد كذب من يروي منهم عن النبي صلى الله عليه وآله وسلم(**)؛ قولًا أو فعلًا ....

نقد السيد عبد القادر ابن يحيى

(**) **قلتُ**: هذا عند الأستاذ، أما نحن.. فيبعد عند عقولنا تصديق ما قال، وكيف يستبعد العقل أن يكذب لعين رسول الله وابن لعينه الذي كان يقول في آخر خطبته: «اللهم إنّ أبا التراب ألحد في دينك وصد عن سبيلك فَالْعَنْهُ لعنًا وبيلًا وعذبه عذابًا أليمًا»، الذي لعن أمير المؤمنين عليه السلام على سبعين ألف منبر في ملكه وأمره.

وقاتلُ طلحة عصبيةً الوزغُ ابن الوزغ مروان بن الحكم، القائل للحسين: «إِنَّكُمْ أَهْلَ البَيْتِ مَلْعُونُونَ»، والمغيرة بن شعبة الذي كان يبيع دينه بالنزر القليل من دنياه برضى معاوية، ولم يترك شتم عليّ أيام ولايته، والخاطب أهل الشام بأنّ قوله تعالى: ﴿وَمِنَ ٱلنَّاسِ﴾ [البقرة:204] الآية نزلت في علي، وغيرهم من الفئة الباغية؛ كأبي الأعور وبسر وزياد وشرحبيل الذين لم يكن في أعوان فرعون أشر منهم، فضلا عن عِمران بن حِطان وحريز بن عثمان الذي كان يقول: هذا الذي يرويه الناس عن النبي صلى الله عليه وآله وسلم أنه قال لعلي: «**أَنْتَ مِنِّي بِمَنْزِلَةِ هَارُونَ مِنْ مُوسَى**» حق ولكن أخطأ السامع، وإنما هو: (أَنْتَ مِنِّي بِمَنْزِلَةِ قَارُونَ مِنْ مُوسَى)، والذي لبث سبع سنين لا يخرج من المسجد حتى يلعن عليًّا في صلاة الفجر سبعين مرة،

(145) **قلتُ**: لم يدّع العلامة ابن عقيل ذلك حتى ينتقده المنتقد، قال رحمه الله [تقوية الإيمان، (ص95)]: (**وأقول**: جرت العادة بالرواية عن المؤمن والكافر، وعن المخلص والمنافق، وعن العدل والفاجر، ولا حجة في دين الله إلا برواية الثقة الثبت الأمين، والكتب مشحونة بالرواية عن الوثنيين والملاحدة من فرس وروم، وعن أحبار اليهود وعلماء النصارى، وعن القاسطين والمارقين، ومعاوية واحد من أولئك، فإنْ كان له بالرواية فضل يستحق به الترضي عنه.. فالإنصاف يقضي بأن لا ننسى أرسطاطليس وأنو شروان وداهر وداروين فنبخسهم حظهم من الترضي أيضًا).

لأنه لا حظ له في هذا الافتراء دنيويًا بل قد يكون فيه خلاف ما تهوى الأنفس.

والكذب على الرسول صلوات الله عليه في الأحكام بعيد في الأمراء(**) والعمال منهم، وأبعد منه في ملك مطاع إذ لا مُكرِهَ له حتى يفتري عليه(**)، هذا من حيث المروي عنه، وأما في غير ذلك.. فلك أن تحكم بما شئت ببرهان قويم.

نقد السيد عبد القادر ابن يحيى

أهؤلاء لا يستجيزون الكذب ويستبعد العقل صدوره عنهم؟ أمَن يقتل المخبتين والعُبّاد الزهّاد من الصحابة الكرام صبرًا على عدم لعن الوصي والبراءة من دينه يؤتمن على الأحاديث الواردة في فضله؟ كلا!

أليس الذي يستحل ترك الصلاة على محمد صلى الله عليه وآله أربعين جمعة ويستحل إحراق آله في النار يستحل تبديل حديث وارد في فضلهم أو كتمانه على الأقل؟ شأنك أيها المؤمن وما يحكم به وجدانك ويدلّك عليه إيمانك.

(**) وإنما قال في الأحكام احترازًا؛ إذ في غير الأحكام قد ثبت كذبُ هؤلاء الأمراء الذين يبررهم وتدليسُهم وأميرهم أيضًا، أما في الأحكام بزعمه.. فلم يصدر عنهم الكذب ولكن من يطالع سيرتهم يعلم مقدار نصيب هذا الكلام من الصحة[146].

(**) انظر بوائق هذا الملك المطاع في الصفحة 15 [ص40] وما يليها من «النصائح» وتأمل استبعاد الأستاذ صدور الكذب عنه، على أنه لم يكن شأن الملوك يومئذ شأنهم الآن، فقد كانوا يحتاجون المداهنة والكذب والتدليس والخداع إلى أقصى درجاته؛ لأنّ السياسة تقتضي ذاك، وهم لم يكونوا أصحاب دين فلا عبرة بهذه المغالطة يا أستاذ.

---

(146) **قلتُ**: وإن سُلّم بأنهم لم يكذبوا في الأحكام.. فرواياتهم مردودة كذلك؛ لثبوت كذبهم على النبي صلى الله عليه وآله وسلم.

[ما قاله الذهبي في الثقات الذين تكلم فيهم بما لا يوجب ردهم]

قال الحافظ الذهبي في جزء جمعه من الرواة الثقات المتكلم فيهم بما لا يوجب ردَّهم(147) [ص23]: (وقد كتبت في مصنفي «الميزان» عددًا كثيرًا من الثقات الذين احتج البخاري أو مسلم أو غيرهما بهم؛ لكون الرجل منهم قد دون اسمه في مصنفات الجرح وما أوردتهم لضعف فيهم عندي بل ليعرف ذلك، وما زال يمر بي الرجل الثبت وفيه مقال مَن لا يعبأ به، ولو فتحنا هذا الباب على نفوسنا.. لدخل فيه عدة من الصحابة والتابعين والأئمة، فبعض الصحابة كفر بعضهم بتأويل ما، والله يرضى عن الكل ويغفر لهم، فما هم بمعصومين، وما اختلافهم ومحاربتهم بالتي تلينهم عندنا أصلًا وبتكفير الخوارج لهم انحطت رواياتهم(**)، بل صار كلام الخوارج والشيعة فيهم جرحًا في الطاعنين(**)، ..

نقد السيد عبد القادر ابن يحيى

(**) **قلتُ**: إلا ما كان منها في نقض فضائل علي وأهل البيت وتأييد معاوية وأنصاره.

(**) **قلتُ**: أما الخوارج.. فلا يعد تكفيرهم لعلي جرحًا لهم ولا طعنًا فيهم - كما ادعى الأستاذ - عندهم، يشهد الله، وأما الشيعة أو من ينسب إلى التشيع ولو من أهل البيت الطاهر.. فإنّ طعنهم في معاوية وحده يعد جرحًا لهم وطعنًا فيهم بل تفسيقًا، وإن شئتَ فقل: تكفيرًا.

وجملة الكتب لو أخذ بها؛ أي: لو فسح(148) المجال للعقول والآراء بالاستنباط وبث الأفكار كما يدعو إليه الأستاذ.. لما طال المطال حتى احتيج إلى سل السيوف وقطع الأيدي والأرجل والألسنة كما في زمن طاغية الإسلام، وتجلّى للأستاذ صواب رأي معاوية في ذلك بأجلى وضوح أو يقف الحال، وإلا.. فمن يطلع على ماجريات الشجرة الملعونة في كتب الأحاديث والسير والتواريخ ويَحتَمِل

---

(147) في رسالة طبعت ضمن مجموع في مصر عام 1324هـ «قاسمي»، **قلتُ**: اسمها «الرواة الثقات المتكلم فيهم بما لا يوجب ردهم».

(148) في (ب): (فُتح).

فانظر إلى حكمة ربك نسأل الله السلامة، وهكذا كثير من كلام الأقران بعضهم في بعض ينبغي أن يطوى ولا يروى ويطرح ولا يجعل طعنًا ويعامل الرجل بالعدل والقسط). اهـ كلامه.

[ما قاله ضياء الإسلام في رسالته من أن أئمة اليمن من أهل البيت تلقوا الكتب الستة بالقبول وأخذوا منها أدلتهم وقبلوا رواية من بها من الصحب]

وذكر العلامة ضياء الإسلام إسحاق اليماني[149] إجماع المسلمين على أنَّ الأمهات ونحوها هي كتب السنة وبيان موافقة أهل البيت على ذلك، وبذلك تم إجماع الأمة وعبارته: (واعلم أنّ سنة الرسول صلى الله عليه وآله وسلم محفوظةٌ كما حُفظ الذِّكرُ – وهي من الذكر – فقد حفظها الله في صدور الحفاظ كما حفظ القرآن، وما من رجل من رواتها إلا وهو معروف بنعته واسمه وجميع أحواله، فإذا كانت السنة محفوظة.. فقد وضع حفاظها هذه الكتب التي عرفها أهل ذلك الفنّ وأقروا لمن وضعها أنَّه قد اختار أصحَّ ما يؤخذ، وتتابع على ذلك الحفاظ حتى وقع إجماع المسلمين على أنها كتب السنة المنسوبة إلى النبي صلى الله عليه وآله وسلم، أعني أنها من أصح الكتب، والإجماع على ذلك من سائر الفرق قطعي، وأئمة اليمن من أهل البيت قد تلقوا هذه الكتب بالقبول وأخذوا منها أدلتهم في الفروع والأصول وأسمعوها واستجازوها وأجازوها).

نقد السيد عبد القادر ابن يحيى

أو يُحتَمَل ما يقول، لو تثبّتَ الأستاذ.. ما كتب هذا الفصل مع كل بلاغته، وهو أفضل مباحث هذا الكتاب عندي وأحسنه لو أخذ بما في آخره للعلامة ضياء الإسلام إسحاق اليماني، وكأنّ الولاية ليست ضرورية عند المنتقد.

---

(149) في رسالته المنوه بها قبل «القاسمي».

ثم قال: (ولقد كان القاضي العلامة أحمد بن صالح بن أبي الرجال[150] على تشيعه من أشد الناس طلبًا لكتب الحديث هذه وأخذ الإجازة فيها من عدة من العلماء)[151].

ثم قال: (**فإن قلتَ**: قد روى أهل هذه الكتب عن معاوية وعمرو والمغيرة، وهؤلاء غير مقبولين عند أهل البيت ولا مرضيين! **قلتُ**: هذه مسألة أمرها يسير غير عسير لوجوه: أحدها أن مذهب أهل البيت قبول روايتهم فيما يتعلق بالديانات ما لم يكن لهم فيه غرض كما صنع الأمير الحسين في الشفاء الخ).

[فوائد الاشتغال بعلم الحديث]

ثم قال: (واعلم أنه لا مزيد على هذا في الحض على العلم وأخذه من كل منقول وقد علمتَ ما سقته لك في علم الفروع فإذا كان ذلك في أقوال الناس فما ظنك بأقوال الرسول صلى الله عليه وآله وسلم.

فالطالب المنهوم يتطلع إلى كل ما أُلِّف في السنة من الأحكام والسنن وغير ذلك، ومن شغل بعلم الحديث سماعًا وبحثًا - أعني رواية ودراية -.. فإنه يبحث في عدة من العلوم، فتراه يبحث في اللغة؛ فيستثمر الفوائد النافعة له في ذلك المقام وغيره، فإنْ بسط كفَّه في الأخذ من اللغة وحفظها.. حصَّل علمًا جمًّا، ثم تراه يبحث عن أسماء الرجال فيحصل على علم التاريخ فيطَّلع من أخبار الناس على ما هو مطلب النفوس ومتروح الأرواح، ثم إنْ نظر في الأدلة والترجيحات.. فلا بد أن يستحضر القواعد الأصولية ويكون له عند ذلك نهاية

(150) أحمد بن صالح بن أبي الرجال اليمني صفي الدين، مؤرخ أديب توفي سنة 1092هـ، له: تعليق على كتاب أنساب أئمة الزيدية لابن الجلال، إنباء الأبناء بطريقة سلفهم الحسنى، ورسالة في نسب أسرته.

(151) **قلتُ**: لا أدري وجه ذكر المنتقد لهذه النصوص، فإنّ العلامة ابن عقيل ليس من منكري السنة، بل «النصائح» وسائر كتبه مشحونة بالنقل عن كتب السنة.

التحقيق، فالبركة في علم الحديث ظاهرة، واستمدادها من كل علم واضح، وكيف العدول عنه وهو شفاء الصدور وطمأنينة القلب وجلاء الصدأ؟

إذ كل الفوائد الدينية والدنيوية مستثمرة من كلامه صلى الله عليه وآله وسلم بل هو الدواء النافع لأدواء النفوس، فبسماع لفظه يحضر القلب لذكر الله وتخشع الجوارح لموقع خطابه البالغ كل مبلغ فاحرص عليه وعض عليه بالنواجذ؛ فإنّ الذي رأينا عليه آباءنا ومشايخنا وسمعناه من أجدادنا ورأيناه بخطوط المتقدمين من أهل البيت وعلمناه وعَلِمه كلُّ من له أدنى معرفة بحالهم هو نقل كتب الحديث درسًا وتدريسًا ونسخًا وتحصيلًا لم يمنعهم من ذلك مانع).

[بيان أن كتب الحديث مشتركة بين الأمة يرويها الشيعي عن السني وبالعكس، وأن عادة السلف الرواية عن المخالفين في المذهب، وأن كتب الحديث هي إيمانية محمدية لا شافعية ولا غيرها]

إلى أن قال: (فتلك الكتب مشتركة بين جميع الأمة؛ كالكتاب العزيز وكثيرٍ من الأسانيد التي اعتمد عليها أهل الأمهات رجالها شيعة، ومنهم الغلاة في التشيع، ومع ذلك فهم مجتمعون في رواياتها، يروي الشيعي عن السني، والسني عن الشيعي وهذا أمر معروف مشهور، يعرفه من نظر في تراجم الرواة، دع عنك من اشتهر بالتشيع من أهل التآليف المشهورة؛ كأبي نعيم الفضل بن دكين وأبي يعلى وعبد الرزاق وسواهم.

وكان عادتهم رواية الشيعي عن الشامي ورواية الشامي عن الشيعي- والمراد بالشامي من يقابل الشيعي - فكانت عادة السلف قبول الرواية عن المخالفين في المذهب، وعلى ذلك جرى أهل الحديث، ويدل على ذلك الأسانيد؛ فإنك تجد الشيعي يروي عن مخالفه، وكذلك المخالف عن الشيعي، والقصد في

ذلك كلام الرسول صلى الله عليه وآله وسلم ممن يظنّ صدقه، فإذا حصل الظنّ المذكور.. قُبِل ولو من مخالف في الاعتقاد، على هذا درج السلف[152]، ويجب أن يكون عليه مدرج الخلف؛ إذ لا سبيل إلى تبديل ذلك، فقد رُويتِ السنة ودُوِّنت وحُفظت، هكذا أعني من الطرق المشتركة بين أهل المذاهب المتباينة.

وقد ذكر المؤيد بالله في «الإفادة» فصلًا في جواز الرواية عن المخالفين في الاعتقاد حتى الخوارج، قال: (لأنهم يرون الكذب كفرًا)[153]، هذا معنى ما أراد، وقد قال بعض السلف من أهل الحديث: لو تركنا الرواية عن المخالفين.. لتركنا كثيرًا من السنة[154].

فاعلم أيها البصير أنّ تلك الكتب التي هي كتب السنة ليست شافعية ولا حنفية ولا شيعية ولا أشعرية ولا تنسب إلى فرقة، بل هي إسلامية إيمانية محمدية إلهية، فخذ منها أساس دينك فَعَنها أخذ كل متمذهب، وبها تمسَّك كل متدين، وإن كنتَ تلتزم أن تهجرها لأجل أنه أخذ المخالف مذهبه منها.. فاترك أيضًا كتاب الله تعالى فقد أخذ منه كل متمسك بالإسلام من كل الفرق على تباين مذاهبها واختلاف مطالبها، وهذا هو سر الوسع الإلهي والرحمة)[155].

ثم قال: (فإنْ قلتَ: فقد نهي عن الاختلاف؟ قلتُ: نعم، لكن الاختلاف المنهي عنه هو ادّعاء بعض أهل الديانات أنه على الصواب وخصمه على الخطأ، وإنما الوجه أن يأخذ الإنسان بما ظهر له أنه الحق ولا يؤنب مخالفه إلا بما علم أنه

---

(152) **أقول**: في كتاب «العتب الجميل على أهل الجرح والتعديل» للعلامة ابن عقيل نماذج لرجال ترفعوا عن الرواية عنهم لتشيعهم (ص147).

(153) سيأتي رد العلامة ابن عقيل على هذه المقولة عند الكلام عن عمران بن حطان (ص202).

(154) وهو الذهبي، ينظر «ميزان الاعتدال» (1/ 5).

(155) حتى الأئمة كالشافعي وأبي حنيفة ومالك لم يأخذوا بكل حديث ورد في كتب السنة والصحاح؛ لاختلاف الأحاديث وللترجيح بين حديث وحديث وغير ذلك مما هو معلوم عند أهل الصناعة.

خلاف ما علم من الدين ضرورةً[156]، وأمَّا الظنيات من فروع وأصول.. فالواجب حمل المخطئ فيها على السلامة، فالاتفاق في الأمة هو أخذ كل منهم عن السنة والكتاب في الجملة وإن اختلفوا في خصوص المسائل وتفاصيلها مع عدم تخطئة البعض للبعض؛ فإنْ خطَّأَ كلٌّ منهم الآخر.. فقد وقع الاختلاف، وهذا بحث لا يكاد يرتضيه أحدٌ؛ لما جبلت عليه النفوس، ولِمَا تقرر واستمر ووقع عليه تحرير المؤلفات بين المختلفين مِن رمْي كلّ طائفة للأخرى بالقوارع، وقلَّ مَن أنصف، وذلك أنّ كلَّ مَن صحَّ عنده وجهٌ من وجوه الدلالات.. أخذه الغضب عند مخالفته؛ حمية منه على شريعة الله بقدر مبلغ علمه، ولو اتسع قليلا.. لوجد مجالًا للتأويل فيما عدا من خالف الضروري والله أعلم) اهـ.

هذا ما أورده ضياء الإسلام إسحاق بن المتوكل اليماني رحمه الله، وإنما نقلناه على طوله لما حَواهُ من درر الحقائق التي قلَّ أن يظفر بها في غير كلامه فرحمه الله ورضي عنه[157].

(156) كم أنكر العلماء - أعني علماء السنة - بعضهم على بعض في مسائل فرعية كالبسملة. «**السيد حسن السقاف**».

(157) **قلتُ**: إيراده في هذه الرسالة غير مناسب، فقد كان استطرادا طويلا غير لائق بهذه الرسالة المختصرة.

المبحث السادس

[لا تفسيق ولا تضليل إلا بمجمع عليه]

أَمْرُ التَّفسيقِ والتضليل والحكم بالنار وحلّ الوقيعة يستتبع أمرًا مجمعًا عليه ضرورة أن المختلف فيه لا يمكن الحكم عليه بشيء منها، ففي مسألتنا هذه إنما يصار إلى واحد منها إذا قلنا أنّ مبايعة علي عليه السلام كانت فرضًا مأمورًا به بقاطع لا يحتمل التأويل بحيث يبوء تاركه بالإثم والفسق، ويستحق المقت واللعن(158)، وإثبات ذلك مِن إجماعٍ أو نصٍّ قاطع لا مساغ لتأويله، مما يتعذر على طالبه؛ إذ لا إجماع في الباب ولا آيةٌ ولا حديث متواتر، والآحاد إما صحيح غير صريح أو صريح غير صحيح فليس لدى المخالف ما يمكنه القطع به(159).

[أسماء الصحابة الذين توقفوا عن مبايعة علي]

يوضح ذلك ما ذكره المسعودي والإمام ابن حزم في «الفصل» أنه توقف عن بيعة علي من الصحابة: سعد بن أبي وقاص، وعبد الله بن عمر، وأسامة بن زيد،

(158) قلتُ: يُظهر المنتقدُ هنا أنّ العلامة ابن عقيل إنما توصّل إلى كون معاوية آثمًا في «النصائح» لعدم مبايعته عليًّا عليه السلام، وقد غضّ طرفه عن جميع ما ذكره العلامة ابن عقيل مِن موبقات معاوية المؤدية إلى فسقه وتمسّك بهذه المسألة وكأنها المسألة الوحيدة التي فسق معاوية بسببها، ثم سال قلمه في عد صحابةٍ لم يبايعوا عليًّا عليه السلام، وما بني على باطلٍ فباطلٌ.
كما أنّ زعْمَ المنتقد بأنّ التفسيق لا يكون إلا بأمر مجمع عليه رجم بالغيبُ، فأهل السنة قد بدعوا غيرهم من الطوائف لمسائل كثيرة لا إجماع فيها، وبدّع بعضهم بعضًا.

(159) كم ضلَّل الحنابلة وأهل الحديث الجامدين مخالفيهم بالبسملة والمسح على الخفين وغير ذلك مما اختلف فيه. «**السيد حسن القاف**».

وزيد بن ثابت، وحسان بن ثابت، ورافع بن خديج، ومحمد بن مسلمة، وكعب بن مالك، وقدامة بن مظعون، ووهبان بن صيفي، وعبد الله بن سلام، والمغيرة بن شعبة، وأبو سعيد الخدري، وفضالة بن عبيد، وكعب بن عجرة، وصهيب، ومسلمة بن خالد، في آخرين منهم عائشة أم المؤمنين فإنها كانت خرجت من المدينة حاجةً وعثمان رضي الله عنه محصور ثم صدرت عن الحج، فلما كانت بِسَرَف لقيها الخبر بقتل عثمان وبيعة علي فانصرفت راجعة إلى مكة ثم لحق بها طلحة والزبير، وقد قيل: أنهما بايعا كرهًا، وقيل: لم يبايعا.

وقال ابن تيمية في «منهاج السنة» [4/ 389]: (تخلَّف عن بيعة علي رضي الله عنه والقتالِ معه نصفُ الأمة أو أقل أو أكثر)[160] اهـ.

---

(160) ما ذكره ابن تيمية وغيره ليس بصحيح، فلم يعارض بيعة الإمام علي سوى أهل الشام، وهم لا يمثلون نصف الأمة ولا ربعها، بل قد لا يصلون عشرها [ينظر بيعة علي بن أبي طالب، حسن المالكي (ص193-195)].

وأما ما ذكره من امتناع بعض الصحابة من بيعة علي كسعد بن أبي وقاص وأسامة بن زيد.. فلا يصح، بل ثبت عكسه، قال ابن سعد في طبقاته [3/ 23] : (وبويع لعلي بن أبي طالب رحمه الله بالمدينة الغد من قتل عثمان بالخلافة، بايعه طلحة والزبير وسعد بن أبي وقاص وسعيد بن زيد بن عمرو بن نفيل وعمار بن ياسر وأسامة بن زيد وسهل بن حنيف وأبو أيوب الأنصاري ومحمد بن مسلمة وزيد بن ثابت وخزيمة بن ثابت **وجميع من كان بالمدينة** من أصحاب رسول الله صلى الله عليه وآله وسلم وغيرهم)، وليس من شروط صحة البيعة مبايعة الجميع له.

وقال ابن أبي العز الحنفي [شرح العقيدة الطحاوية، (2/ 722)]: (فالخلافة ثبتت لأمير المؤمنين علي بن أبي طالب رضي الله عنه بعد عثمان رضي الله عنه بمبايعة الصحابة **سوى معاوية مع أهل الشام**).

وقد خلط ابن تيمية وابن حزم بين من امتنع عن بيعة علي عليه السلام وبين من امتنع عن القتال معه في حروبه، وقد رد هذا الخلط القاضي ابن العربي المالكي فقال [العواصم من القواصم، (ص150)]: (قالت العثمانية: تخلّف عنه من الصحابة جماعة، منهم سعد بن أبي وقاص، ومحمد بن مسلمة، وابن عمر، وأسامة بن زيد، وسواهم من نظرائهم، قلنا: **أما بيعته.. فلم يتخلف عنها**، أما نصرته.. فتخلف عنها قوم منهم من ذكرتم؛ لأنها كانت مسألة اجتهادية فاجتهد كل واحد وأعمل نظره وأصاب قدره)، وهو ما قرره العلامة ابن عقيل في «ثمرات المطالعة» (2/ 318).

كل هذا مما يدل على أنّ الأمر ليس فيه برهان من الله(161) حتى يلام مخالفه ويرمى بما ترمى به الطغمة والفجرة وإلا لما ساغ لهؤلاء الصحابة – وهم من هم – الإباء عن البيعة والجراءة على ارتكاب المحظور كِفاحًا.

[مذهب الأصم وهشام والكرّامية والخوارج في الإمامة](162)

ومن أجل ذلك ذهب أبو بكر الأصم – من كبار المعتزلة – إلى أنّ الإمامة لا تنعقد إلا بإجماع الأمة عن بكرة أبيهم، وكذلك هشام بن عمرو الفوطي – منهم – ذهب إلى أنها لا تنعقد في أيام الفتنة واختلاف الناس، وإنما يجوز عقدها في حال الاتفاق والسلامة، قال الشهرستاني [«الملل والنحل» (1/ 73)]: (فكانا لا يريان إمامة علي رضي الله عنه على الشريطة(163)؛ إذ كانت البيعة في أيام الفتنة من غير اتفاق من جميع الصحابة؛ إذ بقي في كل طرف طائفة على خلافه).

ومن جراء ذلك أيضًا ذهب الكرّامية إلى جواز عقد البيعة لإمامين في قطرين، قال الشهرستاني [1/ 113]: (وغرضهم إثبات إمامة معاوية في الشام باتفاق

---

(161) **قلت**: لو قال المنتقد بأنّه لم يكن للأمر برهان قبل صفّين.. لكان لقوله وجه من النظر، أما بعد.. فقد تبين أنّ الحق مع علي عليه السلام؛ لقوله صلى الله عليه وآله وسلم: «**وَيحَ عَمَّارٍ تَقْتُلُهُ الفِئَةُ البَاغِيَةُ يَدْعُوهُمْ إِلَى الجَنَّةِ وَيَدْعُونَهُ إِلَى النَّارِ**»، فلا يصح لمنتقد في زمننا الاعتذار عن معاوية بعدم وجود نص مبيّن بأنه على الخطأ، ولله در السيد العلامة أبي بكر ابن شهاب الدين إذ قال:

وتقولون باجتهاد مثاب ... يا لهذا معرة وشنارا

لو يكون الذي زعمتم صوابا ... لارعوى بعد قتله عمارا

(162) صار يعتد بقول هؤلاء وهو وأهل نحلته لا يعولون على قولهم ولا يلتفتون له إلا الكرامية.

(163) **قلتُ**: قوله: (فكانا لا يريان إمامة علي رضي الله عنه على الشريطة) زيادة من المؤلف ليس في «الملل والنحل»، حيث أراد أنْ يظهر للقارئ أنّهما قالا بذلك لاختلاف الناس في عصر علي عليه السلام، وعبارة الشهرستاني صريحة في أنهما إنما قالا ذلك للطعن في أمير المؤمنين لا بسبب الفتنة واختلاف الناس، ونصه: (وكذلك أبو بكر الأصم من أصحابه كان يقول: الإمامة لا تنعقد إلا بإجماع الأمة عن بكرة أبيهم، **وإنما أراد بذلك الطعن في إمامة علي رضي الله عنه**؛ إذ كانت البيعة في أيام خلافته...).

جماعة من الصحابة، وإثبات إمامة أمير المؤمنين علي بالمدينة والعراقين باتفاق جماعة من الصحابة، ورأوا تصويب معاوية فيما استبدَّ به من الأحكام الشرعية قتالًا على طلب قتلة عثمان واستقلالاً ببيت المال(164)) اهـ كلامه.

والكرَّامية تنتمي إلى ابن كرَّام صاحب المذهب الشهير في الأصول، وقد ذكره الشهرستاني في «الملل والنِّحل» ومذهبه ما رأيتَ في الإمامة، بل غلا الخوارج في شأنها فذهبوا إلى أنَّه لا يجب على الأمة نصب إمام أصلاً وإنما الواجب عليهم رعاية النَّصَفَة فيما بينهم، قال الشهرستاني [116/1]: (وجوزوا أن لا يكون في العالم إمامٌ أصلاً وإن احتيج إليه؛ فيجوز أن يكون عبداً، أو حرًّا، أو نبطيًا، أو قرشيًّا) كما نقله العضد في مواقفه والسيدُ الجرجاني في شرحه بسط ذلك فانظره(165).

[مشاهير رجال الخوارج]

ومذهب الخوارج هذا وإن ردَّه الجمهور ونقضوا ما استدلوا به إلا أنّ من رجالهم من لا ينعقد إجماع مع خلافه؛ كعكرمة مولى ابن عباس، والوليد بن كثير وغيرهما ممن سمَّاهم السيوطي في «التقريب»، وعدَّ المبرد في «الكامل» [3/ 158] منهم الإمام مالك بن أنس رضي الله عنه(166)، ونقله عنه عز الدين ابن أبي الحديد

(164) أثبت ما في «الملل»، وفي الأصل: «واستقلالا بمال بيت المال».

(165) **ومن رأيهم أنَّ حديث: «الأئمة من قريش» حديث منكر، وقد قرأت في «ميزان الاعتدال» للذهبي في ترجمة إبراهيم بن سعد أن أبا داود – صاحب السنن – قال: سمعت أحمد ابن حنبل يسأل عن حديث إبراهيم بن سعد عن أبيه عن أنس مرفوعًا: «الأئمة من قريش» فقال: ليس هذا في كتب إبراهيم بن سعد، لا ينبغي أن يكون له أصل. اهـ وإبراهيم ابن سعد أحد الثقات الأعلام خرَّج له الشيخان وكان يجيز الغناء وسماع الأوتار «القاسمي».**

(166) قال العلامة ابن عقيل معلّقًا على رواية موضوعة تنسب للإمام مالك [تقوية الإيمان، (ص55)]: (ومثل هذه الروايات المكذوبة التي يلصقها أهل الأغراض بمالك **حملت من لم يعرف ترجمته وحقيقة حاله على أن يظن أنه كان يرى رأي الخوارج ويتدين ببغض عليٍّ** وأهلِ البيت عليهم السلام، **فممن توهم هذا صاحبنا العلامة الشيخ جمال الدين القاسمي الدمشقي** =

في «شرح نهج البلاغة» دع عنك بقية رجالهم المعدودين في كتاب الشهرستاني.

وأحسن من رأيته كتب في وجوب نصب الإمام على الأمة حجة الإسلام الغزالي في آخر «الاقتصاد» والإمام ابن حزم في «الفِصَل» فليراجع(**).

نقد السيد عبد القادر ابن يحيى

(**) نعم، استشهد المنتقد بخلاف مَن تخلف عن بيعة علي من الصحابة وعدّ كثيرًا منهم، وهم كما قال عليه السلام: «لم ينصروا الحق ولم يخذلوا الباطل» فليعدد الأستاذ ما شاء من الرجال، فقد ثبت أنّ عليًّا على الحق، فلو خالفه – إذًا – أهل الأرض كلهم.. لكان الكل ملومين إلا هو، ولا أدري ماذا يصح عند الأستاذ مما ورد في عليّ، ألا يصح حديث الموالاة والمنزلة والمواخاة؟ أو على الأقل «لا يحبك إلا مؤمن ولا يبغضك إلا منافق»؟ يا لله العجب لتعليقات هذا الأستاذ وفلسفياته، أعكرمة الخارجي البربري مولى ابن عباس لا ينعقد الإجماع بدونه والذين أذهب الله عنهم الرجس وطهرهم تطهيرًا والذين لا يفارقون القرآن ولا

رحمه الله تعالى وهو من أهل الاطلاع غير أنه قد انغرس في فؤاده ميلٌ ما إلى مذهب سلفه الشاميين، ونسأل الله لنا وله سابغ عفوه، فإنه قال في كتابه «الجرح والتعديل» في تزكية الخوارج صفحة 28 ما لفظه: «ويكفي أنّ الإمام مالكًا رضي الله عنه عُدّ ممن يرى رأيهم» انتهى.

وقد اغترّ بما نقله عن «كامل» المبرد ... وقد كتب إلينا أخونا العلامة المحدث الشريف محمد المكي بن عزوز – ألحقه الله بأسلافه الطاهرين في عليين – ينكر على القاسمي ذلك الوهم، فقال: «إنّ المبرد ليس ممن يلقي الكلام جزافًا، ومراد المبرد رجل آخر كما بيّنه أبو حيان الشهير كما رأيته بخطه على هامش «الكامل» كتب ذلك سنة 717 في نسخة موجودة [في] الاستانة في مكتبة عاشر أفندي رحمهم الله **أنّ الرجل الموصوف بأنه خارجي هو مالك بن أنس بن مسمع البكري البصري** أحد رؤساء أهل البصرة وفقهائهم وعبادهم لكنه متهم برأي الخوارج ولم يقف لأمره على حقيق والله أعلم» انتهى.

ثم قال: «قال أبو حيان في الإمام مالك: **إن هذا الإمام الأعظم كان على الخوارج أشد من الموت الزؤام والداء العقام**، وقد سئل رضي الله عنه عن أهل الحروراء فقال: أحسب قول الله تعالى: ﴿ٱلَّذِينَ ضَلَّ سَعۡيُهُمۡ فِي ٱلۡحَيَوٰةِ ٱلدُّنۡيَا وَهُمۡ يَحۡسَبُونَ أَنَّهُمۡ يُحۡسِنُونَ صُنۡعًا ١٠٤﴾ [الكهف:104] فيهم نزلت، والخوارج يبغضون المالكية أشد البغضاء؛ لأنّ إمامهم كان يقول بكفرهم في بعض الروايات عنه» انتهى)، وينظر «ثمرات المطالعة» (3/ 46).

....

نقد السيد عبد القادر ابن يحيى

يفارقهم ومن والاهم لا يؤبه لهم ولا يسأل عنهم في عقد الاجماع؟

وإنكار حديث «الأئمة من قريش» لا يحسن به، فإنه ردّ أو كالرد على الصديق رضي الله عنه ومن كان معه من المهاجرين يوم السقيفة، وبهذا الحديث وما بمعناه خضعت الأنصار وسلمت الخلافة لقريش وأرغم سعد ونالها الصديق رضي الله عنهما، وما دعا الخوارج لإنكاره إلا جحودهم بيعة علي واعتقادهم أنه لو ثبت.. يثبت تفضيل علي على مَن تقدّمه، والأستاذ يندفع مع تيّارهم ميلًا إلى تصديقه فاقرأ واعجب(167).

وعلى مَن أجمعت الأمة ومتى تجمع كما يذهب إليه أبو بكر الأصم وهشام بن عمرو الفوطي والكرامية وغيرهم من هؤلاء الفرق التي اعترف الجمهور بخطئها وأنّ بعض أقوال أئمتها كالوسوسة والهذيان، فليتق الله أولئك الذين نصبوا أنفسهم للناس أئمة واعتقدت بهم الأمة من أمثال هذه المماحكات المضللة لعقول العامة، فيحملون أوزارهم يوم القيامة ويندمون حيث لا تنفعهم الندامة، هذا المبحث حججه القوية على ابن حزم وابن تيمية كغالب مباحث هذا النقد.

---

(167) قال العلامة ابن عقيل في «النصائح» (ص254): (ولهذا الحديث طرق جمعها الحافظ ابن حجر رحمه الله في مؤلف سماه: «لذة العيش في طرق حديث الأئمة من قريش»)، وينظر «المذكرات» (6/ 60)

المبحث السابع

[الأخوة الإيمانية لا ترفع بالمعاصي]

دلَّتِ النُّصوصُ الصريحة على أنَّ الأخوةَ الإيمانية ثابتةٌ ما دام الأصل محفوظًا في بنيها، وأنَّ المعاصي لا ترفعها وإن تكُ كبائر(**)، بدليل قوله تعالى في آية القصاص: ﴿فَمَنْ عُفِيَ لَهُۥ مِنْ أَخِيهِ شَيْءٌ﴾ [البقرة:178]، وكذلك آية: ﴿فَإِنۢ بَغَتْ إِحْدَىٰهُمَا عَلَى ٱلْأُخْرَىٰ فَقَٰتِلُوا۟ ٱلَّتِى تَبْغِى﴾ [الحجرات:9] إلى قوله: ﴿إِنَّمَا ٱلْمُؤْمِنُونَ إِخْوَةٌ فَأَصْلِحُوا۟ بَيْنَ أَخَوَيْكُمْ﴾ [الحجرات:10] فإنها تدلّ دلالةً صريحةً على تسمية الباغي أخًا(168)، دع عنك وصفه بالإيمان، هذا مع القطع ببغيه، وأمَّا مع الخلاف فيه فأحرى وأولى كما في هذا البحث، فإن الطوائف فيه متعددة.

نقد السيد عبد القادر ابن يحيى

(**) وغرضه إثبات الإيمان للفئة الباغية، والمتواتر عن علي أنه كان يقول في شأنهم: «قَاتِلُوا أَئِمَّةَ الكُفْرِ إِنَّهُمْ لَا أَيْمَانَ لَهُمْ»(169)، ولا يلزم من كون بعض تلك الفئة مسلمين إيمان الكل، فقد كان في الصحابة منافقون، ومن أصحاب علي من مرق من الدين مروق السهم من الرمية، مع أنّ فئته هي الفئة المحقة بلا ريب كما يعترف به كل مسلم الآن.

(168) ينظر رد العلامة ابن عقيل على هذا الاستدلال فيما سيأتي (ص165).

(169) ابن أبي الحديد، شرح النهج، ابن أبي الحديد، (ص4615).

[ما يقوله الناصبي والشيعي في علي ومعاوية]

قال الإمام ابن تيمية(170) [«منهاج السنة»، (4/ 390)]: (والنصوص الثابتة عن النبي صلى الله عليه وآله وسلم تقتضي أنّ ترك القتال كان خيرًا للطائفتين، وأنّ القعود عن القتال كان خيرًا من القيام فيه، وأنّ عليًّا مع كونه أولى بالحق من معاوية لو ترك القتال لكان أفضلَ وأصلح وخيرًا(**)، ....

نقد السيد عبد القادر ابن يحيى

(**) هذا ما ينقله الأستاذ عن هذا الإمام مختارًا له، وإليك ما يقوله أمير المؤمنين علي في مقابلته: «وَلَقَدْ ضَرَبْتُ أَنْفَ هَذَا الأَمْرِ وَعَينَهُ وَقَلَّبْتُ ظَهْرَهُ وَبَطْنَهُ فَلَمْ أَرَ لِي إِلَّا القِتَالَ أَوِ الكُفْرَ»(171)، وفي «النهج» أيضًا: «**وَقَدْ قَلَّبْتُ هَذَا الأَمْرَ بَطْنَهُ وَظَهْرَهُ فَمَا وَجَدْتُنِي يَسَعُنِي إِلَّا قِتَالُهُمْ أَوِ الجُحُودِ بِمَا جَاءَنِي بِهِ مُحَمَّدٌ صَلَى اللهُ عَلَيهِ وَآلِهِ**»(172)، قال الشارح محمد عبده رحمه الله: (قتال البغاة من الواجب على الإمام، فإن لم يقاتلهم على قدرة.. كان منابذًا لأمر الله في ترك ما أوجبه عليه فكان جاحدًا لما جاء به رسول الله صلى الله عليه وآله وسلم، أليس قول علي وصي الرسول ورفيق الحق والقرآن المستند على قوله تعالى: ﴿فَقَٰتِلُواْ ٱلَّتِي تَبۡغِي﴾ [الحجرات:9]، وعلى عهد رسول الله صلى الله عليه وآله بقتال الناكثين والقاسطين والمارقين أشدّ حجة وأوضح محجة وأقوم قيلًا وأهدى سبيلًا من قول القائل أنّ ترك القتال كان خيرًا للطائفتين.

أكان خيرًا لعلي لو ترك عهد الله ورسوله إليه بقتال الناكثين والقاسطين أئمة ابن تيمية، [وتركهم في طغيانهم يعمهون، أفيكفي حضرة الأستاذ هذا القول رد على ابن تيمية] (173) وعلى مسلِّم أقوالِه؟ أمَا والله، لو تخلى علي عن حرب البغاة.. لما قام للإسلام عمود ولا اخضر للإيمان عود ولانطمست أعلام الدين ومحيت سنة سيد المرسلين، أنت ترى الآيات القرآنية والأحاديث النبوية تشرح

---

(170) لا عبرة بقوله ابن تيمية وهو العدو اللدود للإمام عليّ ولآل البيت عليهم السلام، وقد شهد بذلك الحافظ ابن الحجر فيما نقله في «الدرر الكامنة» في ترجمة ابن تيمية، وفي «لسان الميزان» في ترجمة الحلي أنّ لابن تيمية عبارات في انتقاص سيدنا علي عليه السلام.

(171) نهج البلاغة، (ص84).

(172) نهج البلاغة، (ص91).

(173) ما بين المعكوفين ساقط من (أ)، وأثبته من (ب).

نقد السيد عبد القادر ابن يحيى

فضائله والقرآن معه لا يفارقه، والحق يدور معه حيث دار، وهو ببلاغته وفصاحته يحتج على وجوب حقه ومظلوميته، ويبين مكانته العالية بالقرابة القريبة والمنزلة الخصيصة من رسول الله صلى الله عليه وآله، والحفاظ تصرح بها على رؤوس الأشهاد حسب الاستطاعة، والأمة بأجمعها إلا الأقل تعلم بغي معاوية وظلمه وعدوانه حتى معاوية نفسه وخاصته وأعوانه، ومع هذا كله فهؤلاء العلماء يبرّرونه ويصوبونه وينتقدون أعمال عليٍّ وضعف سياسته وتركه الأَولى إلى آخر ما يتمحلون، فكيف لو ترك قتال البغاة كما يحب ابن تيمية وابن حزم؟ إذًا والله لأقسموا بالله جهد أيمانهم أنه لم يترك قتال معاوية ويسلم له بادعائه الخلافة إلا بعهد مِن رسول الله صلى الله عليه وآله، ولعلمه بأنه أولى بالحق منه وأقوى على إحياء السنة وحمل الأمانة والاضطلاع بأعباء الإمامة.

إنّ مكابرة الحق الصريح لتحوج المؤمن الغيور فتحوجه إلى الخروج عن دائرة حمله فيقول خلاف الأولى، ما أدرى ما يحمل مثل أصحاب هذه الأقوال على ادعاء الإسلام وهلا كانوا يهودًا أو نصارى.

يسمعون قوله صلى الله عليه وآله: «**عَلِيٌّ عَلَى الحَقِّ**» وأنه «**لَا يُفَارِقُ القُرْآنَ**»، و«**حِزْبُهُ حِزْبُ اللهِ**»، و«**حَرْبُهُ حَرْبِي**» و«**وَوَالِ مَنْ وَالَاهُ وَعَادِ مَنْ عَادَاهُ**»، ثم يصوبون مقاتله، و﴿قُل لَّآ أَسۡـَٔلُكُمۡ عَلَيۡهِ أَجۡرًا إِلَّا ٱلۡمَوَدَّةَ فِي ٱلۡقُرۡبَىٰ﴾[الشورى:23] ويحكمون لقاتل العترة ومن فعل الأفاعيل باتباع القرآن، و«**حُبُّ عَلِيٍّ إِيمَانٌ وَبُغْضُهُ كُفْرٌ**» ثم يحكمون لأكبر مبغضيه بالإيمان، والله عليهم المستعان، و«**لَا يُبْغِضُكَ إِلَّا مُنَافِقٌ**» ثم يحكمون بالنفاق لمن أحبه ويدخلون المساءة على محمد صلى الله عليه وآله بذلك، و«**أَقْضَاكُمْ عَلِيٌّ**» ثم يقولون قال ابن تيمية: «ما كان لعلي أن يقاتل ... الخ»، مع قول عليٍّ أيضًا: «**مَا وَجَدْتُ إِلَّا قِتَالَهُمْ أَوِ الكُفْرَ بِمَا جَاءَنِي بِهِ مُحَمَّدٌ صَلَى اللهُ عَلَيهِ وَآلِهِ**»، قاتل الله العصبية والتعصب.

وأهل السنة يترحمون على الجميع(**)، ويستغفرون لهم كما أمرهم الله تعالى بقوله: ﴿وَالَّذِينَ جَاءُو مِنْ بَعْدِهِمْ يَقُولُونَ رَبَّنَا اغْفِرْ لَنَا وَلِإِخْوَانِنَا الَّذِينَ سَبَقُونَا بِالْإِيمَانِ وَلَا تَجْعَلْ فِي قُلُوبِنَا غِلًّا لِلَّذِينَ آمَنُوا رَبَّنَا إِنَّكَ رَءُوفٌ رَحِيمٌ ﴿١٠﴾﴾ [الحشر:10].

وأمَّا الرافضي فإذا قدح في معاوية بأنه كان باغيًا ظالمًا.. قال له الناصبي: وعلي أيضًا كان باغيًا ظالمًا لمَّا قاتل المسلمين ....

نقد السيد عبد القادر ابن يحيى

(**) **نقول:** فمعاوية لم يمتثل الأمر، بل قاتل من سبقه وعطل الحدود وفعل المنكرات، ويعني بقوله: «**أهل السنة**» المتأخرين منهم كالقائل ومَن مالأه، وإلا.. فأهل السنة المتقدمون لم يكونوا كذلك، كان السلف ثلاث فرق، فرقة تحب عليًّا لدينه، وفرقة تحب معاوية لدنياه، وفرقة الخوارج ليس إلا[174]، فبمن اقتدى أهل السنة الآن بالاستغفار لعلي ومعاوية ومحبيهما، ولا يجتمع حبهما معًا في قلب مؤمن[175].

(174) ينظر «الاستيعاب» لابن عبد البر، (3/ 1115).

(175) **قلتُ:** وذكر العلامة ابن عقيل تقسيمًا آخر، حاصله [«تقوية الإيمان» (ص12-13)] **الفرقة الأولى:** أهل البيت الطاهر وخيار الصحابة أهل الحل والعقد وأهل الدين والفضل الذين كانوا أنصارًا لعلي عليه السلام، **الفرقة الثانية:** غالبهم الطلقاء وأبناؤهم والمؤلفة قلوبهم والمنافقون، وكان قائدهم معاوية، ثم قال عقبه: (**ولم تكن هناك فرقة ثالثة تتولى تينك الطائفتين معًا وترضى عنهما**، ومن المقرر في علم الأصول أن الأمة **إذا اختلفت على قولين لا يجوز إحداث ثالث**؛ لأنه باطل بقول الجميع، فما يدعو إليه أمثال المُصَانع من تولي عليّ وأعوانه أهل الحق مع تولي معاوية وأذنابه القاسطين.. مذهبٌ مبتدع محدث لا مرية في ذلك؛ إذ لم يكن عليه رسول الله صلى الله عليه وآله ثم لم يكن عليه عترته وخيار صحبه رضي الله عنهم، وكل بدعة ضلالة وكل ضلالة في النار.

ومعلوم أنّ من يتولى قومًا.. فهو منهم، ومحب القوم معهم، وشريك لهم ومستحق لما يستحقونه من ثناء وثواب أو ذم وعقاب، فهل يرغب في مشاركة البغاة الفجرة الطغاة القاسطين في الخذلان المبين وفي عداوة أخي النبي الأمين إلا من سفه نفسه).

على إمارته[176]، وبدأهم بالقتال، وصال عليهم، وسفك دماء الأمة بغير فائدة، لا في دينهم ولا في دنياهم، وكان السيف مسلولاً في خلافته على أهل الملة، مكفوفًا عن الكفار(**).

والقادحون في علي طوائف:

- طائفة تقدح فيه وفيمن قاتله جميعًا.

نقد السيد عبد القادر ابن يحيى

(**) ثم في هذا الفصل المشئوم المنقول عن ابن تيمية قوله بعد إيراد هذه الآية «وأما الرافضي فإذا قدح ...» إلى أخر ما ذكر بكلام آلمٍ لقلب علي عليه السلام بل لقلب النبي عليه وآله الصلاة والسلام من ضرب الحسام ورمي السهام، ألا يعز على رسول الله صلى الله عليه وآله أن يقول إنّ عليًّا والقرآن لن يفترقَا وأنّ الحق معه يدور حيث دار، وأنه منه، وأنه نفسه، وأنه وأنه.

ثم ينبري ابن تيمية فيقول: كان الأولى به كذا وكذا ، ثم يأتي بعده من يجلس على منصّة الاجتهاد فيطرح النصَّ جانبًا وينبذه ظِهريًّا ويجعله نسيًا منسيًّا تَشَبُّثًا بما يقول ابن تيمية وغيره في معارضته، ومَن هو الناصبي وما هو النصب إذا لم يكن هذا، وما أضمر أحد شيئًا إلا ظهر في صفحات وجهه وفلتات لسانه، وما النفع من تعداد أولئك الطوائف والقرآن والسنة يشهدان بخطئهم ويعترف به الأستاذ تبعًا لابن تيمية، وأي كفار أكفر من أولئك الباغين، وهلّا نُسب الذنبُ العظيم إلى أولئك البغاة الذين عطلوا امتداد الفتح بأن شغلوا الإمام في محاربتهم، وتركوا في الإسلام صدعًا لا ينشعب أبد الدهر بما أضلوا من العقول، وما غرسوه فيها من التشكيكات، فالحق أنه لو تركهم وشأنهم ما أبقوا للدين المحمدي عينًا ولا أثرًا، ألا ترى إلى علماء السوء ماذا يعملون بتأويلاتهم؟ برّروا معاوية مع سوء أعماله وقبيح خصاله، وجعلوا سيئاته حسنات، وقالوا: إنه إمام حق، وخليفة صدق، إلى

(176) هذا من وقاحة ابن تيمية المجرم والقاسمي التابع له في تلك الترهات «**السيد حسن السقاف**».

- وطائفة تقول: فسقت إحداهما لا بعينها؛ كما يقول ذلك عمرو بن عبيد من شيوخ المعتزلة، [ويقولون][177] في أهل الجمل: [فسق إحدى الطائفتين لا بعينها، وهؤلاء يفسقون معاوية.

- و][178] طائفة يقولون: هو الظالم دون معاوية، كما يقول ذلك المروانية، وطائفة يقولون: علي كان في أول الأمر مصيبًا، فلما حكّم الحكمين.. كفر وارتد عن الإسلام ومات كافرًا، وهؤلاء هم الخوارج، فالخوارج والمروانية وكثير من المعتزلة وغيرهم يقدحون في علي - رضي الله عنه - وكلهم مخطئون في ذلك ضالون مبتدعون...

فإن قال الذاب عن عليٍّ: هؤلاء الذين قاتلهم علي كانوا بغاة فقد ثبت في الصحيح أنّ النبيّ صلى الله عليه وآله وسلم قال لعمار رضي الله عنه: «**تَقْتُلُكَ الفِئَةُ البَاغِيَةُ**» وهم قتلوا عمارًا.. فههنا للناس أقوال:

نقد السيد عبد القادر ابن يحيى

غير ذلك، فما ظنك ما كانوا فاعلين لو ترك القتال؟ أما كانوا أثبتوا لمعاوية من الروايات بالأفضلية ما يفوق الحصر، وطمسوا أعلام آل البيت، وألا ترى كم يتبجحون بتسليم الحسن، ولو انقشعت غياهب الاستبداد[179].

(177) ساقط في الأصل.

(178) ساقط في الأصل.

(179) **قلتُ**: ويكرر ابن تيمية قوله هذا في مواضع من كتبه، كما في قوله [منهاج السنة، (6/ 191)]: (ولم يحصل في ولايته لا قتال للكفار ولا فتح لبلادهم ولا كان المسلمون في زيادة خير)، وهذه الدعوى لا تصح، والدليل على كذبها أن أهل التاريخ والسير قد ذكروا فتوحًا وقتالاً للكفار والمرتدين في خلافة علي عليه السلام، ومن ذلك:
غزو مُكران وبلاد قندابيل، غزو بلاد ديلم، وقتال أهل نيسابور وأسر بنات كسرى، وقتال الخريت بن راشد الناجي ومن معه من النصارى والمرتدين ومانعي الزكاة، ينظر تحقيق السيد عبد العزيز السقاف على «رسالة تشتمل على ما ذكره ابن تيمية في منهاجه فيما يتعلق بالإمامة والتفضيل» للعلامة الحسن بن إسحاق الصنعاني (ص426-431).

منهم من قدح في حديث عمار[180]، ومنهم مَن تأوله على أنّ الباغي الطالب، وهو تأويل ضعيف[181]، وأما السلف والأئمة.. فيقول أكثرهم؛ كأبي حنيفة ومالك وأحمد وغيرهم: لم يوجد شرط قتال الطائفة الباغية[**]؛ فإنّ الله لم يأمر بقتالها ابتداءً، بل أمر إذا اقتتلت طائفتان أنْ يُصلح بينهما، ثم إن بغت إحداهما على الأخرى.. قوتلت التي تبغي، وهؤلاء قوتلوا ابتداءً قبل أن يبدأوا بقتال).

ثم قال [4/392]: (والمنصوص عن الإمام أحمد وأمثاله من الأئمة أنّ ترك القتال كان خيرًا من فعله وأنه قتال فتنة، ولهذا كان عمران بن حصين - رضي

نقد السيد عبد القادر ابن يحيى

(**) وما هؤلاء بحجة على القائل: «مَا وَجَدْتُنِي يَسَعُنِي إِلَّا قِتَالُهُمْ أَوِ الكُفْرُ بِمَا جَاءَنِي بِهِ مُحَمَّدٌ صَلَّى اللهُ عَلَيهِ وَآلِهِ»[182]، وقد تواتر عنه أنه لم يبدأهم بالقتال حتى بدأوه به، وعليٌّ أدقُّ استنباطًا، وأَنظرُ لدين الله من هؤلاء ومن غيرهم.

---

(180) قال العلامة ابن عقيل [النصائح الكافية، (ص45)]: (وقال حافظ المغرب ابن عبد البر: «تواترت الأخبار عن النبي صلى الله عليه وآله وسلم أنه قال: «**تَقْتُلُ عَمَّارَ الفِئَةُ البَاغِيَةُ**»، وهذا من إخباره بالغيب وأعلام نبوته، وهو من أصح الأحاديث» انتهى، وقال ابن دحية: «لا مطعن في صحته، ولو كان غير صحيح.. لرده معاوية وأنكره»، وقال الحافظ ابن حجر: «رواه جمع من الصحابة» فذكرهم وقال: «وفيه علم وأعلام النبوة وفضيلة ظاهرة لعلي وعمار رضي الله عنهما»).

(181) قال العلامة ابن عقيل [النصائح الكافية، (ص45)]: (فإنّ قول الرسول صلى الله عليه وآله وسلم: «**يَدْعُوهُمْ إِلَى الجَنَّةِ وَيَدْعُونَهُ إِلَى النَّارِ**» كالنص الصريح في أنّ الباغية من البغي المذموم المنهي عنه، كما في قوله تعالى: ﴿وَيَنْهَىٰ عَنِ ٱلْفَحْشَآءِ وَٱلْمُنكَرِ﴾[النحل:90] لا من البغاء الذي هو الطلب)، وهو ما اعتذر به معاوية قبلهم - بعد أن ادعى أنّ عليًا هو قاتله لأنه أخرجه فأجابه علي بأنّه يلزمه القول بأنّ النبي صلى الله عليه وآله وسلم قاتل حمزة - ، قال العلامة ابن عقيل [المصدر السابق]: (وعندي أنّ معاوية أحذق من أن يقول ذلك عن اعتقاد، فإنه أمر ظاهر الفساد للخاص والعام، والذكي والبليد، وكان الواجب عليه أنْ يرجع عن غيه وبغيه، ويرفض المخالفة، ولكن غلبت عليه شقوته، وأضله الله على علم، فاحتال بهذه التأويلات الفاسدة حرصًا على الدنيا، وتعزيزًا لأشياعه وأتباعه، وتسترًا في الظاهر، وفرارًا عن الإقرار بحقيقة أمره، وتربعه على كرسي إمامة الدعاة إلى النار، ومحاربة العزيز الجبار).

(182) نهج البلاغة، (ص91).

الله عنه - ينهى عن بيع السلاح فيه، ويقول: لا يباع السلاح في الفتنة، وهذا قول سعد بن أبي وقاص، ومحمد بن مسلمة، وابن عمر، وأسامة بن زيد رضي الله عنهم **وأكثر من كان بقي من السابقين الأولين من المهاجرين والأنصار**، وهو قول أكثر أئمة الفقه والحديث(**). اهـ كلام ابن تيمية رحمه الله.

نقد السيد عبد القادر ابن يحيى

(**) ثم ذكر في آخر الفصل الاستشهاد ببعض الصحابة على ما ارتآه، مع أنهم ممن ندم وتاب على عدم قتال الفئة الباغية(183).

---

(183) **قلتُ**: قال الحافظ ابن حجر عند شرحه لحديث: «إِذَا الْتَقَى الْمُسْلِمَانِ بِسَيفَيهِمَا ...» [فتح الباري، (13/ 33)]: (واحتج به من لم ير القتال في الفتنة وهم كل من ترك القتال مع علي في حروبه؛ كسعد بن أبي وقاص وعبد الله بن عمر ومحمد بن مسلمة وأبي بكرة وغيرهم، وقالوا: يجب الكف حتى لو أراد أحد قتله.. لم يدفعه عن نفسه، ومنهم من قال لا يدخل في الفتنة فإن أراد أحد قتله دفع عن نفسه، **وذهب جمهور الصحابة والتابعين إلى وجوب نصر الحق وقتال الباغين**، وحمل هؤلاء الأحاديث الواردة في ذلك على من ضعف عن القتال أو قصر نظره عن معرفة صاحب الحق).

قال العلامة ابن عقيل [أحاديث المختار في معالي الكرار، (2/ 89)]: (وإنّ جماهير من بقي من الصحابة المتديِّنين وكذا التابعين كلهم كانوا مع علي [ذكر العلامة ابن عقيل بعض التابعين مما تخلفوا وتابوا في «ثمرات المطالعة» (1/ 33)]، وإنما يكثر المتخلفين أناس من مراض القلوب بالكذب والدعوى الفارغة).

وقال العلامة ابن عقيل في نقده لـ «منهاج السنة» [ثمرات المطالعة، (3/ 5-6)]: (وزَعمَ [أي ابن تيمية] أنّ أكثر الصحابة اعتزلوا القتال؛ أي: المهاجرين والأنصار ومن تبعهم بإحسان... الخ، وهذا كذب وبهتان اختلقه إيهامًا لمن يغتر بكلامه ويحسن الظنّ به، ولو كان صادقًا.. لذكر أسماء هؤلاء الأكثرين، ولكنه كلما ذكرهم.. لم يعدُ ذكر ابن أبي الوقاص، وابن عمر، وابن مسلمة، وأسامة، أفهؤلاء جمهور الصحابة وساداتهم؟ وكيف وقد علمنا السبب الحامل لمن تأخر منهم على تأخره، وتوبة من صرح بتوبته وندمه منهم، ولا يخفى هذا على مثله، ولكن بغضه لعلي عليه السلام وحبه لتنقيصه وسبه حمله على صنيعه هذا وعلى ما صرح به من عدم بدء معاوية كبير القاسطين بالقتال مع تواتره وظهوره)، وينظر (3/ 41) من «الثمرات».

وقال العلامة ابن عقيل [تقوية الإيمان، (ص14)]: (وقعود مَن قعد من الصحابة وغيرهم عن القتال مع علي وأهل الحق عليهم الرضوان لا حجة فيه البتة، وقد قال فيهم الإمام علي عليه السلام [الاستيعاب، (3/ 1121)]: «أُولَئِكَ قَومٌ قَعَدُوا عَنِ الحَقِّ وَلَمْ يَقُومُوا مَعَ البَاطِلِ»، وفي رواية [نهج =

البلاغة، ص471، الاستيعاب، (2/ 610)]: «أُولَئِكَ قَوْمٌ خَذَلُوا الحَقَّ وَلَمْ يَنْصُرُوا البَاطِلَ»، وقد ثبت وصح أنَّ عددًا منهم تاب قبل موته عن قعوده وندم وتحسّر على ما فاته من فضيلة جهاد القاسطين، وقيل: إنّ بعضهم قعد لأمور لا أحب نشرها.

وعلي لم يكره أحدًا على بيعته أو القتال معه، ولا يجوز أن يقال كان قعودهم تصويبًا منهم للبغاة، حاشا، وقد قعد عن القتال بين يدي رسول الله صلى الله عليه وآله وسلم في بعض المواطن رجال من الصحابة، ولم تبلغنا عن عدد من خيارهم نكاية في العدو فيما حضروه من المشاهد، ولم يدل ذلك على نفاقهم وأنّ ضلعهم كان مع مشركي قومهم، كلا، ولم يُعاتب أحد نصًّا في التخلف في غير تبوك، ثم إنّ تخلف من تخلف من المسلمين عن بيعة أمير المؤمنين لا يجعله في سعة عدم نصره وامتثال أمره).

وقد ثبت عن ابن عمر ندمه فقال [المستدرك، (3/ 115)]: (ما وجدتُ في نفسي من شيء في أمر هذه الآية ما وجدت في نفسي أني لم أقاتل هذه الفئة الباغية كما أمرني الله عز وجل).

وروى الحاكم في المستدرك (3/ 116) اعتزال سعد بن أبي وقاص وأنّ رجلاً قال له: إنّ عليًّا يقع فيك أنك تخلفت عنه، فقال سعد: **والله إنه لرأي رأيتُه وأخطأ رأيي**.

أمّا سبب تخلف محمد بن مسلمة.. فلأمر خاص أمره به النبي صلى الله عليه وآله وسلم، فقد روى أحمد في مسنده (17979) عن الحسن عليه السلام قال: (إنّ عليًّا بعث إلى محمد بن مسلمة فجيء به، فقال: ما خلّفك عن هذا الأمر؟ قال: دفع إليّ ابن عمك – يعني النبي صلى الله عليه وآله وسلم – سيفًا فقال: «**قَاتِلْ بِهِ مَا قُوتِلَ العَدُوُّ، فَإِذَا رَأَيتَ النَّاسَ يَقْتُلُ بَعْضُهُمْ بَعْضًا.. فَاعْمِدْ بِهِ إِلَى صَخْرَةٍ فَاضْرِبْهُ بِهَا، ثُمَّ الْزَمْ بَيْتَكَ حَتَّى تَأْتِيكَ مَنِيَّةٌ قَاضِيَةٌ أَوْ يَدٌ خَاطِئَةٌ**»، قال: خلوا عنه).

أمّا تخلف أسامة بن زيد.. فلكونه حلَف ألا يقتل مسلمًا، فقد روى البخاري (6872) أنّ النبي صلى الله عليه وآله وسلم قال له بعد قتله لمسلم في سرية غالب بن عبيد الله: («**يَا أُسَامَةُ، أَقَتَلْتَهُ بَعْدَمَا قَالَ: لَا إِلَهَ إِلَّا اللهُ**»؟ قال: قلتُ: يا رسول الله، إنما كان معوذًا، قال: «**أَقَتَلْتَهُ بَعْدَ أَنْ قَالَ: لَا إِلَهَ إِلَّا اللهُ**؟» قال: فما زال يكررها علي حتى تمنيتُ أني لم أكن أسلمت قبل ذلك اليوم)، قال الحافظ في «الفتح» شارحًا هذا الحديث: (قال ابن بطال: كانت هذه القصة سبب حلف أسامة أن لا يقاتل مسلمًا بعد ذلك، **ومِن ثَمّ تخلف عن عليٍّ في الجمل وصفين**؛ كما سيأتي بيانه في كتاب الفتن، قلتُ: وكذا وقع في رواية الأعمش المذكورة: «**أنّ سعد بن أبي وقاص كان يقول: لا أقاتل مسلمًا حتى يقاتله أسامة**»)، ونص الحافظ في كتاب الفتن: (قال ابن بطال: **أرسل أسامة إلى علي يعتذر عن تخلفه عنه في حروبه**، ويعلمه أنه أحب الناس إليه، وأنه يحب مشاركته في السراء والضراء، إلا أنه لا يرى قتال المسلم، قال: **والسبب في ذلك أنه لما قتل ذلك الرجل** – يعني الماضي ذكره في «باب من أحياها» في أوائل الديات – **ولامه النبي صلى الله عليه وآله وسلم بسبب ذلك آلى على نفسه أن لا يقاتل مسلمًا، فذلك سبب تخلفه عن علي في الجمل وصفين**. اهـ ملخصًا).

=

[مذهب أهل السنة وجوب كراهة ذنب المذنب لا ذاته بل يحب لإسلامه]

وقال السيد اليماني في «إيثار الحق»: (قال أهل السنة تجب كراهة ذنب المذنب العاصي ولا تجب كراهة المسلم نفسه بل يُحَبُّ لإسلامه، وقد قال صلى الله عليه وآله سلم في المحدود بالخمر: «**لَا تُعِينُوا الشَّيطَانَ عَلَى أَخِيكُمْ**»).

وروى محمد بن نصر عن علي رضي الله عنه أنه سئل عن الخوارج: أمشركون هم؟ قال: من الشرك فرُّوا، قيل: أمنافقون؟ قال: إنّ المنافقين لا يذكرون الله إلا قليلا، ولا يأتون الصلاة إلا وهم كسالى، قيل: فمن هم؟ قال: قوم بغوا علينا فقاتلناهم(**).

نقد السيد عبد القادر ابن يحيى

(**) والمشهور أنه قالها في حق أهل الجمل كما في «النصائح» [ص62] لا في حق الخوارج ولا في أهل صِفّين(184)، وهل يريد الأستاذ أنْ يثبت إيمان الخوارج من أقوال(185) علي وقد مرقوا من الدين مروق السهم من الرمية بشهادة النبي صلى الله عليه وآله والمتواتر عن علي وعن الأئمة من ذريته التسجيل بكفرهم، إنها لمكابرة صريحة ولا حول ولا قوة إلا بالله العلي العظيم(186).

وينظر «النصائح الكافية» (ص46)، و«ثمرات المطالعة» الباب 39 «ذكر من تخلف عن علي عليه السلام في حروبه» (1/ 33)، و«أحاديث المختار في معالي الكرار» باب المتخلفين عن علي وتوبة بعضهم (2/ ق87)، و«وزهر الريحان» للسيد العلامة حسن بن علي السقاف (ص37).

(184) مصنف ابن أبي شيبة، (7/ 535)، السنن للبيهقي، (8/ 173-182).

(185) وفي (ب): (قول).

(186) **قلتُ**: القول بكفرهم هو ما قرره العلامة ابن عقيل في عدد من كتبه، كـ «العتب الجميل» (ص137)، و«ثمرات المطالعة» (2/ 290)، وهو القول الذي رجحه تقي الدين السبكي في فتاويه (2/ 583)، **قال السيد حسن السقاف**: ومعاوية ضخّم وطوّل وعرّض قضية الخوارج؛ ليُخرج نفسه أمام الناس عن كونه أكبر خارجي، **وأقول**: في كتاب «أحاديث المختار في معالي الكرار» للعلامة محمد بن عقيل فصل باسم «معاوية شر من الخوارج».

قال السيد اليماني بعد أن نقل بعض كلام علي عليه السلام هذا: (وكذلك أهل التأويل من أهل الملة، وإن وقعوا في أفحش البدع والجهل، فقد عُلم منهم أنّ حالهم في ذلك هي حال الخوارج).

المبحث الثامن

[اتفاق الحكماء على أنَّه لا يليق بالمناظر أن يهيج إلا بعد أن يقتل المسائل علماً، وكلام ابن رشد في ذلك]

اتفق الحكماء على أنَّه لا يليق بالمناظر أن يهيج إلا بعد أن يقتل المسائل علمًا، ويثبت الأمر لديه ثبوتًا لا ريب فيه، ولأجله قال الإمام القاضي أبو الوليد ابن رشد [تهافت التهافت، (ص153)]: ([ومن العدل أن يقام بحجة الخصوم في البحث ويناب عنهم؛ إذ لهم أن يحتجوا بها](187) ومن العدل – كما يقول الحكيم – أن يأتي الرجل من الحجج لخصومه بمثل ما يأتي لنفسه، أعني: أن يجهد نفسه في طلب الحجج لخصومه كما يجهد نفسه في طلب الحجج لمذهبه، وأن يقبل لهم من الحجج النوع الذي يقبله لنفسه) اهـ ، وهذه من درر الفوائد وغرر القواعد في موقف الحكم بالإنصاف في ديوان التنازع والتناظر(188).

[شُبَهُ محاربي عليٍّ عليه السلام]

ونحن نورد ما للخصوم هنا لينجلي الحقُّ ويبرأ محبُّ الإنصاف من التشيع والتحزب وإن كان ما لهم واهيًا ومحجوجًا، فنقول:

قال الإمام ابن حزم في «الفِصَل» [4/ 119]: (ذهب جماعة من الصحابة وخيار التابعين وطوائف ممن بعدهم إلى تصويب محاربي عليٍّ من أصحاب الجمل

---

(187) ما بين المعكوفتين زيادة في الأصل وليس في «تهاقت التهافت».

(188) وهؤلاء القوم لا يعرفون العدل ولا العدالة، ويظهرون أنفسهم أنهم أصحاب إنصاف.

وأصحاب صِفِّين وهم الحاضرون لقتاله في اليومين المذكورين وقد أشار إلىٰ هذا أيضًا أبو بكر بن كيسان).

ثم قال [4/120]: (احتجّ من ذهب إلىٰ تصويب محاربي علي كرم الله وجهه يوم الجمل ويوم صِفِّين بأن قال: إنّ عثمان رضي الله عنه قُتل مظلومًا؛ فالطلب بأخذ القود من قاتليه فرضٌ، قال عز وجل: ﴿وَمَن قُتِلَ مَظْلُومًا فَقَدْ جَعَلْنَا لِوَلِيِّهِۦ سُلْطَٰنًا﴾ [الإسراء:33]، وقال تعالىٰ: ﴿وَتَعَاوَنُوا۟ عَلَى ٱلْبِرِّ وَٱلتَّقْوَىٰ ۖ وَلَا تَعَاوَنُوا۟ عَلَى ٱلْإِثْمِ وَٱلْعُدْوَٰنِ ۚ﴾ [المائدة:2]، قالوا: ومَن آوىٰ الظالمين.. فهو إمّا مشارك لهم، وإمّا ضعيف عَن أخذ الحق منهم، وكلا الأمرين حجة في إسقاط إمامته علىٰ من فعل ذلك ووجوب حربه.

قالوا: وما أنكروا علىٰ عثمان إلا أقل من هذا من جواز إنفاذ أشياء بغير علمه، فقد ينفذ مثلها سرًّا ولا يعلمها أحد إلا بعد ظهورها، قالوا: وحتىٰ لو أنّ كل ما أنكر علىٰ عثمان يصح.. ما حلَّ بذلك قتله بلا خلاف من أحد من أهل الإسلام؛ لأنهم إنما أنكروا عليه استئثاراً بشيء يسير من فضلات الأموال لم تجب لأحد بعينه فمنعها، وتوليةَ أقاربه، فلمّا شكوا إليه.. عزلهم وأقام الحد علىٰ من استحقه، وأنه صرف الحَكَم بن أبي العاص إلىٰ المدينة، ونفيُ رسول الله صلىٰ الله عليه وآله وسلم للحَكَم لم يكن حدًّا واجبًا ولا شريعة علىٰ التأبيد، وإنما كان عقوبة علىٰ ذنب استحقَّ به النفي، والتوبة مبسوطة، فإذا تاب.. سقطت عنه تلك العقوبة بلا خلاف من أحد من أهل الإسلام، وصارت الأرض كلها مباحة، وأنه ضرب عمارًا خمسة أسواط، ونفىٰ أبا ذر إلىٰ الربذة، وهذا كله لا يبيح الدم.

قالوا: وإيواء عليٍّ المُحدِثين أعظم الأحداث مِن سفك الدم الحرام في حرم رسول الله صلىٰ الله عليه وآله وسلم، لاسيما دم الإمام وصاحب رسول الله صلىٰ الله عليه وآله وسلم أعظم، والمنع من إنفاذ الحق عليهم أشد من كل ما ذكر بلا شك.

قالوا: وامتناع معاوية من بيعة علي كامتناع علي من بيعة أبي بكر، فما حاربه أبو بكر ولا أكرهه، وأبو بكر أقدر على علي من علي على معاوية، ومعاوية في تأخّره عن بيعة علي أعذر وأفسح مقالًا من علي في تأخره عن بيعة أبي بكر؛ لأن عليًّا لم يمتنع عن بيعة أبي بكر أحد من المسلمين غيره بعد أن بايعه الأنصار والزبير، وأما بيعة علي.. فإنّ جمهور الصحابة تأخروا عنها، إما عليه وإما لا له ولا عليه، وما تابعه فيهم إلا الأقل سوى أزيد من مائة ألف مسلم بالشام والعراق ومصر والحجاز، كلهم امتنع من بيعته، فهل معاوية إلا كواحد من هؤلاء في ذلك(189)؟

وأيضًا: فإن بيعة علي لم تكن على عهد من النبي صلى الله عليه وآله وسلم كما كانت بيعة أبي بكر، ولا عن إجماع من الأمة كما كانت بيعة عثمان، ولا عن عهد من خليفة واجب الطاعة كما كانت بيعة عمر، ولا عن شورى، فالقاعدون عنها بلا شك -ومعاوية من جملتهم - أعذر من علي في قعوده عن بيعة أبي بكر ستة أشهر حتى رأى البصيرة وراجع الحق عليه في ذلك.

قالوا: فإن قلتم خفي على علي نص رسول الله صلى الله عليه وآله وسلم على أبي بكر.. قلنا لكم: لم يخف عليه بلا شك تقديم رسول الله صلى الله عليه وآله وسلم أبا بكر إلى الصلاة(190)، وأمرُه عليًّا بأن يصلي وراءه في جماعة المسلمين، فتأخره عن بيعة أبي بكر سعي منه في حطِّه عن مكان جعله رسول الله صلى الله عليه وآله وسلم حقًّا لأبي بكر وسعي منه في فسخ نص رسول الله صلى الله عليه وآله وسلم على تقديمه إلى الصلاة، وهذا أشد من ردِّ إنسان نفاه رسول الله صلى الله عليه وآله وسلم لذنب ثم تاب منه.

وأيضًا: فإنّ عليًّا قد تاب واعترف بالخطأ؛ لأنه إذا بايع أبا بكر بعد ستة أشهر

---

(189) ما أقبح هذه المقولة في رابع الخلفاء الراشدين بإجماع الأمة «**السيد حسن السقاف**».

(190) ينظر ثمرات المطالعة (3/ 57).

تأخر فيها عن بيعته.. لا يخلو ضرورة من أحد وجهين: إما أن يكون مصيبا في تأخره؛ فقد أخطأ إذ بايع، أو يكون مصيبا في بيعته، فقد أخطأ إذا تأخر عنها.

قالوا: والممتنعون من بيعة علي لم يعترفوا قط بالخطأ على أنفسهم في تأخرهم عن بيعته، قالوا: فإن كان فعلهم خطأ.. فهو أخف من الخطأ في تأخر علي عن بيعة أبي بكر، وإن كان فعلهم صوابًا.. فقد برئوا من الخطأ جملة.

قالوا: والبون بين طلحة والزبير وسعد بن أبي وقاص وعلي خفي جدًا، فقد كانوا في الشورى معه لا يبدو له فضل شفوف عليهم ولا على واحد منهم، وأما البون بين علي وأبي بكر فأبين وأظهر فهم من امتناعهم عن بيعته أعذر لخفاء التفاضل.

قالوا: وهلا فعل علي في قتلة عثمان كما فعل بقتلة عبد الله بن خباب بن الأرت؟ فإن القصتين استوتا في التحريم، فالمصيبة في قتل عثمان في الإسلام وعند الله عز وجل وعند المسلمين أعظم جرما وأوسع خرقا وأشنع إثما وأهول فتقا من المصيبة في قتل عبد الله بن خباب) اهـ .

قال ابن حزم رحمه الله [4/121]: (هذا كل ما يمكن أن تحتجَّ به هذه الطائفة قد تقصيناه)، ثم أسهب رحمه الله في محاجَّة هذه الفرقة والردِّ عليها على عادته.

وأقول: لا حاجة إلى الإسهاب فيه؛ لأن كون الحقِّ مع الإمام علي عليه السلام ظاهرٌ لذوي الألباب ظهور الشمس ليس دونها حجاب(**).

نقد السيد عبد القادر ابن يحيى

(**) أتى الأستاذ بالعجب العجاب البالغ حد الإغراب؛ إذ جعل من العدل أن يأتي الرجل من الحجج لخصومه بمثل ما يأتي لنفسه ... الخ ، ومن طالع ما نقله عن هذا الإمام من الخلافيات التي زعم أنها حجج للخصوم ومن العدل إيرادها.. رأى التمحل وقلب الحقائق والتعصب والعناد بجميع معانيه، وأي مخالف أعظم من هذا الذي أورد هذه الخلافيات، وحيث أنّ ابن حزم كفانا مؤونة الرد على أقوال هذه الطائفة فلا نتعرض لما قالوه، ولكن نسأل الأستاذ من أين

وبالجملة فالواقف على مثل هذه الشبه يرى أن ثمة شيئًا يُتَّكأ عليه، وليس هو مجرد الهوى والعصبية[191]، لاسيما والذين التبس عليهم الأمر كثيرون، وكلهم ممن لا يُدلي إلى عثمان بنسب ولا رحم، ولا يندب إمرة ولا عمالة[**].

وجليٌّ أنّ تبيُّنَ وجه الحق إنما هو بالوقوف على تفصيل المتنازع فيه وتحليله، وطرح كل ما سبق إلى القلب وغُرِس فيه من تقليد أو تحزُّب أو تقيَّة أو حميَّة.

نقد السيد عبد القادر ابن يحيى

علم أن الحقَّ مع عليّ ظاهر كالشمس ليس دونها حجاب؟ أمن الكتاب العزيز أم من السنة أم من الإجماع؟ وكيف ظهرت له هذه الجليّة ولم تتضح لمعاوية المجتهد الكبير، ولا لعمرو وبسر وسمرة وغيرهم، وإذا كان هؤلاء عَموا عنها وأعماهم حبّ الدنيا.. فكيف خفيت على الأشعري وطلحة والزبير وابن عمر ونصف الأمة الذين نَقل عن ابن تيمية وابن حزم أنهم لم يبايعوا عليًّا، أهذه الشبه التي يتوكأ عليها المخالف؟

(**) **قلتُ**: ولكن أكثرهم ممن غلب عليه حب الدنيا أو دعته العصبية إلى ذلك أو ممن طمس معاوية على بصره وبصيرته بخبثه ودهائه وسيطرته كما طمس على بصائر أهل هذا القرن حتى توهموه مُحِقًّا فيما فعل أو على الأقل مجتهدًا مأجورًا، والجواب عن هذه الجملة يقتضي الإسهاب في سيرة عثمان رضي الله عنه والاسترسال إلى مالا يحتمله الحال من سيرة عماله، والمقام لا يتسع لذلك.

(191) قال العلامة ابن عقيل [تقوية الإيمان،(ص73)]: (**وما زعموه أنه كان لمعاوية فيما صنع أو في بعضه شبهة زَعمٌ بيّن الفساد**، ولو كان لما زعموه شِبه وُجودٍ.. لرجع طاغيتهم وتاب سيما بعد قتل عمار؛ لصراحة النص وتواتره وسماعه له من النبي صلى الله عليه وآله وسلم في بغيه وفي أنه من دعاة النار، ولكن الرجل لم يُسلم بل استسلم، وسيأتي النقل الصحيح الصريح بأنه يموت كافرًا). ينظر (ص179-180).

[المراسلة بين علي ومعاوية في أخذ البيعة]

وفي المراسلات بين عليٍّ رضي الله عنه ومعاوية ما يجلي ذلك ويوضحه كثيرًا، ولا بأس أن نأثر منها طرفًا، فقد نقل المبرد في «كامله» [1/ 258] أنَّ عليًّا عليه السلام لَمَّا وجَّه جرير بن عبد الله البجلي إلى معاوية يأخذه بالبيعة له كتب إلى عليٍّ عليه السلام ما مثاله بعد البسملة: (فلعمري لو بايعك القوم الذين بايعوك وأنت بريء من دم عثمان كنت كأبي بكر وعمر وعثمان رضي الله عنهم أجمعين، ولكن أغريت بعثمان المهاجرين، وخذلت عنه الأنصار، فأطاعك الجاهل، وقوي بك الضعيف، وقد أبى أهل الشام إلا قتالك حتى تدفع إليهم قتلة عثمان، فإنْ فعلت.. كانت(192) شورى بين المسلمين، ولعمري ما حجتك علي كحجتك على طلحة والزبير؛ لأنهما بايعاك ولم أبايعك، وما حجتك على أهل الشام كحجتك على أهل البصرة؛ لأنّ أهل البصرة أطاعوك ولم يعطك أهل الشام، وأما شرفك في الإسلام وقرابتك من رسول الله صلى الله عليه وآله وسلم وموضعك من قريش .. فلست أدفعه)(193).

فكتب إليه أمير المؤمنين علي رضي الله عنه جواب هذه الرسالة بعد البسملة: (أما بعد: فإنه أتاني منك كتاب امرئ ليس له بصر يهديه، ولا قائد يرشده، دعاه الهوى فأجابه، وقاده فاتّبعه، زعمتَ أنك إنما أفسد عليك بيعتي خطيئتي في عثمان، ولعمري ما كنت إلا رجلًا من المهاجرين أوردت كما أوردوا، وأصدرت كما أصدروا، وما كان الله ليجمعهم على ضلال، ولا ليضربهم بالعمى، وبعد: فما أنت وعثمان؟ إنما أنت رجل من بني أمية، وبنو عثمان أولى بمطالبة دمه، فإن زعمت أنك أقوى على ذلك.. فادخل فيما دخل فيه المسلمون ثم حاكم القوم إليّ، وأما تمييزك بينك وبين طلحة والزبير وأهل الشام وأهل البصرة.. فلعمري

---

(192) هكذا في الأصل، وفي «الكامل»: «كان».

(193) **قلتُ**: أين كلام المنتقد من الاقتصار على كتب الصحاح وترك كتب التاريخ؟

ما الأمر فيها هناك إلا سواء؛ لأنها بيعة شاملة، لا يستثنى فيها الخيار ولا يستأنف فيها النظر، وأما شرفي في الإسلام وقرابتي من رسول الله صلى الله عليه وآله وسلم وموضعي من قريش.. فلعمري لو استطعتَ دفعه لدفعتَه).

[ما دار بين نافع بن الأزرق وأصحابه من الحرورية وبين ابن الزبير في انتقادهم على أبيه وطلحة وعائشة والخليفة الثالث والرابع ودفاع ابن الزبير بالحكمة المسددة](**)

ويقرب من ذلك ما دار بين نافع بن الأزرق وأصحابه من الحرورية – فرقة من الخوارج – وبين ابن الزبير، وذلك على ما رواه المبرد في «الكامل» [3/202] أنّ نافعًا – وكان ذا لسان عضب واحتجاج وصبر على المنازعة – مضى هو وأصحابه إلى مكة، ليمنعوا الحرم من جيش مسلم بن عقبة(**)(194)، ......،

نقد السيد عبد القادر ابن يحيى

(**) ثم ختم هذا المبحث باعتذار ابن الزبير عن عثمان في إحداثه، وعن طلحة والزبير في نكثهما، وعن عائشة في خروجها رضي الله عنهم أجمعين، وتبريرَ أعمالهم وحسن مآلهم بما لهم من الصحبة والسابقة، ولم يشر إلى عليّ بالمرة؛ كأنّ صحبته وقرابته وإيمانه وجهاده وصهره وسابقته كل ذلك لم يكن كافيًا في تبرير أعماله، مع أنّ المعترضين خوارج، وذكروه في اعتراض لابن الزبير.

(**) وفي هذا المبحث ذكر مسلم بن عقبة قائد جيش الحرة عرضًا، ثم ذيَّل عليها بقوله: (قاتله الله ومن أرسله)، وهذه الجملة لو تفطن لها الأستاذ لما خط منها حرفًا، فإنّ الذي أرسله معاوية لا ريب بذلك، ويزيد إنما هو منفذ لأوامره، وهذا المبحث لولا أنّ الرد عليه منه وفيه لطال به البحث)، ينظر «النصائح الكافية» (ص77-79)(195).

---

(194) قائد جيش الحرَّة قاتله الله ومن أرسله. «قاسمي».
(195) قلتُ: قال العلامة ابن عقيل [ثمرات المطالعة، (2/134)]: (وفي الفتح «ص60 ج13» [13/70]: «وأخرج أبو بكر بن أبي خيثمة بسند صحيح إلى جويرية بن أسماء سمعت أشياخ

فلما صاروا إلى ابن الزبير.. عرَّفوه أنفسهم ولم يبايعوه، ثم تناظروا فيما بينهم، فقالوا: ندخل إلى هذا الرجل فننظر ما عنده، فإنْ قدّم أبا بكر وعمر وبرئ من عثمان وعلي وكفّر أباه وطلحة.. بايعناه، وإن تكن الأخرى.. ظهر لنا ما عنده، فتشاغلنا بما يجدي علينا، فدخلوا على ابن الزبير وهو متبذل وأصحابه متفرقون عنه، فقالوا: إنا جئناك لتخبرنا رأيك، فإن كنت عل الصواب.. بايعناك، وإن كنت على غيره.. دعوناك إلى الحق، ما تقول في الشيخين؟ قال: خيرًا، قالوا: فما تقول في عثمان الذي أحمى الحمى، وآوى الطريد، وأظهر لأهل مصر شيئًا وكتب بخلافه، وأوطأ آل أبي معيط رقاب الناس وآثرهم بفيء المسلمين؟ وفي الذي بعده الذي حكَّم في دين الله الرجال، وأقام على ذلك غير تائب ولا نادم؟ وفي أبيك وصاحبه، وقد بايعا عليًّا وهو إمام عادل مرضي، لم يظهر منه كفر، ثم نكثا بعَرَض من أعراض الدنيا، وأخرجا عائشة تقاتل، وقد أمرها الله وصواحبها أن يقرن في بيوتهن؟ وكان لك في ذلك ما يدعوك إلى التوبة! فإن أنت قلت كما نقول.. فلك الزلفة عند الله، والنصر على أيدينا، ونسأل الله لك التوفيق، وإن أبيت إلا نصر رأيك الأول، وتصويب أبيك وصاحبه، والتحقيق بعثمان، والتولي في السنين الست التي أحلَّت دمه، ونقضت أحكامه، وأفسدت إمامته، خذلك الله وانتصر منك بأيدينا.

أهل المدينة يتحدثون أن معاوية لما احتضر دعا يزيد فقال له: إن لك من أهل المدينة يوما فإن فعلوا فارمهم بمسلم بن عقبة فإني عرفت نصيحته» ثم ذكر ما صار يوم الحرة وذلك تنفيذ لوصية هذا الطاغية عليه لعنة الله.

وفيه «ص61ج13» [13/ 71]: «وأخرج الطبراني من طريق محمد بن سعيد بن رمانة أن معاوية لما حضره الموت قال ليزيد: قد وطأت لك البلاد ومهدت لك الناس ولست أخاف عليك إلا أهل الحجاز فإن رابك منهم ريب فوجه إليهم مسلم بن عقبة فإني قد جربته وعرفت نصيحته» انتهى، ثم ذكر قصة الحرة. [وقد صححه الحافظ ابن حجر].

أقولُ: إنّ معاوية أهلكه الله ممن لا يخاف الله ولا يرجوه ولكنه يخاف على سِكّيره أهلَ الحجاز؛ لبقاء شيء من الدِّين عندهم ولوجود بقية أهل البيت بين ظهرانيهم، فتأمل).

فقال ابن الزبير: إن الله أمر - وله العزة والقدرة - في مخاطبة أكفر الكافرين وأعتى العتاة بأرأف من هذا القول، فقال لموسى ولأخيه صلى الله عليهما في فرعون: ﴿فَقُولَا لَهُۥ قَوْلًا لَّيِّنًا لَّعَلَّهُۥ يَتَذَكَّرُ أَوْ يَخْشَىٰ ﴿٤٤﴾﴾ [طه:44]، وقال رسول الله صلى الله عليه وآله وسلم: «لَا تُؤْذُوا الأَحْيَاءَ بِسَبِّ المَوتَى» فنهى عن سبِّ أبي جهل من أجل عكرمة ابنه، وأبو جهل عدو الله وعدو الرسول، والمقيم على الشرك، والجاد في المحاربة، والمتبغض إلى رسول الله صلى الله عليه وآله وسلم قبل الهجرة، والمحارب له بعدها، وكفى بالشرك ذنبًا! وقد كان يغنيكم عن هذا القول الذي سميتم فيه طلحة وأبي، أن تقولوا: أتبرأ من الظالمين؟ فإن كانا منهم.. دخلا في غمار الناس، وإن لم يكونا منهم.. لم تحفظوني بسب أبي وصاحبه، وأنتم تعلمون أن الله جل وعز قال للمؤمن في أبويه: ﴿وَإِن جَٰهَدَاكَ عَلَىٰٓ أَن تُشْرِكَ بِى مَا لَيْسَ لَكَ بِهِۦ عِلْمٌ فَلَا تُطِعْهُمَا ۖ وَصَاحِبْهُمَا فِى ٱلدُّنْيَا مَعْرُوفًا ۖ﴾ [لقمان:15]، وقال جل ثناؤه: ﴿وَقُولُوا۟ لِلنَّاسِ حُسْنًا﴾ [البقرة:83]، وهذا الذي دعوتم إليه أمر له ما بعده، وليس يقنعكم إلا التوقيف والتصريح، ولعمري إنّ ذلك لأحرى بقطع الحجج، وأوضح لمنهاج الحق، وأولى بأن يعرف كلٌّ صاحبه من عدوِّه، فروحوا إلي من عشيتكم هذه أكشف لكم ما أنا عليه إن شاء الله.

فلما كان العشيّ.. راحوا إليه، فخرج إليهم وقد لبس سلاحه، فلما رأى ذلك نجدة.. قال: هذا خروج منابذ لكم، فجلس على رفع من الأرض، فحمد الله وأثنى عليه، وصلى على نبيه صلى الله عليه وآله وسلم، ثم ذكر أبا بكر وعمر أحسن ذكر، ثم ذكر عثمان في السنين الأوائل من خلافته، ثم وصلهن بالسنين التي أنكروا سيرته فيها، فجعلها كالماضية، وخبر أنه آوى الحَكَم بن أبي العاص بإذن رسول الله صلى الله عليه وآله وسلم وذكر الحمى وما كان فيه من الصلاح، وأنّ القوم استعتبوه من أمور، وكان له أن يفعلها أولًا مصيبًا، ثم أعتبهم بعدُ محسنا، وأنّ أهل مصر لما أتوه بكتاب ذكروا أنه منه بعد أن ضمن لهم العتبى؛ ثم كتب لهم ذلك الكتاب بقتلهم، فدفعوا الكتاب إليه، فحلف أنه لم يكتبه ولم يأمر به، وقد أمر بقبول

اليمين ممن ليس له مثل سابقته، مع ما أجتمع له من صهر رسول الله صلى الله عليه وآله وسلم ومكانه من الإمامة، وأنّ بيعة الرضوان تحت الشجرة إنما كانت بسببه، وعثمان الرجل الذي لزمته يمين، لو حلف عليها لحلف على حقٍّ - فافتداها بمائة ألف ولم يحلف، وقد قال رسول الله صلى الله عليه وآله وسلم: «**مَنْ حَلَفَ بالله.. فلْيَصْدُقْ، وَمَنْ حُلِفَ لَهُ بالله فَلْيَرْضَ**»(196)، فعثمان أمير المؤمنين كصاحبيه، وأنا ولي وليه، وعدو عدوه، وأبيَ وصاحبه صاحبا رسول الله صلى الله عليه وآله وسلم، ورسول الله صلى الله عليه وآله وسلم يقول عن الله تعالى يوم أحد لما قطعت إصبع طلحة: «**سَبَقَتْهُ إِلَى الجَنَّةِ**»، وقال: «**أَوْجَبَ طَلْحَةُ**»(197)، وكان الصديق إذا ذكر يوم أحد.. قال: ذاك يوم كله أو جله لطلحة والزبير حواري رسول الله وصفوته، وقد ذكر أنهما في الجنة، وقال جل وعز: ﴿لَّقَدْ رَضِيَ ٱللَّهُ عَنِ ٱلْمُؤْمِنِينَ إِذْ يُبَايِعُونَكَ تَحْتَ ٱلشَّجَرَةِ﴾ [الفتح:18]، وما أخبرنا بعد أنه سخط عليهم، فإنْ يكن ما سعوا فيه حقًّا.. فأهل ذلك هم، وإن يكن زلة.. ففي عفو الله تمحيصها، وفيما وفقهم له من السابقة مع نبيهم صلى الله عليه وآله وسلم، ومهما ذكرتموهما به فقد بدأتم بأمكم عائشة رضي الله عنها، فإن أبى آب أن تكون أمًّا له نبذ اسم الإيمان عنه، قال الله جل ذكره وقوله الحق: ﴿ٱلنَّبِيُّ أَوْلَىٰ بِٱلْمُؤْمِنِينَ مِنْ أَنفُسِهِمْ ۖ وَأَزْوَٰجُهُۥٓ أُمَّهَٰتُهُمْ ۗ﴾ [الأحزاب:6] فنظر بعضهم إلى بعض، ثم انصرفوا عنه) اهـ ما أورده المبرد رحمه الله.

مثل هذا يُري الواقف عليه من أين أُتي من أتى حتى تمكنت الشبهة من نفسه، ومن الجواب عنه يعلم ما لدى الآخر من البرهان، وما يزيح ما وقر من الخلاف في الأذهان، والحقُّ أبلج، والباطل لجلج.

---

(196) أخرجه ابن ماجه (2101).

(197) أخرجه الترمذي (1692).

المبحث التاسع

[في تحقيق بلوغ معاوية رتبة الاجتهاد](198)

دعوى أن معاوية لم يبلغ رتبة الاجتهاد تفريطٌ في الإنصاف وإفراط في البخس، وقد يفضي إلى ما لا يذهب إليه المناظر، فإنَّ معاوية أقام أميراً لعمر رضي الله عنه في الشام أيام خلافته، يقضي ويفتي، وهكذا كل عامل لخليفة إنما يُولَّىٰ ليكفي الخليفة مئونة ذلك(**).

نقد السيد عبد القادر ابن يحيى

(**) عَقَدَهُ الأستاذ لإثبات اجتهاد معاوية.

تفريط وإفراط وإسراف ولا إنصاف، وترديد لما ردّه السيد ولم يشر إليه، واحتجاجه بتولية عمر رضي الله عنه ليس بالحجة القوية، وقد أجاب السيد عنها(199)، ولا ننكر نحن ولا ابن عقيل تأهل معاوية لرتبة الاجتهاد(200)، ولكنّا نقول: إنه كان مجتهدًا عرف الحق من كل الوجوه فكابره وأباه، والباطل من كل الوجوه فاستسلم له وأتاه(201).

ومَن طالع هذا الفصل علم كيف تقلب الحقائق، ويُحاد عن الإنصاف، ويُدأَبُ في إلقاء الشبه إلى آخر ما هنالك من هذا النمط، ومن يتكلم بجرحه أليس قد عدله وأوضح مرتبته بالاجتهاد الإمام ابن تيمية والإمام ابن حزم؟ كفى بتجريح علي، بل النبي صلى الله عليه وآله لا يقاوم تعديل هذين الإمامين؛ إذ كلام النبي قد يؤول أو ينسخ، وهذان كلامهما من المحكم الذي لا ينسخ، لا حول ولا [قوة إلا بالله]).

---

(198) علق العلامة رشيد رضا على عنوان هذا المبحث بقوله [مجلة المنار، (14/ 315)]: (وما كل مجتهد يعمل دائمًا بما أداه اجتهاده إلى كونه الحقّ، وإلا لزم أن يكون كل مجتهد معصومًا من المعصية عامدًا عالمًا).

(199) سيأتي نقله بعد صفحة.

(200) ينظر «النصائح»، (ص63)، و«تقوية الإيمان»، (ص71).

(201) ﴿وَٱتۡلُ عَلَيۡهِمۡ نَبَأَ ٱلَّذِيٓ ءَاتَيۡنَٰهُ ءَايَٰتِنَا فَٱنسَلَخَ مِنۡهَا فَأَتۡبَعَهُ ٱلشَّيۡطَٰنُ فَكَانَ مِنَ ٱلۡغَاوِينَ ١٧٥﴾ [الأعراف:175] «السيد حسن السقاف». **وأقول:** في «ثمرات المطالعة (1/ 307) ما ظاهره خلاف ما قرره في «النصائح» من كونها مجتهدًا.

وقد ذكر الإمام ابن القيم في «إعلام الموقِّعين»: (أنّ عمر بن عبد العزيز استعمل عروة بن محمد السعدي على اليمن، وكان من صالحي عُمَّال عمر، وإنه كتب إلى عمر يسأله عن شيء من أمر القضاء، فكتب إليه عمر: لعمري ما أنا بالنشيط على الفتيا ما وجدت منها بدا، وما جعلتك إلا لتكفيني، وقد حملتك ذلك، فاقض فيه برأيك) اهـ.

وهكذا كان عُمَّال الخلفاء؛ لاسيما عُمَّال عمر بن الخطاب رضي الله عنه، وناهيكَ بعمر وتخيُّره وشِدَّته ويقظته على عماله ومؤاخذته لهم بالقليل والكثير، فهل يُتَصوَّر أن يُوَلِّي عمر إقليمًا كالشام – وهو أعظم أقاليم الخلافة في عهده تلك المدة – عاملاً ليس بأهلٍ ولا كفؤ ولا بلغ رتبة مَن يجتهد في الدِّين(202)؟

---

(202) قد رد العلامة ابن عقيل هذه الشبهة في «النصائح» ولكن نرى المنتقد معرضًا عنه وكأنّه ليس مذكورا في «النصائح»، وننقل الآن نص «النصائح» بتمامه (ص266-269): (**«الشبهة الرابعة تولية عمر بن الخطاب لمعاوية»**:

تولية عمر بن الخطاب رضي الله عنه إياه دمشق الشام وأعمالها وإبقاؤه واليًا عليها حتى قتل عمر رحمه الله وعمر رضي الله عنه من أهل الفراسة الصادقة والنظر الصائب، قال أنصار معاوية: لو كان معاوية غير متأهل للولاية.. لَمَا ولّاه عمر، ولو كان ممن يستحق العزل.. لعزله، فدلت توليته وعدم عزله على رضا عمر عن أفعاله ورضى عمر منقبة عظيمة.

وأقول: هذه الشبهة لا توجب توقّفًا عن سلوك طريق فرقة الحق القائلة بجواز لعنه ووجوب بغضه الثابتَين بالأدلة الصحيحة؛ كما سبق، بل هذه ليست شبهة أصلًا، فإنّ عمر لا يعلم الغيب ولا يطلع على الضمائر حتى لا يولي إلا تقيًّا ولا يستعمل إلا نقيًّا، ولا يلزم من مجرد اختياره ثبوت فضيلة ولا نفي رذيلة هذا، موسى كليم الله عليه السلام – وهو بلا ريب أفضل من عمر – قد اختار قومه سبعين رجلًا لميقات الله فما كان منهم إلا أن قالوا: ﴿لَن نُّؤْمِنَ لَكَ حَتَّىٰ نَرَى ٱللَّهَ جَهْرَةً﴾ [البقرة:55]، وأخذتهم الرجفة على بوائق معاوية وجرائمه التي بسببها استجيز لعنه ووجب بغضه.. إنما ظهرت بعد زمن عمر وكان معاوية أيام ولايته لعمر يخافه ويهابه وقد ضربه بالدرة على رأسه كما رواه ابن سعد حين دخل عليه في جبة خضراء معجبًا بها لكي يضع من تكبره، وعاتبه حين دخل الشام على اتخاذه الموكب العظيم وأعرض عنه وتركه يمشي راجلًا حتى أتعبه ثم سأله عن ذلك فخادعه معاوية بقوله: إنّا في بلاد لا نمتنع فيها من جواسيس العدو فلا بد لهم مما يرهبهم من هيبة السلطان، فإنْ أمرتني بذلك.. أقمت عليه وإن نهيتني عنه انتهيت، فقال عمر: لئن كان الذي قلتَ حقًّا.. فإنه رأي أريب، ولئن كان باطلًا فإنها خدعة أديب، وقد كان عمر =

رضي الله عنه يقول: من خدعنا في الله انخدعنا له، ألا ترى أنه بلغه عن أحد عماله أنه يقول من أبيات له:

اسقني شربة ألذ عليها ... واسق بالله مثلها ابن هشام

فاستدعاه عمر إلى المدينة وعرف العامل السبب، فتهيأ للخداع، ولما حضر.. قال له عمر رضي الله عنه: هيه أأنت القائل اسقني شربة... البيت السابق، قال: نعم يا أمير المؤمنين، وهل أسمعك الساعي ما بعده؟ قال: لا، فما هو، قال:

عسلا باردًا بماء قراح ... إنني لا أحب شرب المدام

قال: إذا كان هكذا فارجع إلى عملك.

وذكر أبو جعفر الطبري من حديث عبد الله بن محمد عن أبيه في ذكر مراجعة علي لعثمان رضي الله عنهما قال: قال عثمان: أنشدك الله يا علي، هل تعلم أنّ المغيرة بن شعبة ليس هناك؟ قال: نعم، قال: فتعلم أنّ عمر ولّاه؟ قال: نعم، قال: فلِمَ تلومني أن وليت ابن عامر في رحمه وقرابته؟ قال علي: سأخبرك أن عمر بن الخطاب كان كل من ولّى فإنما يطأ على صماخه إن بلغه عنه حرف جلبه ثم بلغ به أقصى الغاية وأنت لا تفعل، ضعفت ورفقت على أقربائك، قال عثمان: أقرباؤك أيضًا، فقال: لعمري إن رحمي منهم لقريبة ولكن الفضل في غيرهم، قال عثمان: هل تعلم أنّ عمر ولّى معاوية خلافته كلها فقد وليته، فقال علي: أنشدك الله، هل تعلم أنّ معاوية كان أخوف من عمر من يرأف غلام عمر منه، قال: نعم، قال علي: فإن معاوية يقتطع الأمور دونك وأنت تعلنها فيقول للناس هذا أمر عثمان فيبلغك ولا تغير على معاوية) انتهى.

وإليك واقعة من وقائع عمر رضي الله عنه تدلك على أنه لو كان عمر يعلم أدنى شيء مما يصير إليه معاوية من البغي والفساد وارتكاب الجرائم وتفريق الأمة.. لَمَا ولّاه ساعة واحدة على شبر من الأرض فيه مسلم واحد، قال ابن أبي شيبة: حدثنا ابن فضيل عن عطاء بن السائب قال: حدثني غير واحد أنّ قاضيًا من قضاة الشام أتى عمر فقال: يا أمير المؤمنين، رأيت رؤيا أفظعتني، قال: ما هي؟ قال: رأيت الشمس والقمر يقتتلان والنجوم معهما نصفين، قال: فمع أيهما كنت؟ قال: كنت مع القمر على الشمس، فقرأ عمر: ﴿وَجَعَلْنَا ٱلَّيْلَ وَٱلنَّهَارَ ءَايَتَيْنِ ۖ فَمَحَوْنَآ ءَايَةَ ٱلَّيْلِ وَجَعَلْنَآ ءَايَةَ ٱلنَّهَارِ مُبْصِرَةً﴾ [الإسراء:12] أنت مع الآية الممحوة فانطلِقْ، فوالله لا تعمل لي أبدًا، قال عطاء: فبلغني أنه - يعني القاضي المعزول - قتل مع معاوية بصفين) انتهى.

أفترى عمر رضي الله عنه إذ لم يرض باستعمال رجل دلت رؤياه على أنه من حزب معاوية - إذ هو الآية الممحوة كما ظهر بمقتل ذلك القاضي - يرضى باستعمال وتولية رئيس تلك الفئة الباغية وإمامها ومغويها؟ كلا والله، غير أن الله سبحانه وتعالى استأثر بعلم الغيب وحجبه عن عباده إلا من شاء الله فيما شاءه جل شأنه.

على أنّا نقول أن علم عمر رضي الله عنه بفجور معاوية لو كان عالمًا به وهو ما لا نظنه لا يكون مانعًا من توليته إذا رأى فيه نوع من مصلحة عامة، فقد عزل سعد بن أبي وقاص عن الكوفة ثم =

ما أظنُّ أنَّ مُنصفًا يقبل ذلك، وهذا ما دعا أئمة السنة وقادة السلف إلى القول بأنَّه كان مجتهدًا في حروبه؛ لكنه مخطئ؛ وإن كان في رأيه معذورًا.

وما الأغرب إلا قول بعض الغلاة: من أين لمعاوية أن يُعَدَّ في مصافّ المجتهدين؛ وهو لم يسلم إلا قبل وفاة النبي صلى الله عليه وآله وسلم بثلاث سنين، ومثلها لا يكفي لنيل طالب العلم مرتبة الاجتهاد، فإنَّ من يُربَّى في حجور العلم سنين متطاولة لا ينيلونه الآن هذه الرتبة، بل من أفنى عمره كلَّه فيه يأبون الإذعان له بذلك، فأنَّى يُسلَّم لكم ما تدَّعون؟

ونحن نقول: إنَّ الجواب عن هذا مفصَّلاً يحتاج إلى مجلد؛ لأنه يستتبع مسائل ومقدمات عديدة، إلا أنا نختصر له الكلام اختصاراً فنقول: لو سُلِّم له ما يدَّعيه من اشتراط تطاول المدة في الصحبة النبوية.. للزم إخراج كثير من الصحابة الذين أسلموا قبل وفاة النبي صلى الله عليه وآله وسلم عن هذه الرتبة، وعدد ليس بقليل من صغار الصحابة عليهم الرضوان، مع أنهم من أهل الرواية والفقه والإمرة والعمالة والقيادة، ولا قائل بذلك.

ولي عليها المغيرة بن شعبة، وقد روي كما ذكره صاحب «الفائق» وغيره أنّ حذيفة قال لعمر رضي الله عنهما: إنك تستعين بالرجل الفاجر، فقال: إني أستعمله لأستعين بقوته ثم أكون على قفاه، وذكر أيضًا أن عمر رضي الله عنه قال: «غلبني أهل الكوفة أستعمل عليهم المؤمن فيضعف وأستعمل عليهم الفاجر فيفجر» انتهى كلام السيد محمد بن عقيل رحمه الله تعالى.

قلتُ: وقد روى ابن أبي شيبة في مصنفه (30653) عن عمر قوله: (نستعين بقوة المنافق وإثمه عليه)، وقال ابن تيمية [مجموع الفتاوى، (9/ 193)]: (كان عمر بن الخطاب يستعمل مَن فيه فجور؛ لرجحان المصلحة في عمله، ثم يزيل فجوره بوقته وعدله)، وقد ورد ندم عمر على تولية معاوية، حيث قال [«أنساب الأشراف» (3/ 439)]: (إنّ هذا الأمر لا يصلح للطلقاء ولا لأبناء الطلقاء، ولو استقبلت من أمري ما استدبرت.. ما طمع يزيد بن أبي سفيان ومعاوية أن استعملهما على الشام)، وقد روى البلاذري أيضًا (3/ 403) بسنده عن شبيل اليحصبي قال: كانت لي حاجة إلى عمر بن الخطاب فغدوت لأكلمه فيها فسبقني إليه رجل فكلمه، فسمعت عمر يقول له: لئن أطعتك.. لتدخلني النار، فنظرت فإذا هو معاوية.

[سرّ بلوغ بعض الصحابة رتبة الاجتهاد مع قصر مدة الصحبة]

ثمَّ إنَّ سِرَّ الوصول إلى تلك الرتبة في ذلك العهد - مع قصر المدة - هو أنّ يومًا واحدًا مِن مجلس النبي صلى الله عليه وآله وسلم خيرٌ من ألف يوم من غيره، ومِن أين للخلف بركة ذلك المجلس الميمون، وأنوار علوم النبوة وحكمة التنزيل تشرق من حضرته الجليلة على تلك الأسماع الواعية والقلوب السليمة، وما ثمَّة إلا لُباب اللباب من معرفة التأويل والفقه في سنته صلى الله عليه وآله وسلم و تلقي حكمته وحكمه وأقضيته ومواعظه وأوامره مما هو كُلِّي الكلّيات وأصل الأصول، ثم بعده صلى الله عليه وآله وسلم كان مما يقوي العلم ويشد أزره مجالسة الخلفاء الراشدين وعلماء الصحب، والتفقه منهم، وسماع الحوار والتساؤل من المفتين منهم والمستفتين، ومراجعتهم الليل والنهار، كل ذلك مما يسهل الوصول إلى البغية في أقرب وقت، وفطرتهم السليمة وذكاؤهم العربي وفصاحتهم وذلاقة لسانهم أغناهم عن تلك العلوم التي هي وسيلة لتلك المقاصد الشريفة.

وأمَّا رفض المتأخرين عدّ من أمضى عمره في التعلم والتعليم في عداد المجتهدين.. فالمقام فيه تفصيل، فإن أمضى عمره في الوسائل الآلية والعلوم العقلية والفقه في مذهب واحد ولم يكب على علوم الكتاب والسنة حتى تصير ملكة له.. فأجدر به أن لا يكون من رجال هذا المقام؛ إذ لا ينال بمثل منهجه المذكور، وأمَّا من سلك سبيل السَّلف في التعلم والتعليم، ووقف حياته على علوم الكتاب والسنة، ووقف على سرِّ الشريعة والتشريع، وحكمة التأصيل والتفريع، فذاك من فرسان هذا الميدان، وإن لم يدَّعِ ذلك، أو بخسه أهل الشنآن.

[رواية أهل المسانيد حديث معاوية وعده في طبقات المتوسطين في الفتوى من الصحب واحتجاج ابن حزم على أن ما أتاه معاوية باجتهاد بأدلة عديدة]

هذا، وقد أوضح مرتبة معاوية في الاجتهاد والإمامة الإمام ابن تيمية في «منهاج السنة» بقوله [4/ 377]: (إنّ معاوية رضي الله عنه روى الحديث وتكلم في الفقه، وقد روى أهل الحديث حديثه في الصحاح والمسانيد وغيرها، وذكر بعض العلماء فتاويه وأقضيته)، وعدَّه الإمام ابن القيم في «إعلام الموقعين» [2/ 18-19] في طبقة الصحابة المتوسطين في الفتوى بين المكثرين منها والمقلين.

وممن أوسع المقال في هذا الإمامُ ابن حزم رضي الله عنه في «الفِصَل» وعبارته [4/ 124]: (وأما أمر معاوية.. فلم يقاتله علي رضي الله عنه لامتناعه من بيعته؛ لأنه كان يسعه في ذلك ما وسع ابن عمر وغيره، لكن قاتله لامتناعه عن إنفاذ أوامره في جميع أرض الشام، وهو الإمام الواجب طاعته، فعليٌّ المصيب في هذا، ولم ينكر معاوية قطُّ فضلَ علي واستحقاقه الخلافة، لكن اجتهاده أدَّاه إلى أنْ رأى تقديم أخذ القود من قتلة عثمان رضي الله عنه على البيعة، ورأى نفسه أحق بطلب دم عثمان والكلام فيه عن ولد عثمان وولد الحكم ابن أبي العاص لسِنِّه ولقوته على الطلب بذلك؛ كما أمر رسول الله صلى الله عليه وآله وسلم عبد الرحمن بن سهل - أخا عبد الله بن سهل المقتول بخيبر - بالسكوت، وهو أخو المقتول، وقال له: «كبِّر كبِّر» وروى «الكُبْرَ الكُبْرَ»، فسكت عبد الرحمن وتكلم مُحَيِّصَة وحُوَيِّصَة ابنا مسعود وهما ابنا عم المقتول؛ لأنهما كانا أسن من أخيه(203)، فلم يطلب معاوية من ذلك إلا ما كان له من الحق أن يطلبه،

(203) **قلتُ**: هذا استدلال فاسد، فلم يطلب أولاد عثمان الخمسة القصاص [ينظر التذكرة للقرطبي، (ص1082)]، بخلاف عبد الرحمن بن سهل؛ فإنه طلبه، ففي رواية أبي داود (4520) قوله صلى الله عليه وآله وسلم: «لِيَبْدَأِ الأَكْبَرُ»، وليس فيه أنّ عبد الرحمن لم يطلبه وإنما =

وأصاب في ذلك الأثر الذي ذكرنا(204)، وإنما أخطأ في تقديمه ذلك على البيعة فقط، فله أجر الاجتهاد في ذلك، ولا إثم عليه فيما حرم من الإصابة كسائر

بدأ غيرُه، وهو صريح ما في رواية الدارمي (2398) ففيها: (فتكلم حويصة ومحيصة ثم هو)، فبهذا يظهر فساد استدلال ابن حزم، حيث أراد أن يظهر أنّ بني عمه طلبا القصاص فقط لا هو، فإنّ التقديم كان في الكلام فقط، وفي «عون المعبود» [12/ 156]: «الكُبْرَ الكُبْرَ» ليبدأ الأكبر بالكلام أو قدموا الأكبر إرشادًا إلى الأدب في تقديم الأسن)، كما أنّ الحديث وارد في القسامة، ومعلوم أنّه لا قصاص فيها.

(204) قد بيّن العلامة ابن عقيل بطلان قول من زعم أنّ معاوية قاتل لأجل دم عثمان، فيقول رحمه الله [تقوية الإيمان، (ص66-67)]: (ويوضحه عدم مطالبة معاوية لما تم له الملك أحدًا ما بدم عثمان، بل لم يذكره، فهل طارت به العنقاء؟ ولم ينص عليه في الصلح، والصلح قد صرح معاوية بأنه قد وضعه تحت قدميه، ولم يمنع الصلح معاوية عن قتله من قتلهم ظلما تشفيا وحقدا وعن سبه أخا النبي صلى الله عليه وآله وسلم بغضًا له، وعن تسميمه الحسن عليه السلام [النصائح، (ص109)] إلى كثير نحو هذا، فهل يترك ثار ابن عمه الذي أهلك الأمة وأفسد الدين وقتل ما لا يحصى عدده من المسلمين في زعمه الكاذب من أجله وهو يراه من أجل الصلح؟ هذا مما لا يعقل، والحق أنّ المقصود حصل، والغرض تم، ولم يك الطاغية ممن يرقب إلّا ولا ذمة.

فإن أبى مجاحد قبول قولنا هذا أو شك فيه أبله مغفل.. قلنا له: أي صلح يسقط الحدود الشرعية؟ ومتى سامح أولياء عثمان قتلته أو من شرك في قتله بزعمهم؟).

وقال العلامة ابن عقيل [النصائح الكافية، (ص47)]: («كتاب من علي عليه السلام إلى معاوية يكذبه في دعوى نصر عثمان» ومن كتاب من علي كرم الله وجهه إلى معاوية كما في «نهج البلاغة» قال: «فسبحان الله، ما أشد لزومك للأهواء المبتدعة، والحيرة المتبعة، مع تضييع الحقائق، واطراح الوثائق، التي هي لله طلبة، وعلى عباده حجة، فأما إكثارك الحجاج في عثمان وقتلته.. فإنك إنما نصرت عثمان حين كان النصر لك، وخذلته حيث كان النصر لك» انتهى.

يشير كرم الله وجهه إلى أنّ معاوية إنما زعم نصرة عثمان بعد موته، حيث كانت المصلحة عائدة إليه بالولاية التي يطلبها، وخذله في حياته حيث كانت المصلحة عائدة على عثمان، فقد ذكر أهل السير [شرح نهج البلاغة، (4557)] - واللفظ للبلاذري - «أنّ معاوية لما استصرخه عثمان.. تثاقل عنه وهو في ذلك يعدُه حتى إذا اشتد الحصار.. بعث إليه يزيد بن أسد القشيري وقال له: إذا أتيت ذا خشب.. فأقم بها ولا تقل الشاهد يرى ما لا يرى الغائب، فأنا الشاهد، وأنت الغائب، قالوا: فأقام بذي خشب حتى قتل عثمان، فاستقدمه حينئذ معاوية فعاد إلى الشام بالجيش الذي كان معه، فكان في الظاهر نصرة لعثمان ببعث الجيش، وهو في الحقيقة خذلان له لحبسه الجيش؛ كي يقتل عثمان فيدعو إلى نفسه كما وقع بالفعل»).

المخطئين في اجتهادهم الذين أخبر رسول الله صلى الله عليه وآله وسلم أن لهم أجراً واحداً وللمصيب أجرين).

ثم قال ابن حزم: (ولا عجب أعجب ممن يجيز الاجتهاد في الدماء والفروج والأنساب والأموال والشرائع التي يدان الله بها من تحريم وتحليل وإيجاب ويعذر المخطئين في ذلك و يرى لك مباحًا للَّيث وأبي حنيفة والثوري ومالك والشافعي وأحمد وداود وإسحاق وأبي ثور وغيرهم؛ كزفر وأبي يوسف ومحمد بن الحسن والحسن بن زياد وابن القاسم وأشهب وابن الماجشون والمزني وغيرهم، فواحد من هؤلاء يبيح دم هذا الإنسان وآخر منهم يحرّمه؛ كمن حارب ولم يَقتل، أو عمِل عمَل قوم لوط، وغير هذا كثير، وواحد منهم يبيح هذا الفرج وآخر منهم يحرمه؛ كبكرٍ أنكحها أبوها وهي بالغة عاقلة بغير إذنها ولا رضاها، وغير هذا كثير، وكذلك في الشرائع والأوامر والأنساب، وهكذا فعلت المعتزلة بشيوخهم؛ كواصل وعمرو وسائر شيوخهم وفقهائهم، وهكذا فعلت الخوارج بفقهائهم ومفتيهم، ثم يضيقون ذلك على من له الصحبة والفضل والعلم والتقدم والاجتهاد؛ كمعاوية وعمرو ومن معهما من الصحابة رضي الله عنهم، وإنما اجتهدوا في مسائل دماء[205]، كالتي اجتهد فيها المفتون،

(205) قال العلامة ابن عقيل [تقوية الإيمان، (ص70-71)]: (قال الإمام المحدث الشريف محمد بن المرتضى رضي الله عنه في «إيثار الحق»: «تواتر عن الصحابة أنهم كانوا يعتقدون في الباغي على أخيه المسلم وعلى إمامه العادل أنه عاص آثم، وإنّ التأويل في ذلك مفارق للاجتهاد في الفروع، فإنهم لم يتعادوا على شيء من مسائل الفروع وتعادوا على البغي، وكذلك أجمعت الأمة على الاحتجاج بسيرة علي عليه السلام في قتالهم وليس المجتهد المعفو عنه على اجتهاده ويقتل ويهدر دمه» انتهى.

والاجتهاد طلب حكم ما لا نص فيه ممن توفرت فيه شروط الاجتهاد، ولا بد من إخلاص النية فيه وإطراح الهوى، وبين ما عمله معاوية وبين هذا بعد المشرقين، وإنما هو متبع خطوات إمامه إبليس، ولم يدَّعِ معاوية أنه مجتهد طالب حق؛ لأنه كان له عقل ويعرف أنّ ظاهر حاله يكذب تلك الدعاوي، ولكن وُقَحَاءُ أذنابِهِ هم مختلقو هذه الفرية الناعقون بها، وكان معاوية يصرح بأنه طالب دنيا وملك ويجاهر بذلك تهتُّكًا وقلة مبالاة.

=

وفي المفتين من يرى قتل الساحر، وفيهم من لا يراه، وفيهم من يرى قتل الحرِّ بالعبد، وفيهم من لا يراه، وفيهم من يرى قتل المؤمن بالكافر، وفيهم من لا يراه، فأي فرق بين هذه الاجتهادات واجتهاد معاوية وعمرو وغيرهما لولا الجهل والعمى والتخليط بغير علم، وقد علمنا أنّ من لزمه حق واجب وامتنع عن أدائه وقاتل دونه فإنه يجب على الإمام أن يقاتله وإن كان مِنّا، وليس ذلك بمؤثِّر في عدالته وفضله، ولا بموجب له فسقًا، بل هو مأجور لاجتهاده ونيته في طلب الخير، فبهذا قطعنا على صواب علي رضي الله عنه وصحة إمامته، وأنه صاحب الحق، وأنّ له أجرين؛ أجر الاجتهاد وأجر الإصابة، وقطعنا أن معاوية رضي الله عنه ومن معه مخطئون مجتهدون مأجورون أجرًا واحدًا(206)، وأيضًا

ومن المتفق عليه انعقاد الإمامة لعلي بعد بيعة أهل الحل والعقد له، ولزوم طاعته أهل الشام كلزومها أهل المدينة سواء، فبغي معاوية لو لم يأت فيه النص المتواتر.. لكان مما لا شك فيه لما ذكرناه، فاجتهاده إنما كان في الشر والبغي والضلال المبين قيامًا بالدعوة إلى النار، وليس من الاجتهاد الشرعي في شيء.

ومن يزعم أنّ معاوية من أهل الاجتهاد.. لا يسعه إن كان ذا عقل ودين إلا أنْ يعترف بأنّ الاجتهاد الشرعي لونٌ والبغي والدعاة إلى النار اللّذَين اتصف بهما معاوية لون آخر؛ لأنّ من يدور أمره بين أن يكون له أجران أو أجر واحد لا يجوز ذمه فضلا عن أن يهدر دمه ويثاب قاتله، وهذا ظاهر، وإنّ التعامي عنه من تعامي محاذرة أو غفلة أو لغرض، والغرض يعمي ويصم.

وقولهم: «كل مجتهد مصيب» معناه عندنا أنّ من توفرت فيه الشروط واجتهد فيما يجوز الاجتهاد فيه وأخلص لوجه الله.. فإنه يكون مصيبًا في فعله الاجتهاد؛ لأنه أتى ما له إتيانا طالبًا به رضى ربه، ثم إنه إن أصاب الحق فيما حكم به باجتهاده.. كان له أجران، وإن أخطاء.. فله أجر واحد؛ لنيته الحسنة ونصَبه.

ومن هذه حاله كالأئمة العلماء.. لم يتعادوا ولم يلعن بعضهم بعضًا، بل الأمر بالعكس، فهل يزعم عبّاد عجل الأمة أنّ هذا الحكم عرفه مثلا جعفر الصادق ومالك وأبو حنيفة وزيد بن علي والشافعي وأحمد وجهله علي والحسنان وابن عباس وعمار؟

والبغي أمره عظيم، وقد سمى الصحابة من بغى على أبي بكر مرتدين كما نص على ذلك الأئمة ومنهم الشافعي).

(206) وقال العلامة ابن عقيل في مكاتبة إلى جمال الدين القاسمي [المذكرات، (ص66)]: (ولقد تطرف بعض العلماء فقال: المجتهد مثاب أصاب أم أخطأ مطلقًا، وقوله: «مطلقًا» ليس بصحيح، بل هو فيما سوى البغي والخروج على الإمام العدل، فقد كان الصحابة يختلفون في المسائل =

في الحديث الصحيح عن رسول الله صلى الله عليه وآله وسلم أنه أخبر عن مارقة تمرق بين طائفتين من أمته يقتلها أولى الطائفتين بالحق فمرقت تلك المارقة وهم الخوارج من أصحاب علي وأصحاب معاوية، فقتلهم علي وأصحابه، فصح أنهم أولي الطائفتين بالحق(207)) اهـ كلام ابن حزم بحروفه، وقد أطال بعده بما يكشف القناع عن كثير من الغامضات، ويجلي الحقَّ لطالبه بالآيات البينات.

[ما قاله ابن تيمية في اجتهاد معاوية في مآتيه]

وقال الإمام ابن تيمية في «منهاج السنة» [4/ 391]: (فإنْ قال الذابُّ عن علي: كان عليٌّ مجتهدًا في ذلك.. قال له منازعه: ومعاوية كان مجتهدًا في ذلك، فإن قال: كان مجتهدًا مصيبًا، ففي الناس [من](208) يقول له: ومعاوية كان مجتهدًا مصيبًا أيضًا، بناء على أن كل مجتهد مصيب، وهو قول الأشعري، ومنهم من يقول: بل معاوية مجتهد مخطئ، وخطأ المجتهد مغفور، ومنهم من يقول: بل

الاجتهادية ولم يقتل ولم يلعن بعضهم بعضًا ولم يستحل أحد منهم دم الآخر لذلك الاختلاف، ومن الذي يقول أنّ الشافعي يستحل دم أبي حنيفة؟ أما في البغي والخروج وشق العصا.. فقد جردوا السيوف وقتل الجن سعدًا، وهذا إجماعٌ من الصدر الأول، وفي سنن أبي داود في ذكر الفتنة ما لفظه عن النبي صلى الله عليه وآله وسلم: «بحسبكم القتل»، ورواته ثقات، ورواه أحمد بسند صحيح، وذكره الهيثمي في «مجمع الزوائد» بلفظ: (فقلنا: إنْ أدركنا ذلك.. هلكنا، فقال: «بحسب أصحابي القتل»، ورواه الطبراني بأسانيد ورجال أحدها ثقات، ورواه البزار كذلك، وليتأمل سيدي قوله: «أصحابي»، فإذا كان القتل لهم كفارة في بغيهم.. فكيف يصح أن يقال أنهم مأجورون، وهذا وهم هم؛ أعني: أهل الخصوصية، فكيف بالمنافقين؟).

(207) قال السيد العلامة محمد بن عقيل ابن يحيى [ثمرات المطالعة، (2/ 227)]: (**فائدة**: أفعل التفضيل لا تكون على بابها دائمًا، قال تعالى: ﴿وَبُعُولَتُهُنَّ أَحَقُّ بِرَدِّهِنَّ﴾ [البقرة:228] وليس لغير البعولة فيهن من حق يشاركون البعولة به في أزواجهم، وقال أيضًا: ﴿قَالَ رَبِّ ٱلسِّجْنُ أَحَبُّ إِلَىَّ مِمَّا يَدْعُونَنِىٓ﴾ [يوسف:33] والسجن وما يدعونه إليه كلاهما مكروهان، فكذلك قول النبي صلى الله عليه وآله وسلم: «**تَقْتُلُهُمْ أَولَى الطَّائِفَتَينِ بِالحَقِّ**» - وفي رواية: «أقرب» بدل «أولى» - **لا يثبت لعدوِّ علي عليه السلام قربٌ إلى الحق كما زعم النواصب**).

(208) ساقط في الأصل، وأثبته من «منهاج السنة».

المصيب أحدهما لا بعينه).

ثم قال [4/ 393]: (ومن سلَّم أنه كان إمامَ حقٍّ كأهل السنة.. فإنه يقول: الإمام الحق ليس معصومًا، ولا يجب على الإنسان أن يقاتل معه كل من خرج عن طاعته، ولا يطيعه الإنسان فيما يعلم أنه معصية لله، أو أنّ تركه خير من فعله، والصحابة الذين لم يقاتلوا معه كانوا يعتقدون أنّ ترك القتال خير من القتال، أو أنه معصية، فلم يجب عليهم موافقته في ذلك، والذين قاتلوه لا يخلو: إما أن يكونوا عصاة، أو مجتهدين مخطئين أو مصيبين، وعلى كل تقدير فهذا لا يقدح في إيمانهم ولا يمنعهم الجنة، فإن الله تعالى قال: ﴿وَإِن طَآئِفَتَانِ مِنَ ٱلْمُؤْمِنِينَ ٱقْتَتَلُوا۟ فَأَصْلِحُوا۟ بَيْنَهُمَا ۖ فَإِنۢ بَغَتْ إِحْدَىٰهُمَا عَلَى ٱلْأُخْرَىٰ فَقَٰتِلُوا۟ ٱلَّتِى تَبْغِى حَتَّىٰ تَفِىٓءَ إِلَىٰٓ أَمْرِ ٱللَّهِ ۚ فَإِن فَآءَتْ فَأَصْلِحُوا۟ بَيْنَهُمَا بِٱلْعَدْلِ وَأَقْسِطُوٓا۟ ۖ إِنَّ ٱللَّهَ يُحِبُّ ٱلْمُقْسِطِينَ ۝٩ إِنَّمَا ٱلْمُؤْمِنُونَ إِخْوَةٌ فَأَصْلِحُوا۟ بَيْنَ أَخَوَيْكُمْ ۚ وَٱتَّقُوا۟ ٱللَّهَ لَعَلَّكُمْ تُرْحَمُونَ ۝١٠﴾ [الحجرات:9-10]، فسماهم إخوة ووصفهم بأنهم مؤمنون(209) مع وجود الاقتتال بينهم، والبغي من بعضهم على بعض، فمن قاتل عليًّا إن كان باغيًا.. فليس ذلك بمخرجه عن الإيمان، ولا موجب له النيران، ولا مانع له من الجنان؛ فإنّ البغي إذا كان

---

(209) قال العلامة ابن عقيل في نقده لـ «منهاج السنة» [ثمرات المطالعة، (2/ 295)]: (وقد غالط في تفسير قوله تعالى: ﴿وَإِن طَآئِفَتَانِ مِنَ ٱلْمُؤْمِنِينَ﴾ الآية، وقال: إنها دليل على إيمان مقاتلي علي عليه السلام، وليس فيها حجة، وكذا حديث: «إنّ ابني هذا سيد ...»؛ لأنه تعالى قال: ﴿يَٰٓأَيُّهَا ٱلَّذِينَ ءَامَنُوا۟ مَن يَرْتَدَّ مِنكُمْ عَن دِينِهِۦ﴾ الآية، ونظائرها كثير، ومحال أن يكون المرتد في حال ردته مؤمنًا دينه الإيمان، ولكنه أطلق باعتبار ما كان، كما في آية اليتامى وغيرها، وهكذا هنا، فلا دليل في تلك الآية ولا الحديث ولا نظائرها على كفر أولئك ولا إيمانهم)، وينظر (3/ 39) من «ثمرات المطالعة».

وقال النيسابوري في تفسيره (6/ 163): (واتفقوا على أنّ معاوية ومن تابعه كانوا باغين؛ للحديث المشهور «إنّ عمارًا تقتله الفئة الباغية»، وقد يقال: إنّ الباغية في حال بغيها ليس بمؤمنة، وإنما سماهم المؤمنين باعتبار ما قبل البغي؛ كقوله تعالى: ﴿يَٰٓأَيُّهَا ٱلَّذِينَ ءَامَنُوا۟ مَن يَرْتَدَّ مِنكُمْ عَن دِينِهِۦ﴾ [المائدة:54]، والمرتد ليس بمؤمن بالاتفاق)، ونقله العلامة ابن عقيل في «تقوية الإيمان» (ص72).

بتأوُّلٍ.. كان صاحبه مجتهدًا، ولهذا اتفق أهل السنة على أنه لا تَفسق واحدة من الطائفتين(210)، وإن قالوا في إحداهما: إنهم كانوا بغاة؛ لأنهم كانوا متأولين مجتهدين، والمجتهد المخطئ لا يُكفَّر ولا يُفسَّق، وإن تعمد البغي.. فهو ذنب من الذنوب، والذنوب يرفع عقابها بأسباب متعددة: كالتوبة، والحسنات الماحية، والمصائب المكفرة، وشفاعة النبي - صلى الله عليه وآله وسلم - ودعاء المؤمنين، وغير ذلك(211)) اهـ كلام ابن تيمية بحروفه رضي الله عنه.

---

(210) هذا مردود بما نقله المنتقد بنفسه عن جمع الجوامع (ص77)، وفي «زهر الريحان» بيان أنّ البغي ظلم (ص109).

(211) **أقول**: هذا مردود بما رواه معاوية بنفسه! قال العلامة ابن عقيل [ثمرات المطالعة، (1/ 289)]: (قال المقبلي: أخرج النسائي [3984] عن معاوية قال: قال رسول الله صلى الله عليه وآله وسلم: «**كُلُّ ذَنْبٍ عَسَى اللهُ أَنْ يَغْفِرَهُ إِلَّا الرَّجُلُ يَقْتُلُ الرَّجُلَ الْمُؤْمِنَ مُتَعَمِّدًا أَوِ الرَّجُلُ يَمُوتُ كَافِرًا**» انتهى ، **قلتُ**: في رواية معاوية هذه إعلامٌ له من رسول الله صلى الله عليه وآله وسلم أنه ممن لا يغفر الله له، فافهم)، **وأقول**: قد جمع معاوية بين الاثنين؛ قتل الرجل المؤمن متعمدًا والموت على غير الإسلام بشهادة الرسول صلى الله عليه وآله وسلم.

المبحث العاشر

[في الجواب عما أنكروه على معاوية في سيرته](**)

قد يورد علينا بعض فلاسفة التاريخ بأنَّ معاوية وأباه وذوي قرباه من الطلقاء - أعني: الذين أسلموا يوم فتح مكة، وأطلق النبي صلى الله عليه وآله وسلم سراحهم مِنَّة وكرمًا - لم يعتنقوا الإسلام إلا لَمّا يئسوا من الفوز(212)، وأنهم كانوا يبطنون العداوة لبني هاشم؛ لما بينهم وبينهم في الجاهلية، وأنّ معاوية إنما تصدَّى للمطالبة بدم عثمان ظاهراً وقصده التماس الخلافة(213)، ...

نقد السيد عبد القادر ابن يحيى

(**) هذا المبحث ليس فيه ما يستحق الذكر إلا نفي ابن تيمية لما ورد من مساوئ معاوية وكونه كغيره من الصحابة ليس بمعصوم من كبائر الإثم وصغائره، وأنه كان مجتهدًا مأجورًا وإنْ أخطأ، ويبرر أعماله بالتأويلات

---

(212) وفي معنى ذلك يقول الإمام عبد الله بن علوي الحداد باعلوي:

وأنكر أقوام وصدوا وأعرضوا	فقوَّمهم بالمرهفات البواتر
وسار إليهم بالجيوش وبعضها	ملائكة أكرم بها من مؤازر
وما زال يرميهم بكل كتيبة	مكرَّمة أنصارها كالمهاجر
إلى أن أجابوا دعوة الحق فاهتدوا	وأسلم منهم كل طاغ وكافر
وأدخلهم في الدين قهرا وعنوة	بحد المواضي والرماح الشواجر

قال العلامة ابن عقيل [تقوية الإيمان، (ص103)]: (ومن الذي ينكر دخول الطاغية فيمن عناهم الحداد بقوله: «**وأنكر أقوام**»، وقوله: «**وسار إليهم**»، وفي قوله: «**وأسلم منهم كل طاغ وكافر**» بعد قوله: «**وأدخلهم في الدين قهرا وعنوة**» يعني ما قاله جده الإمام علي عليه السلام: «**ما أسلموا ولكنهم استسلموا ... الخ**»، وقوله لمعاوية: «**دخلتَ في الإسلام كرها وخرجت منه طوعا**»).

(213) فقائل ذلك الإمام هو علي عليه السلام، وينظر ما نقلناه من «النصائح» في (ص161) من هذا.

وأنه لم يحارب إلا للمُلك والدنيا؛ إذ دلَّ عليه اقتباسه من الروم أسباب البذخ ودواعي الترف، وتقليده لهم في أُبهة الملك ولبس الخزِّ والديباج، وإحداثه البيعة لابنه يزيد، وحمله الناس على بيعته بولاية العهد، إلى غير ذلك مما قلب هيئة الخلافة الحقة، وما استتبعه من الملك العضوض؛ الذي أصبحت الأثرة والعصبية والبعد عن سيرة الراشدين لازمًا من لوازمه، وركنًا فيه اللهم إلا ما شذَّ وندر، دع عنك ما جرَّه على الأمة من سفك الدماء في حروبه مع الإمام الحقِّ وبغيه في خروجه عليه، أفليس كل هذا من المعاصي التي تبيح لعن مرتكبها وتوجب بغضه في الله؟ وهذا ما حمل من ألَّف في ذلك وصدع به.

وقد يقال في الجواب: أنَّا قدَّمنا في المباحث المتقدمة ما فيه الكفاية مبرهنًا عليه، ويزاد على ذلك: بأنَّ كونهم من الطلقاء وما ذكر معه لو كان يوجبُ بغضهم.. لما أمَّر النبي صلى الله عليه وآله وسلم بعضهم على سراياه، ولما استعملهم الخلفاء الراشدون في عمل ما[214]، والجزم بأنَّهم يبطنون ما يطنون تهجمٌ على الغيب، فإن ذلك مردُّه إلى بارئهم وحسابهم عليه سبحانه[215].

وأمَّا البذخ والترف فما كان حلالاً أو من حلال فلا نكران فيه: ﴿قُلْ مَنْ حَرَّمَ زِينَةَ ٱللَّهِ ٱلَّتِىٓ أَخْرَجَ لِعِبَادِهِۦ وَٱلطَّيِّبَٰتِ مِنَ ٱلرِّزْقِ﴾ [الأعراف:32][216].

نقد السيد عبد القادر ابن يحيى

والتمحّلات، وأي كافر أو منافق لا تبرر أعماله لو جئنا له من الأعذار بمثل ما جاء ابن تيمية وابن حزم لمعاوية.

---

(214) تقدم رد ذلك (ص156-158).

(215) **قلتُ**: لا نسلم أنه تهجم على الغيب، فالفعل صريح المقصود، وقد ثبت عن هؤلاء بغضهم وسبهم ولعنهم لأمير المؤمنين عليه السلام.

(216) **قلتُ**: وهو كذلك، ولكن اقترن لمعاوية مع ذلك الكبر، فلذا ضربه عمر بالدرة وقال [البداية والنهاية، (8/ 134)]: (ولكن رأيته – وأشار بيده – فأحببتُ أن أضع منه ما شمخ)، ولولا ذلك.. لما جاز لعمر ضربه، فوجب أن يكون معاوية من المتكبرين على خلق الله، وقول عمر: «ما شمخ» ثابت في طبعة إحياء التراث ودار الفكر (8/ 125) وقد تم حذفه من طبعة دار هجر (11/ 418).

قال الإمام ابن تيمية [مجموع الفتاوى، (3/ 155)]: (هذه الآثار المروية في مساويهم منها ما هو كذب، ومنها ما قد زيد فيه ونُقِّص وغُيِّر من وجهه، والصحيح منه: هم فيه معذورون، إما مجتهدون مصيبون، وإما مجتهدون مخطئون، وأهل السنة مع ذلك لا يعتقدون أنّ كل واحد من الصحابة معصوم عن كبائر الإثم وصغائره؛ بل يجوز عليهم الذنوب في الجملة، ولهم من السوابق والفضائل ما يوجب مغفرة ما صدر منهم إن صدر، وإذا كان صدر من أحد منهم ذنب.. فيكون قد تاب منه، أو أتى بحسنات تمحوه، أو ابتلي ببلاء في الدنيا كُفِّر عنه(217)، فإذا كان هذا في الذنوب المحققة.. فكيف بالأمور التي كانوا فيها مجتهدين) اهـ كلامه رحمه الله.

[رأي معاوية في أن بني أميَّة أولى قريش بالسلطة]

ومما يرشِّح الاجتهاد لمعاوية في هذا الباب أنَّه كان يرى أنّ بني أميَّة أَولى بطون قريش بالسلطة؛ لأنهم كانوا في الجاهلية أقوى من بني هاشم جانبًا، وأكثر عددًا، وكانت القيادة في الحرب إليهم(218).

[مكانة آل حرب في قومهم وتعظيم عمر لأبي سفيان]

وقد نقل المبرد في «الكامل» [252/1]: (أن آل حرب كانوا إذا ركبوا في قومهم من بني أمية.. قُدِّموا في المواكب، وأخليت لهم صدور المجالس)، قال [252/1]:

---

(217) لو كان ما يقوله حقًّا.. لما جاء في حديث الصحيحين أن منهم من يذاد عن الحوض ويقال له: «سحقًا لمن غيّر بعدي»، فهذا القول اجتهادٌ فاسد مقابل النص، وكذا مقابل أفعال معاوية المشينة التي نص القرآن على أنّ من فعلها كان مخلدًا في نار جهنم «السيد حسن السقاف».

(218) هذا ما يراه معاوية، وإن كان الأمر كما أجابه عليٌّ عليه السلام في كتاب له – على ما نقله المسعودي – بقوله: (وأمّا قولك: «نحن بنو عبد مناف» فكذلك نحن، وليس أمية كهاشم، ولا حرب كعبد المطلب، ولا أبو سفيان كأبي طالب، ولا الطليق كالمهاجر، ولا المبطل كالمحق، وفي أيدينا فضل النبوة) اهـ «قاسمي».

(وكان عمر بن الخطاب رضي الله عنه يفرش فراشًا في بيته في وقت خلافته فلا يجلس عليه إلا العباس بن عبد المطلب وأبو سفيان بن حرب، ويقول: هذا عم رسول الله صلى الله عليه وآله وسلم، وهذا شيخ قريش... وقد جعل له رسول الله صلى الله عليه وآله وسلم يوم فتح مكة أنَّه من دخل في داره فهو آمن) اهـ.

[خطبة معاوية في أنَّه الأحق بهذا الأمر وهمّ ابن عمر بالرد عليه]

وروى البخاري في صحيحه في باب غزوة الخندق عن ابن عمر أنّ معاوية خطب(219) فقال: من كان يريد أنْ يتكلم في هذا الأمر.. فليطلع لنا قَرنَه، فلنحن أحق به منه ومن أبيه، قال عبد الله: فحللت حبوتي، وهممتُ أن أقول: أحق بهذا الأمر منك مَن قاتلك وأباك على الإسلام، فخشيتُ أن أقول كلمةً تفرق بين الجمع، وتسفك الدم، ويحمل عني غير ذلك، فذكرت ما أعد الله في الجنان.

قال الحافظ ابن حجر في «الفتح»: (كان رأي معاوية في الخلافة تقديم الفاضل في القوة والرأي والمعرفة على الفاضل في السبق إلى الإسلام والدين والعبادة، فلهذا أطلق أنه أحق(220)، ورأيُ ابن عمر بخلاف ذلك، وأنه لا يبايع المفضول إلا إذا خشي الفتنة، ولهذا بايع بعد ذلك معاوية ثم ابنه يزيد، ونهى بنيه عن نقض بيعته، وبايع بعد ذلك لعبد الملك بن مروان)(221) اهـ.

---

(219) **يعرض بعبد الله بن عمر لما ذكر الخلافة. «قاسمي»**.

(220) **قلتُ**: هذا تأويل مختلق ظاهر بطلانه، ولا شك أنّ عليًّا وعمر فاقًا معاوية في كل ما ذكره الحافظ، ولو اقتصر معاوية على قوله: «فلنحن أحق به منه» لكان لقوله وجه، قال العلامة الكوراني [الكوثر الجاري، (7/ 210)]: («فلنحن أحق به منه ومن أبيه» هذه زلة من معاوية، فإنّ من الحاضرين ابن عمر وابن أبي بكر)، وقال الشمس البرماوي [اللامع الصبيح، (11/ 173)]: (وهذا تعريض منه بابن عمر وعمر رضي الله عنهما).

(221) قال العلامة ابن عقيل [ثمرات المطالعة، (2/ 52)]: (قال في «الفتح»: «قيل: أراد عليًّا وعرض بالحسن والحسين، وقيل: أراد عمر وعرض بابنه عبد الله، وفيه بعد» انتهى، **وأقول**: مَن يحمله طيشه وتهتكه وقلة حيائه على أن يخطب ويزعم أنه أحق بالخلافة من صنو النبي =

[إمامة المفضول مع وجود الفاضل لا خلاف في صحتها وكلام ابن حزم في ذلك]

وإمامة المفضول مع وجود الفاضل لا خلاف في صحتها إلا ما نقل عن الباقلاني مِن اشتراطه أن يكون أفضل أهل زمانه.

قال ابن حزم [«الفصل» (٤/ ٩٠)]: (يكفي من بطلان هذا القول إجماع الأمة على بطلانه، فإنّ جميعَ مَن أدرك من الصحابة من جميع المسلمين في ذلك العصر قد أجمعوا على صحة إمامة الحسن أو معاوية(٢٢٢)، وقد كان في الناس أفضل منهم بلا شك؛ كسعد بن أبي وقاص وسعيد بن زيد وابن عمر وغيرهم، فلو كان ما قاله الباقلاني حقًّا.. لكانت إمامة الحسن ومعاوية باطلة، وحاشا الله عز وجل من ذلك) اهـ(**).

نقد السيد عبد القادر ابن يحيى

(**) ويُفهم من لحن هذين الإمامين في هذا الفصل مقامهما في النصب من الاستدلال على صحة إمامة المفضول بصحة إمامة الحسن ومعاوية، وقد كان في الناس من هو أفضل منهما بلا شك، ولم يشر الأستاذ إلى جواب السيد ابن عقيل عن هذه الحجج الواهية.

وأخيه وابنيه وهو المنافق ابن المنافق.. لا يبعد أن يرى نفسه أحق من عمر وابنه؛ لأنه أقرب منهم نسبًا وأقوى عضدًا، وفي هذا تكذيب لما يزعمه معتوهو أنصار معاوية من عدم ادعائه الأولية بالخلافة، فتأمل).

قلتُ: أين رواية أبي داود [٤٦٣٠] التي استدل بها القاسمي: «من زعم أنّ عليًّا عليه السلام كان أحق بالولاية منهما.. فقط خطّأ أبا بكر وعمر والمهاجرين والأنصار، وما أراه يرتفع له مع هذا عمل إلى السماء»، فما قول المنتقد بمعاوية الذي يرى أنه أحق بالولاية منهما ومن علي؟ لماذا يثاب معاوية على اجتهاده ويأثم غيره بل ولا يرتفع له عمل إلى السماء؟!

(٢٢٢) ينظر رد دعوى إجماع الأمة على صحة إمامة معاوية «النصائح الكافية» (ص٢٥٣-٢٥٦).

المبحث الحادي عشر

[من عدل المؤلف إذا ذكر لأحد ما عليه أن يشفعه بما له(223) ثم نسيان السيئ للحسن، وذلك تمهيد لأن خلافة معاوية لم تخل من يمن على المسلمين]

إن من عدل المؤلف وعقله إذا ذكر لأحد ما عليه أن يشفعه بما له أيضا(224)، ثم إما أن يرجِّح بعد ذلك أو يترك الحكم لغيره؛ لئلا يقال: إنَّه يتشيَّع ويتحزَّب أو يبخس الناس أشيائهم، فمن أُثر منه عملان – حسنٌ وقبيح – لزم أن يُنصب له الميزان، وتراقب الكفتان على أنَّ الكامل بعدُ يَنسى السيئَ للحسن؛ ويميت المساوئ للمحاسن ﴿إِنَّ ٱلْحَسَنَٰتِ يُذْهِبْنَ ٱلسَّيِّـَٔاتِ﴾ [هود:114].

(223) علق العلامة رشيد رضا على عنوان هذا المبحث بكلام جيد فيه إنصاف بقوله [مجلة المنار، (14/ 315)]: («أن يشفعه بما له» أي: والعكس، ولا نزاع في هذا إذا أريد بالمؤلف المؤرخ والمحدث الذي يحكم بالجرح والتعديل ويريد أن يبين حال من يترجم لمن يقرأ كتابه، وقد يكون لبعض المؤلفين غرض من ذكر ما للمرء فقط أو ما عليه فقط؛ كتحقيق مسألة معينة أو العبرة ببعض الخطآت والخطيئات، أو التأسي ببعض المناقب والحسنات، وقد جمع صديقنا الناقد أحسن ما قيل في معاوية من الحقائق ومن الشعريات ولم يذكر في مقابلها ما عليه وما نكب به الإسلام والمسلمون على يديه، فإن كان غرضه من هذا البحث أنّ ابن عقيل قد قصّر إذ ترك أحد الشقين.. فهذا مشترك الإلزام؛ لأنه هو قد قصّر أيضا بترك الشق الآخر، والصواب أن كل واحد منهما قد ذكر ما يرمي إلى غرضه).

(224) **مرَّ بي مساء كتابة هذه الجملة في كتاب «تنقيح التحقيق» للحافظ محمد بن عبد الهادي المقدسي الحنبلي [1/ 5] ما مثاله: عن الدارقطني [في سننه، (1/ 26)] بسنده إلى وكيع قال: أهل العلم يكتبون ما لهم وما عليهم، وأهل الأهواء لا يكتبون إلا ما لهم. اهـ «قاسمي»، قال السيد حسن السقاف**: وابن عبد الهادي من المنحرفين الراكضين وراء ترهات ابن تيمية.

[غزوات معاوية وفتوحاته وحديث: «أَوَّلُ جَيشٍ يَغْزُو القِسْطَنْطِينِيَّةَ مَغْفُورٌ لَهُمْ»]

نقول هذا تمهيدًا لما قاله بعض المحققين: إن إمرة معاوية ثم خلافته لم تخلُ من يُمنٍ على الإسلام والمسلمين؛ وذلك لانتصابه لجهاد المحاربين من الروم، ونهوضه لنشر الإسلام، وغزوه لرفع راية التوحيد، وقد نجح في كلِّ غزواته مع الروم، وفتحت على يده بلادٌ عديدة، مما عاد على المسلمين بفوائد لا تحصى، بل وعلى كلِّ من أظلته راية الإسلام، ففي سنة (23) من الهجرة غزا معاوية الروم فبلغ عمورية، وجعل عند طرسوس جندًا وافرًا من أهل الشام والجزيرة، وفي سنة (27) غزا قنسرين، وفي سنة (28) كان فتح قبرس على يده، وغزا معه من الصحابة أبو ذر وعُبادة ابن الصامت ومعه زوجته أم حرام، وأبو الدرداء، وشداد بن أوس، وكان معاوية قد لجَّ على عمر في غزو البحر، وفي سنة (49) سيَّر جيشًا كثيفًا إلى القسطنطينية، وكان في الجيش ابن عباس وابن عمر وابن الزبير وأبو أيوب الأنصاري - وبها توفي - وغيرهم(225).

قال الإمام ابن تيمية [منهاج السنة، (4/ 572)]: (وقد ثبت في صحيح البخاري عن ابن عمر - رضي الله عنهما - عن النبي - صلى الله عليه وآله وسلم - قال: «**أَوَّلُ جَيشٍ يَغْزُو القِسْطَنْطِينِيَّةَ مَغْفُورٌ لَهُمْ**»، والجيش عدد معين لا مطلق، وشمول المغفرة لآحاد هذا الجيش أقوى من شمول اللعنة لكل واحد واحد من الظالمين، فإن هذا أخص، والجيش معينون)(226) اهـ.

---

(225) قال العلامة ابن عقيل [ثمرات المطالعة، (1/ 115-132)]: (وقد يزعم بعضهم أنّ لمعاوية وأذنابه نكاية في العدو أو بعض أثر، وإن صح هذا.. فليس فيه منقبة له ولا لهم، فقد أخبرنا النبي صلى الله عليه وآله وسلم بقوله: «**إِنَّ اللهَ تَبَارَكَ وَتَعَالَى لَيُؤَيِّدُ هَذَا الدِّينَ بِالرَّجُلِ الفَاجِرِ**» [أخرجه البخاري (3062) ومسلم (111)]).

(226) **قلتُ**: ليس في هذا الحديث منقبة لمعاوية، وقد ذكر الحافظ ابن حجر الاستدلال بهذا الحديث والجواب عنه، فقال [«فتح الباري» (6/ 102)]: (قال المهلب: في هذا الحديث منقبة =

[ما كان يعمله معاوية في نهاره]

وذكر المسعودي - وغيره من المؤرخين - (أنّ معاوية كان إذا صلى الفجر جلس للقاصِّ حتى يفرغ من قصصه، ثم يدخل فيؤتى بمصحفه فيقرأ جزأه، ثم يدخل منزله فيأمر وينهى، ثم يصلي أربع ركعات، ثم يخرج إلى مجلسه الخ)، فإذا ضممت هذا إلى حلمه وكرمه المشهورين وغزواته المتقدمة.. رأيتَ عملًا صالحًا كبيراً لا يسوغ كفرانه(**).

 نقد السيد عبد القادر ابن يحيى

(**) ثم جاء في المبحث الحادي عشر ص34 يعدِّد لنا مناقب معاوية ويُمْنَ أيام خلافته على الإسلام والمسلمين وماله من الأعمال الصالحة؛ كالصلاة وغيرها

لمعاوية؛ لأنه أول من غزا البحر، ومنقبة لولده يزيد، لأنه أول ما غزا مدينة قيصر، **وتعقبه ابن التين وابن المنير بما حاصله**: أنه لا يلزم من دخوله في ذلك العموم أن لا يخرج بدليل خاص؛ إذ لا يختلف أهل العلم أن قوله صلى الله عليه وآله وسلم: «مَغْفُورٌ لَهُمْ» **مشروطٌ بأن يكونوا من أهل المغفرة**، حتى لو ارتد واحد ممن غزاها بعد ذلك.. لم يدخل في ذلك العموم اتفاقًا، فدل على أنّ المراد: مغفور لمن وجد شرط المغفرة فيه منهم).

وقد علق العلامة ابن عقيل على كلام الحافظ ابن حجر بقوله [ثمرات المطالعة، (2/ 47)]: (وأقول: يتشبث بهذا إن صح وما في معناه عُبَّاد معاوية، وأحاديث المغفرة جميعها من وادٍ واحدٍ، من فعل كذا فله الجنة، من قال كذا غفر له ما تقدم من ذنبه، مَنْ... مَنْ...، ولا يشك أحد قط في أنّ جميعها مشروط بسلامة العاقبة والإخلاص وصدق النية، وأما أهل النفاق والبغي.. فأولئك في الدرك الأسفل من النار).

وأقول: معاوية لم يكن أول مَن غزا القسطنطينية كما زعمه المنتقد حتى يدخل في الحديث السابق، فقد صح مِن حديث أبي أيوب الأنصاري أنه غزا مع عبد الرحمن بن خالد بن الوليد القسطنطينية، وأنّ عبد الرحمن كان أمير الجيش، جاء في سنن أبي داود (2512) عن أسلم بن عمران أنه قال: (عزونا من المدينة نريد القسطنطينية وعلى الجماعة عبد الرحمن بن خالد بن الوليد والروم ملصقو ظهورهم بحائط المدينة)، قال الترمذي (2972): (هذا الحديث حسن صحيح غريب)، وقد أرخ ابن جرير الطبري في تاريخه بداية هذه الغزوة **بسنة أربع وأربعين** (5/ 212)، وما ذكره المنتقد عن معاوية كان **سنة تسع وأربعين**.

[ما قاله ابن عباس في تأبين معاوية]

وقد روى الإمام أبو الفرج الأصفهاني في آخر ترجمة الربيع بن زياد من «الأغاني» بسنده إلى ابن عباس حبر الأمة وترجمان القرآن أنه رضي الله عنه لما أتاه نعي معاوية؛ وهو يعشي أصحابه ويأكل معهم، وقد رفع إلى فيه لقمة، فألقاها وأطرق هنيهة ثم قال: (جبل تدكدك، ثم مال بجميعه في البحر واشتملت عليه الأبحر، لله در ابن هند ما كان أجمل وجهه، وأكرم خلقه، .....

نقد السيد عبد القادر ابن يحيى

مع الانضمام إلى حُكْمه وكرمه المشهورين الخ بفلسفةٍ لو عُورضت بمثلها.. لا يبعد أن يمتشق الحسام، ويزداد الوهن في الإسلام، إنّ مصيبة الإسلام في معاوية – قاتله الله – سبب وهنه واضمحلاله أولًا وآخرًا، فإنه أولًا وقف في سبيل الفتوح، وأدخل الشك والوهن والفساد في الدين، وأخيرًا تعديله وتجريحه يفتِق رتق المصاب بما يوهي الصم الصلاب.

كيف كان معاوية يقيم الصلاة؟ أكان يصلي على محمد صلى الله عليه وآله باللفظ تعبدًا بالنص ويقتل آله بالاجتهاد؟ إنها لثمرة من ثمرات العناد والاستبداد، لو أنصف الأستاذ.. لاعترف بأنّ إمرة معاوية صدّعتْ شُعَب الإسلام، ووقفت سدًّا منيعًا في سبيل تقدّم الدِّين على عهد الوصي؛ إذ ذهب معظم الصحب الكرام من البدريين والأُحُدِيِّين في حرب صفين، والأستاذ يتبجح بحلم معاوية وكرمه، وحكمُه دهاءٌ وخبثٌ، كان حليمًا جدًّا من جهة ومن أخرى كان يأخذ بالظِّنة ويفعل ما يتحاشى الشيطان فعله، وهكذا كرمه يبذل أربعمائة ألف درهم لسمرة ليخطب بأنّ الآية كذا نزلت في علي(227)، ويعطي شهداء الزور ما لا يعد، ويولي الأمصار الكبار لمثل المغيرة، وأنت تعلم لماذا، ويمنع الكثيرين حقوقهم بل يسلبهم ما لديهم بغير حقّ، انظر بوائقه وبوائق عماله في «النصائح»، وكلامُ ابن عباس الذي أورده أدلُّ على الذم مما على المدح.

(227) ابن أبي الحديد، شرح نهج البلاغة، (ص1021).

وأعظم حلمه)، فقطع عليه الكلام رجل من أصحابه وقال: أتقول هذا فيه! فقال: (ويحك، إنك لا تدري من مضى عنك، ومن بقي عليك، وستعلم ، ثم قطع الكلام)(228).

[غاية المنتقد أن يرى معاوية من المخلطين والتوبة مرجوة لهم]

وبالجملة فعلى المنتقد أن لا ينسى الحُسن لخِلافه، والمنتقد ههنا مهما بلغ به الانتقاد فإنه لا يخرج به الحكم عن كون المحكوم عليه ممن له عملٌ صالحٌ وآخر سيء فيكون من المخلطين، وقد قال تعالى في حقهم: ﴿وَءَاخَرُونَ ٱعۡتَرَفُواْ بِذُنُوبِهِمۡ خَلَطُواْ عَمَلٗا صَٰلِحٗا وَءَاخَرَ سَيِّئًا عَسَى ٱللَّهُ أَن يَتُوبَ عَلَيۡهِمۡۚ إِنَّ ٱللَّهَ غَفُورٞ رَّحِيمٌ ١٠٢﴾ [التوبة:102] فالعمل الصالح مع السيء المحقق مما ترجى له المغفرة بنص الآية الذي لا يقبل التأويل، سيما إذا قلنا إن قوله تعالى: ﴿وَءَاخَرُونَ﴾ في الآية هم قوم من أهل النفاق؛ لعطفها على قوله تعالى: ﴿وَمِنۡ أَهۡلِ ٱلۡمَدِينَةِ مَرَدُواْ عَلَى ٱلنِّفَاقِ﴾ [التوبة:101] فيكون غيرهم بالأولى والأرجى من عفوه تعالى ومغفرته، هذا ما يقتضيه نظر الشرع والعدل فيه(229).

---

(228) **قلتُ**: اقتصر المنتقد على هذا مع أنه ليس في كتب الصحاح المشهورة التي اشترط النقل منها، ولم يذكر المنتقد ما صح عن ابن عباس بخلافه، ومنه لعنه لمعاوية، روى أحمد في مسنده (1/ 217) بسند صحيح عن ابن عباس قوله: (لعن الله فلانًا، عمدوا إلى أعظم أيام الحج فمحوا زينته، وإنما زينة الحج التلبية)، وقد بيّن المراد بـ «فلان» ابن خزيمة فيما رواه في صحيحه (4/ 260) عن سعيد بن جبير قال: (كنا مع ابن عباس بعرفة فقال لي: يا سعيد، ما لي لا أرى الناس يلبون؟ فقلت: يخافون من معاوية، قال: فخرج ابن عباس من فسطاطه فقال: لبيك اللهم لبيك فإنهم قد تركوا السنة من بغض علي)، قال السيد المحدث حسن السقاف [زهر الريحان، ص80]: (وهو صحيح رواه الحاكم في المستدرك (1/ 464-465) وصححه، والنسائي في السنن الكبرى (2/ 419) وفي الصغرى (5/ 253) أيضا، وصححه الألباني في صحيح سنن النسائي (2631) برقم 2812، والضياء في مختاره (10/ 378)).

(229) **قلتُ**: قول المنتقد مردود بأنّ العلامة ابن عقيل لم يقرر خلافَه في «النصائح» (ص142)، ولكنه سرعان ما قال بخلافه في «تقوية الإيمان» و«ثمرات المطالعة» لّما ترجح له خلاف ذلك، =

فقال [ثمرات المطالعة، (1/ 289)]: (ذكرنا في «النصائح» أن معاوية إذا قيل بصحة إسلامه.. فهو تحت المشيئة؛ إن شاء الله عذبه وإن شاء غفر له وعفى عنه، وقلنا هناك أن العفو هو من باب خرق العوائد، ثم ظهر لنا أنّ إسلام معاوية مدخول وأنه مجبول على الضلال، وأنه في ذرء جهنم، وقد بسطنا الكلام في «تقوية الإيمان» في بيان أنه أحد من أخبر من لا ينطق عن الهوى أنهم في جهنم، وعلى فرض التنزل نقول: إنّ العفو عن معاوية لا يكون أبدا؛ لأنّ الله وعد رسله وأولياءه النصر في الحياة الدنيا وفي الآخرة، ووعد أنه لا يخزيهم يوم يبعثون، والعفو عمن بالغ في أذيتهم وظلمهم وسبهم خذلانٌ عظيم لهم وخزي، فلذلك نقول أنه لن يكون إن شاء الله تعالى.

قال السيد محمد بن المرتضى الوزير رضي الله عنه في «إيثار الحق» بعد تقريره مسألة العفو عن بعض العصاة والاستدلال عليها: «ويستثنى من هذا كل وعيد جعله الله تعالى نصرا للأنبياء والمؤمنين ووعدهم به فإنه يكون حينئذ وعدًا لا يجوز خلفه كما قال صالح عليه السلام لقومه: ﴿تَمَتَّعُواْ فِي دَارِكُمْ ثَلَٰثَةَ أَيَّامٍۖ ذَٰلِكَ وَعۡدٌ غَيۡرُ مَكۡذُوبٖ ٦٥﴾ [هود:65] ولذلك سماه وعدًا» انتهى).

أما ما بسطه العلامة ابن عقيل في «تقوية الإيمان» فهو قوله رحمه الله [ص89]: (أخرج الحافظ الجليل أحمد ابن يحيى البلاذري في الجزء الأول من تاريخه الكبير قال رحمه الله: «حدثني عبد الله بن صالح، حدثني يحيى بن آدم عن شريك عن ليث عن طاووس عن عبد الله بن عمرو بن العاص قال: كنت جالسًا عند النبي صلى الله عليه وآله وسلم فقال: «**يطلع عليكم من هذا الفج رجل يموت يوم يموت على غير ملتي**»، قال: وتركت أبي يلبس ثيابه فخشيت أن يطلع، **فطلع معاوية**.

وحدثني إسحاق قال حدثنا عبد الرزاق بن همام، أنبأنا معمر عن ابن طاووس عن أبيه عن عبد الله بن عمرو بن العاص قال: كنت بمثله» انتهى.

قال أخونا العلامة المحدث الشريف محمد المكي بن عزوز المغربي رحمه الله – ومنه استفدنا المنقول عن البلاذري -: «الحديث الأول رجاله **كلهم من رجال الصحيح** حتى ليث فمن رجال مسلم وهو ابن أبي سليم، وإن تكلم فيه لاختلاط وقع له آخر أمره فقد وثقه ابن معين وغيره كما أفاده الشوكاني، على أنّ الوهم يرتفع بالسند الثاني الذي هو حدثني إسحاق ... الخ؛ لأنّ الراوي فيه عن طاووس عبد الله ابنه لا ليث والسند متين والحمد لله» انتهى من خطه.

وحيث صح إخبار النبي صلى الله عليه وآله وسلم بأنّ معاوية يموت على غير ملة الإسلام.. تعيّن القطع بوجوب البراءة منه، فهو إذن مثل عتبة وشيبة والوليد وأبي جهل وأبي لهب لعنهم الله أجمعين).

وقال الحافظ أحمد بن الصديق الغماري [جؤنة العطار، (2/ 154)]: (**وهذا حديث صحيح على شرط مسلم**، وهو يرفع كل غمة عن المؤمن المتحير في شأن هذا الطاغية قبحه الله، ويقضي على كل ما يموه به المموهون في حقه، ومن أعجب ما تسمعه أنّ هذا الحديث خرجه كثير من الحفاظ في مصنفاتهم ومعاجمهم المشهورة ولكنهم يقولون: «فطلع رجل» ولا يصرحون باسم اللعين معاوية؛ =

[فلسفة الغزالي في هذه المسألة وهي بيت القصيد وموافقة المؤلف له لا تقليدا فإنه أبعد الناس عنه]

قال الغزالي في آخر «الاقتصاد» [ص131]: (الظنّ بمعاوية أنه كان على تأويل فيما كان يتعاطاه، وما يحكى سوى هذا من روايات الآحاد.. فالصحيح منه مختلط بالباطل، والاختلاف أكثره اختراعات الروافض والخوارج وأرباب الفضول الخائضون في هذه الفنون، فينبغي أن تلازم الإنكار في كل ما لم يثبت، وما ثبت.. فتستنبط له تأويلاً، فما تعذر عليك فقل: لعلّ له تأويلاً وعذراً لم أطلع عليه، واعلم أنك في هذا المقام بين أنّ تسيء الظن بمسلم وتطعن عليه وتكون كاذبًا، أو تحسن الظنّ به وتكف لسانك عن الطعن وأنت مخطئ مثلاً، والخطأ في حسن الظن بالمسلم أسلم من الصواب بالطعن فيهم، فلو سكت إنسان مثلاً عن لعن إبليس أو [لعن أبي جهل أو أبي لهب](230) أو من شئت من الأشرار طول عمره لم يضره السكوت(231)، ولو هفا هفوة بالطعن في مسلم مما هو بريء عند

سترًا عليه وعلى مذاهبهم الضلالية في النصب، وهضم حقوق آل البيت ولو برفع منار أعدائهم، فالحمد لله الذي حفظ هذه الشريعة رغمًا على دس الدساسين وتحريف المبطلين).

(230) سقط في الأصل.

(231) قال العلامة ابن عقيل [النصائح الكافية، (ص39)]: (وأما قوله رحمه الله: «ولا خطر في السكوت عن لعن إبليس مثلًا فضلًا عن غيره».. فمسلّم عند الكل؛ لأن لعن إبليس وغيره ممن يستحق اللعن لم يكن من الفرائض التي افترضها الله على عباده حتى يكون تركها خطرًا، لكن تركه مفوّت للتأسي بما جاء عن الله ورسوله وملائكته في لعنهم من استحق اللعن، والتأسي بهم مشروع، وهو نافلة من النوافل، ولا خطر في ترك النافلة كما لو ترك الإنسان الترضي عن أبي بكر أو عمر أو عثمان أو علي، بل لو ترك الأذان والإقامة وصلاة التراويح مثلًا، فلا خطر عليه في ذلك، أما إذا ترك لعن إبليس شكًّا في استحقاقه اللعن أو عنادًا.. فهو كافر؛ لرده المنصوص في القران ومراغمته، ومثله التارك لعن القاتل والشارب مثلًا شكًّا في استحقاقه، أما التارك لغير الشك بل للعصبية والهوى.. فموكولٌ أمره إلى الله تعالى، وهذه الجملة لو لم تكن صادرة عن هذا الإمام العظيم.. لقلنا إنّ قائلها أراد بها المغالطة والمشاغبة، ولكنّا ننزّهه عن ذلك ونجريها على ظاهرها، وهذه المقالات من الإمام الغزالي جرأت كثيرًا من أنصار معاوية على مقالات بشعة شنيعة، فقال بعضهم: لو أن يزيد باشر قتل الحسين بيده =

الله تعالى منه.. فقد تعرض للهلاك(**)، بل أكثر ما يعلم في الناس لا يحل النطق به؛ لتعظيم الشرع الزجر عن الغيبة) اهـ .

وهو كلام يقبله العقل السليم، كيف لا وهو كلام أعقل فيلسوف في الإسلام، قتل أمثال هذه المباحث خبرًا، وعركها دهرًا، حتى وقف على جليها وخفيها، وحقها وحشويها، لا نقول ذلك تقليدًا، فأنا أبعد الناس عنه، وإنما هو الحق الذي وافق ما رأيناه، وما انشرح له صدرنا بعد طول إمعان، وطرح .....

نقد السيد عبد القادر ابن يحيى

(**) قلتُ: إلا إذا كان معاوية وأتباعه، وكأنّ عليًّا وآل البيت ليسوا بمسلمين، فالتصدِّي لسبهم بل لقتلهم ونفيهم وتشريدهم وسبي ذراريهم ليس من باب الطعن في المسلم الذي يوجب الهلاك ويعرِّض فاعله للخطر، أمّا ذكر مساوئ أعدائهم.. فإنّه من هذا الباب بلا مرية، وأعوذ بالله من الشبه المغدقة ومتمحِّليها، طالع الجواب عنها في «النصائح» ص13 [ص37] وما يليها.

واستحله أيضًا لم يجز لعنه، وقال آخر: لا أبالي أن أقول لو اطلع مطلع على الغيب فعلم أن معاوية مات على غير الإسلام لما جاز له أن يلعنه، وقال ثالث: إنّ اللعن من السفه المذموم، مع أن كتاب الله تعالى وحديث رسوله صلى الله عليه وآله وسلم مشحونان بذلك، فلا حول ولا قوة إلا بالله العلي العظيم.
أما قوله عليه وعلى آله الصلاة والسلام: «لا تسبوا الأموات فإنهم قد أفضوا إلى ما قدموا»، وقوله صلى الله عليه وآله وسلم: «ولا تسبوا الأموات فتؤذوا الأحياء».. فقد قال الحافظ الشوكاني رحمه الله في «نيل الأوطار»: (هو مخصوص بما جاء في حديث أنس وغيره أنه صلى الله عليه وآله وسلم قال عند ثنائهم بالخير والشر: «وجبت، أنتم شهداء في أرضه»، ولم ينكر عليهم)، قال: (ولأن الكفار مما يتقرب إلى الله بسبهم ولا غيبة لفاسق، والسب يكون في حق الكافر والمسلم، أما في حق الكافر.. فيمتنع إذا تأذى به الحي المسلم، وأما المسلم فحيث تدعو الضرورة إلى ذلك.. يصير من قبيل الشهادة عليه، وقد يجب في بعض المواضع) انتهى، ثم قال: (والوجه تبقية الحديث على عمومه إلا ما خصه دليل؛ كالثناء على الميت بالشرّ، وجرح المجروحين من الرواة أحياءً وأمواتًا؛ لإجماع العلماء على جواز ذلك وذكر مساوئ الكفار والفساق للتحذير منهم والتنفير عنهم) انتهى، والله الموفق للصواب.

التعصب عدة أزمان، وهكذا مشربنا فيما نأثره عن غيرنا، وبالله المستعان(232).

(232) قال العلامة ابن عقيل [«النصائح الكافية»، (ص37-38)]: (والغزالي كما علمت وعلم الكلُّ إمام عظيم من علماء المسلمين، ومحقق كامل من محققيهم، ولنا به القدوة والأسوة الحسنة في سلوك طريقته واتباع إرشاداته غير أن الإنسان - إلا النبيين - وإن جل شأنه وعظم مقداره ليس بمعصوم من هفوة أو خطأ في اجتهاد، ولا يجوز لمن عرف حقًّا بأدلته الواضحة أن يقلد غيره وإن جل شأنه في خلاف ما عرفه من الحق، ولو كان التقليد المحض في كل شيء مُجدٍ عند الله تعالى شيئًا.. لكان الإمام الغزالي من أولى من نقلده في ذلك، وحينئذ نقول ولا استحياء من الحق ولا هواة في الدين: إن هذه هفوة منه رحمه الله لا يجوز لنا الاعتماد عليها، ولا اتباعه فيها، ولو جاز الاستدلال بهفوات العلماء والأكابر.. لعظم الخطب وانقلب الحق ظهرًا لبطن، وقد مر بك قريبًا ما يخالف مُدَّعاه مما أوردناه من كلام الله تعالى وأقوالِ رسول الله صلى الله عليه وآله وسلم وأفعالِه ومن أقوال الأكابر من الصحابة والتابعين وكثير بعدهم فارجع إليه).
وقال العلامة ابن عقيل أيضًا [تقوية الإيمان، (ص64)]: (وللغزالي رحمه الله على جلالة قدره وكثير علمه أغلاطٌ مشهورة، وفي كتبه توجد مسائل مردودة كثيرة، وقد قال جمع من ساداتنا العلويين رحمه الله تعالى مع محبتهم للغزالي وكتبه سيما «الإحياء» أن فيه مسائل نودّ محوها ولو بماء العيون، منها: انتصاره لأهل البغي).

المبحث الثاني عشر

[في تحقيق الحب في الله والبغض فيه وهو من المضنون به](**)

إنَّ النصوص في الحب في الله والبغض فيه هي في موالاة المؤمنين ومحادَّة المشركين المحاربين كما قال تعالى: ﴿لَّا تَجِدُ قَوْمًا يُؤْمِنُونَ بِٱللَّهِ وَٱلْيَوْمِ ٱلْـَٔاخِرِ يُوَآدُّونَ مَنْ حَآدَّ ٱللَّهَ وَرَسُولَهُۥ وَلَوْ كَانُوٓا۟ ءَابَآءَهُمْ أَوْ أَبْنَآءَهُمْ أَوْ إِخْوَٰنَهُمْ أَوْ عَشِيرَتَهُمْ﴾ الآية [المجادلة:22]، وقوله تعالى: ﴿أَشِدَّآءُ عَلَى ٱلْكُفَّارِ رُحَمَآءُ بَيْنَهُمْ﴾ [الفتح:29]، وقوله: ﴿تَرَىٰ كَثِيرًا مِّنْهُمْ يَتَوَلَّوْنَ ٱلَّذِينَ كَفَرُوا۟ لَبِئْسَ مَا قَدَّمَتْ لَهُمْ أَنفُسُهُمْ أَن سَخِطَ ٱللَّهُ عَلَيْهِمْ وَفِى ٱلْعَذَابِ هُمْ خَٰلِدُونَ ﴿٨٠﴾﴾ [المائدة:80].

قال السيد ابن المرتضى الزبيدي في «إيثار الحق»: (ذكر الإمام المهدي محمد بن المطهر عليهما السلام أنَّ الموالاة المحرمة بالإجماع هي موالاة الكافر لكفره والعاصي لمعصيته ونحو ذلك)، قال: (وهو كلام صحيح والحجة على صحة ...

نقد السيد عبد القادر ابن يحيى

(**) ثم ذكر في المبحث الثاني عشر ص37 تمحّلًا بأنّ النصوصَ في الحب في الله والبغض فيه هي في موالاة المؤمنين ومحادة المشركين، وغرضه من ذلك واضح، وكأنّه لم ينظر ما في «النصائح» من هذا الباب، وجوابه يقتضي أن يعاد ما في «النصائح» وبيان أنّ معاوية كان ممن حادّ الله ورسوله، يا هؤلاء، اتقوا الله، نحن نذكر معاوية ببعض مخزياته فتضجون ضجيج الجمال بالأثقال، فهل تحاولون أن تثبتوا أنّ النبي صلى الله عليه وآله كان [يحب من يقتل آله أبناء بضعته الزكية ويشرد بهم ولا يبغضه؟ نعوذ بالله](233) من التمحّل المذموم والتحامل بغير علم ولا هدى ولا كتاب منير)(234).

(233) ما بين المعكوفين ساقط من (أ)، وأثبته من (ب).
(234) قلتُ: سنورد مع ذكره العلامة ابن عقيل في «النصائح» في آخر هذا المبحث.

الخلاف فيما عدا ذلك أشياء كثيرة، منها قوله تعالى في الوالدين المشركين بالله ﴿وَصَاحِبْهُمَا فِي الدُّنْيَا مَعْرُوفًا﴾ [لقمان:15]، ومنها قوله تعالى: ﴿لَا يَنْهَاكُمُ اللَّهُ عَنِ الَّذِينَ لَمْ يُقَاتِلُوكُمْ فِي الدِّينِ وَلَمْ يُخْرِجُوكُمْ مِنْ دِيَارِكُمْ أَنْ تَبَرُّوهُمْ وَتُقْسِطُوا إِلَيْهِمْ إِنَّ اللَّهَ يُحِبُّ الْمُقْسِطِينَ ﴿٨﴾ إِنَّمَا يَنْهَاكُمُ اللَّهُ عَنِ الَّذِينَ قَاتَلُوكُمْ فِي الدِّينِ وَأَخْرَجُوكُمْ مِنْ دِيَارِكُمْ وَظَاهَرُوا عَلَى إِخْرَاجِكُمْ أَنْ تَوَلَّوْهُمْ وَمَنْ يَتَوَلَّهُمْ فَأُولَئِكَ هُمُ الظَّالِمُونَ ﴿٩﴾﴾ [الممتحنة: 8-9]).

ثم قال السيد: (ويدل عليه قوله تعالى: ﴿فَإِنْ عَصَوْكَ فَقُلْ إِنِّي بَرِيءٌ مِمَّا تَعْمَلُونَ ﴿٢١٦﴾﴾ [الشعراء:216]، فَأَمَرَهُ بالبراءة من عملهم القبيح لا منهم، وكذلك تبرأ النبي صلى الله عليه وآله وسلم مما فعل خالد بن الوليد ولم يبرأ منه بل لم يعزله من إمارته).

ثم قال: (ويدل عليه جواز نكاح الفاسقة بغير الزنا وفاقًا، ونكاح الكتابية عند الجمهور، وظاهر القرآن يدل عليه وفعل الصحابة)، (ومن هاهنا أجاز المتشددون في الولاء والبراء أن يحب العاصي لخصلة خير فيه؛ ولو كافرًا كأبي طالب في أحد القولين(235)، وعلى الآخر حب النبي صلى الله عليه وآله وسلم له قبل إسلامه؛ وهو مذهب الهادوية، ويدل لهم في المسلم حديث شارب الخمر الذي نهى النبي صلى الله عليه وآله وسلم عن سبّه بعد حده، وقال: «**لَا تُعِينُوا الشَّيطَانَ عَلَى أَخِيكُمْ، أَمَا إِنَّهُ يُحِبُّ اللهَ وَرَسُولَهُ**» رواه البخاري)، (بل يدل عليه في حق أهل الإسلام قوله تعالى: ﴿وَبَدَا بَيْنَنَا وَبَيْنَكُمُ الْعَدَاوَةُ وَالْبَغْضَاءُ أَبَدًا حَتَّى تُؤْمِنُوا بِاللَّهِ وَحْدَهُ﴾ [الممتحنة:4] فجعل الإيمان بالله وحده غاية ينقطع عندها وجوب العداوة والبغضاء).

ثم قال: (ويعضده ما نصّ عليه من العفو عمن فر يوم أحد، ومن حديث

(235) **قلتُ**: الصواب الذي لا مرية فيه القول بإيمان سيدنا أبي طالب، وقد ألّف السيد العلامة أحمد بن زيني دحلان رسالة في ذلك سماها: «أسنى المطالب في نجاة أبي طالب»، والسيد العلامة علوي بن أحمد السقاف رسالة سماها: «الشهاب الثاقب لكبد من آذى أبا طالب»، وللسيد العلامة ابن عقيل رسالة لا تزال مخطوطة في نجاته عليه السلام.

أهل الإفك إلا الذي تولى كبره منهم، ومنه حديث مسطح ونزول الآية فيه، ومنه تحريم المشاحنة والمهاجرة بل جعلها كالشرك في منع المغفرة للمتهاجرين حتى يصطلحا). اهـ ملخصا(236).

(236) **قلتُ**: قال السيد العلامة ابن عقيل [النصائح الكافية، (ص199-205)]: (وأما الأدلة على وجوب بغض معاوية في الله فكثيرة أيضًا: ﴿لَّا تَجِدُ قَوْمًا يُؤْمِنُونَ بِٱللَّهِ وَٱلْيَوْمِ ٱلْآخِرِ يُوَآدُّونَ مَنْ حَآدَّ ٱللَّهَ وَرَسُولَهُۥ وَلَوْ كَانُوٓاْ ءَابَآءَهُمْ أَوْ أَبْنَآءَهُمْ أَوْ إِخْوَٰنَهُمْ أَوْ عَشِيرَتَهُمْ ۚ أُوْلَٰٓئِكَ كَتَبَ فِى قُلُوبِهِمُ ٱلْإِيمَٰنَ وَأَيَّدَهُم بِرُوحٍ مِّنْهُ ۖ وَيُدْخِلُهُمْ جَنَّٰتٍ تَجْرِى مِن تَحْتِهَا ٱلْأَنْهَٰرُ خَٰلِدِينَ فِيهَا ۚ رَضِىَ ٱللَّهُ عَنْهُمْ وَرَضُواْ عَنْهُ ۚ أُوْلَٰٓئِكَ حِزْبُ ٱللَّهِ ۚ أَلَآ إِنَّ حِزْبَ ٱللَّهِ هُمُ ٱلْمُفْلِحُونَ ﴿٢٢﴾﴾ [المجادلة:22]، المحادة المغاضبة والمخالفة كما في «القاموس» وغيره.

وقال الفخر الرازي رحمه الله في تفسيره [29/ 499]: (المعنى أنه لا يجتمع الإيمان مع وداد أعداء الله تعالى، وذلك لأنَّ من أحب أحدًا.. امتنع أن يحب مع ذلك عدوه، وهذا على وجهين:

أحدهما: أنهما لا يجتمعان في القلب، فإذا حصل في القلب وداد أعداء الله.. لم يحصل فيه الإيمان، فيكون صاحبه منافقًا.

والثاني: أنهما يجتمعان ولكنهما معصية وكبيرة، وعلى هذا الوجه يكون صاحب هذا الوداد كافرًا بسبب هذا الوداد، بل كان عاصيًا في الله).

ثم قال فيه أيضًا [29/ 500]: (وبالجملة: فالآية زاجرة عن التودد إلى الكفار والفساق، وورد عن النبي صلى الله عليه وآله وسلم أنه كان يقول: «اللهم لا تجعل لفاجر ولا فاسق عندي نعمة فإني وجدت فيما أوحيت لا تجد قومًا يؤمنون بالله...» الآية) انتهى.

قلتُ: كما دلت الآية منطوقها على أنّ موادة من حادَّ الله ورسوله من الكفار والفساق محظورة.. فكذلك تدل بمفهومها على أنّ بغض من حاد الله ورسوله مأمور به مطلوبٌ، وقد أخرج أبو داود الطيالسي عن البراء ابن عازب رضي الله عنه قال: (قال رسول الله صلى الله عليه وآله وسلم : أتدرون أي عرى الإيمان أوثق؟ قلنا: الصلاة، قال: الصلاة حسنة وليست بذلك، قلنا: الصيام، فقال مثل ذلك، حتى ذكرنا الجهاد فقال مثل ذلك، قلنا: أخبرنا يا رسول الله، قال: أوثق عرى الإيمان الحب في الله والبغض فيه)، وأخرجه أحمد في المسند من حديثه.

وأخرج الطبراني في الكبير من حديث ابن عباس رضي الله عنهما: (أوثق عرى الإيمان الموالاة في الله، والحب في الله، والبغض في الله)، وفي «قوت القلوب» لأبي طالب المكي وفي «الإحياء» أيضا يروى أن الله سبحانه وتعالى أوحى إلى عيسى عليه السلام: «لو أنك عبدتني بعبادة أهل السموات والأرض وحب في ليس، وبغض في ليس.. ما أغنى عنك ذلك شيئًا»، ومن «القوت» أيضًا قال: روينا عن عمر بن الخطاب وابنه عبد الله بن عمر رضي الله عنهما قال: «لو أنّ رجلًا صام النهار لا يفطر، وقام الليل لم ينم، وجاهد ولم يحب في الله ويبغض في الله.. ما نفعه ذلك شيئًا».

=

وأخرج أحمد في «المسند» عن أبي ذر رضي الله عنه قال: قال رسول الله صلى الله عليه وآله وسلم: «أحب الأعمال إلى الله الحب في الله والبغض في الله».
وأخرج في «المسند» أيضًا عن عمرو بن الجموح رضي الله عنه قال: قال رسول الله صلى الله عليه وآله وسلم: «لا يحق لعبد صريح الإيمان حتى يحب في الله، ويبغض في الله».
وفي «قوت القلوب» و«الإحياء» يُروى أن الله تعالى أوحى إلى موسى عليه السلام: هل عملت لي عملًا قط؟ فقال: إلهي إني صليت لك، وصمت، وتصدقت، وزكيت، فقال: إن الصلاة لك برهان، والصوم جنة، والصدقة ظل، والزكاة نور، فأي عمل عملت لي؟ قال موسى: إلهي دلني على عمل هو لك، قال: يا موسى هل واليت لي وليًّا قط أو عاديت لي عدوًّا قط؟ فعلم موسى أن أفضل الأعمال الحب في الله والبغض في الله.
- فسقه وبدعته:
وفيه أيضًا قال الحسن البصري رحمه الله: (مصارمة الفاسق قربان إلى الله عز وجل)، وفي كتاب «مكارم الأخلاق» للشيخ رضي الدين الطبرسي رحمه الله قال: (قال عليه وآله الصلاة والسلام: «**مَنْ تَوَلَّى جَائِرًا فِي جَورِهِ.. كَانَ قَرِينَ هَامَانَ فِي جَهَنَّمَ**» إلى غير هذا مما جاء في هذا الباب.
وقد سئل الإمام أحمد ابن حنبل رحمه الله: أيؤجر الرجل على بغض من خالف حديث رسول الله صلى الله عليه وآله وسلم؟ قال: إي والله.
وبهذا يتضح لك أنّ بغض معاوية أمرٌ مشروع يلازم الإيمان ويثاب عليه الإنسان، وأنّ حبّه وتوليه أمرٌ يسخط الرحمان ويباين الإيمان، وحقيق بالمؤمن الغيور على حرمات الله أن تهتك، وعلى حدوده أن تتعدى، وعلى الدين أن يبدل، وعلى الشرع أن يستخف به - إذا عرف ما ارتكبه معاوية من الموبقات، واقترفه من المظالم المتعدي ضررها إلى الأمة بأسرها، وجرأته على الله عز وجل، وتهاونه بأوامره، واستخفافه بزواجره - أنْ يبغضه ويعاديه، حتى يحق له صريح الإيمان بمعاداة من عادى الرحمن، فإنّ النبي صلى الله عليه وآله وسلم قال في حق علي بن أبي طالب عليه السلام: «**اللهُمَّ وَالِ مَنْ وَالَاهُ وَعَادِ مَنْ عَادَاهُ**»، وقال عليه وآله الصلاة والسلام: «عادي الله من عادى عليًّا»، وليس على ظهر الكرة الأرضية أعدى لعلي من معاوية، وقد صرح كرم الله وجهه بذلك في مواطن مذكورة في محالها من كتب السير.
يقول أنصار معاوية: إنما نحبه لصحبته رسول الله صلى الله عليه وآله وسلم ولإسلامه، ونقول لهم: فلم لا تبغضونه لإساءته الصحبة كما سترى ذلك فيما سيأتي، ولارتكابه الجرائم التي قدمنا ذكرها؟ إن الحب في الله والبغض في الله متلازمان، فمن زعم أنه يحب في الله وهو لا يبغض فيه.. فقد غره بالله الغرور، ﴿أَفَتُؤْمِنُونَ بِبَعْضِ ٱلْكِتَٰبِ وَتَكْفُرُونَ بِبَعْضٍ ۚ فَمَا جَزَآءُ مَن يَفْعَلُ ذَٰلِكَ مِنكُمْ إِلَّا خِزْىٌ فِى ٱلْحَيَوٰةِ ٱلدُّنْيَا ۖ وَيَوْمَ ٱلْقِيَٰمَةِ يُرَدُّونَ إِلَىٰٓ أَشَدِّ ٱلْعَذَابِ ۗ﴾ [البقرة: ٨٥].
إنّ مثل هؤلاء ومعاوية في ذلك كمثل رجل كان عدوًّا لدودًا لَمِلكٍ عظيم عادلٍ، فأظفر الله ذلك الملك بعدوه، وانقاد له صاغرًا راغم الأنف، وكان بعد ذلك ربما مشى في جند الملك، وربما تألفه الملك بكلمات، وربما حذر منه اتباعه، ثم بعد مدة غير طويلة حكمت الأقدار على ذلك الملك =

العظيم بالذهاب إلى مملكة أخرى أعظم من هذه، فرتّب الملكُ أمورَ هذه المملكة، وجعل فيها نوابًا من خاصته وأهل بيته، وَسَنَّ لهم قوانين، وَحَدَّ لهم حدودًا في جميع أمورهم، ووعدهم إذا قدموا عليه بالمكافأة الحسنة، والمواهب الجسيمة لمن اتبع ما سنه لهم، وبالعقاب الشديد والعذاب الأليم لمن خالفه، ثم بعد غيبوبة الملك وذهاب بعض نوابه إليه.. انتهز ذلك العدو الفرصة وجمع رعاعًا وأوباشًا وغرّهم بالأكاذيب، وخدعهم بالأماني، ثم ثار بهم في وجه أخ الملك وهو إذ ذاك نائبه، وأظهر زورًا أنّ أخا الملك قد أخطأ في أمرٍ ما؛ ليغر أتباعه بذلك، ثم لَم يزل يراوغ مرة، ويحارب أخرى حتى ذهب أخو الملك إليه بداع دعاه، فاستحفل أثر ذلك العدو الباغي، ووثب على المملكة، ونحّى عنها ولد الملك، ثم قتله، وأبطل أكثر قوانين الملك، وطرد خواصه، وألحق الذل بعشيرته، ورهطه، وأهل مودته، وسلط عليهم وعلى جميع الرعية رعاعه وسفلته، واستصفى أموالهم، ولم يألَ جهدًا في القتل والفساد والجور، ثم تألفت بعده عصابة يتسابقون إلى المدح والثناء على ذلك الرجل الباغي جهارًا، ويتهافتون على تعظيمه وستر عيوبه وفواقره ونهي الناس عن ذكرها، ويحثونهم على التكذيب بوقوعها مهما أمكنهم ذلك ويختلقون له المعاذير الواهية، ويرغبون إلى الملك أن يسبغ عليه إفضاله، ويجازيه بأحسن الجزاء على ما ارتكب من الفظائع في بيت الملك، وخاصته، ورعيته؛ لأنه واحد من جنده، واغتفروا له كل عظيمة في جنب هذه المقدمة العقيمة، وتصامموا وتعاموا عن ما أصاب الملك من هتك في أولاده، وذل في خاصته، وإفساد في رعيته، ومجاهرة بعصيانه، وإهدار لأحكامه، وإهانة لشرفه، ثم مع هذا يزعمون أنهم صاروا بعملهم هذا أخص الناس بالملك، وأطوعهم له، وأقربهم منه، والأحق بعنايته، وحلول نظره عليهم؛ لأنهم التزموا الأدب مع الملك في زعمهم بحفظهم حرمة جنده الذي ربما مشى في ركاب الملك أو قضى حاجة من طفيف حاجاته، فهم لذلك يرجون من الملك الجوائز، ويؤملون منه العطايا.

فهل ترى من عاقل على ظهر الأرض لا يقطع بحماقة أولئك القوم أو بمراغمتهم للملك؟ وكلا الأمرين ضلال ووبال، ولا حول ولا قوة إلا بالله.

والحاصل: أنّ كثيرًا من الأمة قد اتخذوا معاوية حبيبًا مودودًا، كما اتخذت بنو إسرائيل عجلًا معبودًا، ﴿كُتِبَ عَلَيْهِ أَنَّهُۥ مَن تَوَلَّاهُ فَأَنَّهُۥ يُضِلُّهُۥ وَيَهْدِيهِ إِلَىٰ عَذَابِ ٱلسَّعِيرِ ﴿٤﴾﴾ [الحج:4] وسينكشف لهم الغطاء، ويتبين الصواب من الخطأ، وستغشاهم الندامة إذا حشروا معه يوم القيامة، فإنّ المرء يحشر مع من أحب، وكفى بالمسلم خسارة أن يأتي ربه في زمرة إمامها معاوية الباغي، ووزيرها عمرو الطاغي، وينفصل عن عصابة قائدها محمد المصطفى، ووزيرها علي المرتضى، ﴿ مَثَلُ ٱلْفَرِيقَيْنِ كَٱلْأَعْمَىٰ وَٱلْأَصَمِّ وَٱلْبَصِيرِ وَٱلسَّمِيعِ ۚ هَلْ يَسْتَوِيَانِ مَثَلًا ۚ أَفَلَا تَذَكَّرُونَ ﴿٢٤﴾﴾ [هود:24]).

المبحث الثالث عشر

[دعوى وجوب بغض معاوية وإباحة لعنه توجب ارتكاب الحسن جريمة كبرى في تنازله عن الخلافة له]

إنّ دعوى وجوب بغض معاوية وإباحة لعنه تستلزم ارتكاب الحسن عليه السلام جريمة كبرى وخطيئة عظمى في تنازله عن الخلافة لمعاوية؛ ذلك لأنّ من يجب بغضه ويتقرب إلى الله بلعنه يحرم إعانته على ضلاله، فكيف بمبايعته أميرًا على المؤمنين في مشارق الأرض ومغاربها، لا ينفذ أمرٌ دونه، ولا يفتأت أحدٌ عليه(**)(237).

نقد السيد عبد القادر ابن يحيى

(**) ادعى الأستاذ أن دعوى وجوب بغض معاوية وإباحة لعنه تستلزم ارتكاب الحسن عليه السلام جريمة كبرى ... الخ، وحاشا لله من ذلك، وكأنه لم يرَ ما كتبه السيد من الجواب عن هذا الباب ص152 وما بعدها من «النصائح» [ص245-255].

---

(237) **قلتُ:** وقد ردّ العلامة ابن عقيل حجة المنتقد بخصوصها في كتابه «تقوية الإيمان»، وذلك في قوله (ص98): (قال المصانع في الصفحة 92: ومن كتاب التمهيد حاشية شرح العقائد: «**لا يجوز اللعن على معاوية؛ لأنّ عليًّا صالح معه**» كذا، ومنه أيضًا: «**أنّ الحسن بن علي صالح معه رضي الله عنه، ولو كان مستحقًّا للعن.. لكان لا يجوز الصلح معه**» انتهى.

وأقول: هذه العبارة فاسدة تركيبًا ومعنى، فهي من الخبط الظاهر، والخطأ الواضح، وإلا لامتنع لعن المشركين؛ لأنّ رسول الله صلى الله عليه وآله وسلم صالحهم، ولم يزل المسلمون يصالحون الكفار والخوارج ولا يرون الصلح مانعًا عن لعن الظالم والدعاء عليه).

وقد احتج الإمام ابن حزم بهذا على من يحصر - من الشيعة - الإمامة في العلويين بقوله [الفصل، (4/ 46)]: (لو كان الأمر في الإمامة على ما يقول هؤلاء.. لَمَا كان الحسن رضي الله عنه في سعة مِن أنْ يسلمها لمعاوية فيعينه على الضلال وعلى إبطال الحق وهدم الدِّين فيكون شريكه في كل مظلمة، ويبطل عهد رسول الله صلى الله عليه وآله وسلم، ويوافقه على ذلك الحسين أخوه رضي الله عنهما، فما نقض قط بيعة معاوية إلى أن مات، فكيف استحل الحسن والحسين رضي الله عنهما إبطال عهد رسول الله صلى الله عليه وآله وسلم إليهما طائعين غير مكرهين، فلما مات معاوية.. قام الحسين يطلب حقه؛ إذ رأى أنها بيعة ضلالة، فلولا أنه رأى بيعة معاوية حقًّا.. لما سلمها له، ولفعل كما فعل بيزيد إذ وُلي يزيد، هذا ما لا يمتري فيه ذو إنصاف، هذا ومع الحسن أزيد من مائة ألف عِنان يموتون دونه، فتالله لولا أنّ الحسن رضي الله عنه علم أنه في سعة من إسلامها إلى معاوية وفي سعة من أن لا يسلمها.. لما جمع بين الأمرين (**)، فأمسكها بستة أشهر لنفسه - وهي حقه - وسلمها بعد ذلك لغير ....

نقد السيد عبد القادر ابن يحيى

(**) فانظر أيها المطالع إلى ما قلته في الجواب عما في المبحث السابع من أنّ عليًّا لو ترك قتال الفئة الباغية لادعوا كذا لتحقق مصداقه في قول الأستاذ هنا، وتأمل صدق هذه الفراسة، ومن رأى جواب السيد عن هذه الشبهة.. اكتفى به فلا يحتاج بعده إلى سواه.

ضرورة(238)، وذلك له مباح، بل هو الأفضل بلا شك، لأن جده رسول الله

(238) **قلتُ**: قال العلامة ابن عقيل [النصائح، (ص244)]: (وأنّ تسليم الحسن عليه السلام غير مبرر له [أي: معاوية]؛ **لأنه لم يسلمه إلا مضطرًا صونًا لدماء المسلمين** [ينظر أحكام القرآن لابن العربي، (4/ 151)]، وآخذًا بأخف الضررين، وأهون الشرّين، علمًا منه أنّ معاوية مصرٌّ على قتال وسفك الدماء، فكان من رأيه تسليم الأمر، وحقن دماء المسلمين، وتحقق بذلك قول جده صلى الله عليه وآله وسلم: «**إِنَّ ابْنِي هَذَا سَيِّدٌ وَلَعَلَّ اللهَ أَنْ يُصْلِحَ بِهِ بَيْنَ فِئَتَيْنِ عَظِيمَتَيْنِ مِنَ الْمُسْلِمِينَ**»، فالحسن مثاب بهذا الصلح مصيب به، ومعاوية مخطئ معاقب عليه ممقوت به ولا كرامة).
وقال العلامة ابن عقيل [تقوية الإيمان، (ص62)]: («**تنبيه**» إنّ الخليفة الحق لا يملك الخلافة كما يملك المتاع يسوغ له أن يتنازل عنه لمن شاء، بل الخلافة منصب ديني كبير لا يتحلى به إلا المتأهل له المجتمعة فيه شروطه المشهورة.
وانعقاد الخلافة للإمام الحسن محقق لاستحقاقه لها واجتماع الشروط فيه ومبايعة أهل الحل والعقد له، فنزوله عنها لا يصح إلا لنحو جنون أو برضاء تام، ولم يكن من هذا قطعًا.
وقد كان تنازل الحسن عليه السلام كرهًا إجماعًا، فلا حكم له، وخلافته الشرعية باقية كما هي وحقوقه ثابتة لم يمح منها الإكراه شيئًا.
ومن المقطوع به أنّ كبير دعاة النار أبعد خلق الله عن استحقاقه خلافة نبيه الداعي إلى الجنة، فلم يزدد معاوية إلا بعدًا عن الله وتوغلًا في العصيان بما صنع، وجميع هذا واضح.
ومن هنا ساغ للحسن عليه السلام ما اشترطه من الأموال؛ لأنه وإن منع عن التصرف كرهًا.. يجب عليه أن يبذل كل جهده في نفع المسلمين، واستخلاف ما أمكنه واستخلاص ما أمكنه استخلاصه من حقوقهم وأموالهم بأي وسيلة أمكنت، تحت أي اسم كان ليضع ما تمكن من استخلاصه في موضعه الذي أمر الله به.
ومعاوية ممن لا يجوز ائتمانه على أمر ما من أمور المسلمين بعد ظهور ما ظهر منه، فمن ائتمنه بعد ذلك طائعًا.. كان من أكبر الخائنين الغاشين للأمة الملعونين على لسان محمد صلى الله عليه وآله وسلم، وحاشا لله أن يكون من أولئك ابن النبي وريحانته، ومن يخن الأمة ينعزل بخيانته عن ولايتها عند كثيرين، وقد استدلوا بأحاديث صحيحة لا سبيل لتطرق التهمة إلى رواتها؛ لأنها ضد ما يميل إليه ذوو الشوكة، وخزّان الأموال، ومن العجيب قولهم إنّ حاضن الصبي ينعزل بفسقه، ثم يزعمون أنّ متولي أمور الأمة لا ينعزل وإنْ جمع أشتات الفسوق، ولهذه المباحث بسط أودعناه مفرقًا في «ثمرات المطالعة»).
أي قوله رضي الله عنه [ثمرات المطالعة، (1/ 143)]: (قد يكثر خوض بعضهم في مصالحة الحسن عليه السلام معاوية لعنه الله، وقد تكلمنا على ذلك في «النصائح الكافية» [ص245-255] بما هو كافٍ، ولا بأس بأن نقول:
إنّ انعقاد البيعة للإمام الحسن عليه السلام واستحقاقه للخلافة مما لا يشك فيه مسلم، وإذا ثبت ذلك.. لم يصح نزوله إلا إذا جنّ أو عمي وإلا برضاه، وكل ذلك لم يقع شيء منه، فمصالحته =

صلى الله عليه وآله وسلم قد خطب بذلك على المنبر بحضرة المسلمين، وأراهم الحسن معه على المنبر وقال: «**إِنَّ ابْنِي هَذَا سَيِّدٌ، وَلَعَلَّ اللهَ أَنْ يُصْلِحَ بِهِ بَيْنَ طَائِفَتَيْنِ مِنَ الْمُسْلِمِينَ**» رويناه من طريق البخاري، وهذا من أعلامه صلى الله عليه وآله وسلم وإنذاره بالغيوب التي لا تعلم البتة إلا بالوحي) اهـ كلام ابن حزم رحمه الله.

معاوية لم تسقط حقًّا من حقوقه الثابتة شرعًا، ولم تسوغ لعدو الله معاوية شيئًا مما كان ممتنعًا عليه قبلها، وهذا مما لا مرية فيه عند من أنصف؛ لأنّ الإمام الحسن إنما ألجئ إلى المسالمة التجاءً لتخاذل أصحابه واضطغان أكثرهم وميلهم إلى دنيا معاوية، وقد راسل كثيرٌ منهم معاوية ليغدروا بالحسن حتى صار الحسن في تعب وخوف من أصحابه لا يأمنهم على نفسه وماله سيما بعد وثوبهم به وفعلهم ما فعلوا، وقد أشار المختار على عمه سعد بن مسعود أنْ يوثق الحسن ويسير به هدية إلى معاوية، فاضطر الحسن لما صنع إبقاء على أرواح أهل البيت وشيعتهم، ثمّ إنّ الخلافة ليست سلعة تنتقل من مالك إلى آخر متى تم العقد والرضى بالثمن، فما يزمّر به أمثال ابن حجر وابن تيمية كله تضليل وبهرجة، فإنّ نفاق معاوية وعدم أهليته لأنْ يؤتمن على شيء ما من أمور المسلمين من الأمور المقطوع بها، فلو فرضنا المحال وقلنا أنّ الحسن عليه السلام – وحاشاه – قد رضي وفوض إليه شيئًا من أمور المسلمين.. لعلمنا أنّ ذلك لا يصح البتة، ولكن المفوض يصير بتفويضه خائنًا للمسلمين فينعزل عند من يرى انعزال الإمام بالفسق؛ وهو ظاهر الأدلة؛ إذ العدالة عند أصحابنا شرط حتى في حضانة طفل من حواشي الأمة على الأصح وينعزل الحاضن بفسقه، فهل يعقل أن يكون أمر الأمة ودينها أهون من أمر طفل؟!

فعلى كل تقدير لم يزدد معاوية إلا بعدًا عن الدين بتلك الموادعة، ولم يزدد حق الحسن على المسلمين إلا تأكّدًا وقوة، وهذا أمر ظاهر لمن لم يعمه الهوى والغرض، فتأمل ما سطرناه بإنصاف.

أما أخذ الحسن عليه السلام العطاء أو الجوائز أو اشتراطه على معاوية خراج بعض النواحي.. فكل ذلك من الحق الذي لا مرية فيه؛ لأنه يجب على الحسن لكونه الإمام الحق أنْ يوصل ما قدر على إيصاله من الحقوق للمستحقين بأي وسيلة وعلى أي صفة وتحت أي اسم، ومن منا يشك أنّ كل دانق من الأموال التي وقعت في كف الحسن عليه السلام لم يُبذل إلا في حب الله تعالى ومرضاته وفي أحسن موقع، وعليه فالواجب المتعيّن على الإمام الحسن السعي والاجتهاد في استخلاص كل ما يقدر على استخلاصه من الأموال من يد ذلك الطاغية ليبذلها في خير موضع؛ لأنّ الحسن لم يستلم إلا بعض ما يستحقه ولم يبذل ما استلمه إلا في نصابه، فتأمل).

المبحث الرابع عشر

[بحث مهم جدًا عن سبب ترك البخاري الرواية عن الإمام جعفر الصادق والجواب عن أبيات نظمت في ذلك ومنه يعلم سر عدم الرواية لكثير من الأئمة في الصحاح والمسانيد والسنن]

مما جاء في رسالة صاحبنا السيد ابن عقيل التحامل على البخاري رحمه الله في عدم روايته عن الإمام جعفر الصادق رضي الله عنه وتخريجه حديثه، وعبارته(239): (احتج الستة في صحاحهم بجعفر الصادق إلا البخاري؛ فكأنه اغترَّ بما بلغه عن ابن سعد وابن عياش وابن القطان في حقه، على أنه احتج بمن قدَّمنا ذكرهم (240)، وهنا يتحير العاقل، ولا يدري بماذا يعتذر عن البخاري رحمه الله، وقد قيل في هذا المعنى شعرًا:

قضيـــــــةٌ أشـــبَهُ بالمرزئـــــه	هـــذا البخـــاري إمـــام الفئـــه
بالصـادق الصـدّيق مـا احـتجَّ في	صـــحيحه واحـــتجَّ بالمرجئـــه
ومثـل عمـران بـن حطـان أو	مـــروان وابـــن المـــرأة المخطئـــه
مشـــــكلة ذات عــــوار إلى	حـــيرة أربـــاب النهـــى ملجئـــه
وحـــق بيـــت يممتـــه الـــورى	مغـــذة في الســـير أو مبطئـــه

(239) صحيفة (89) «القاسمي».

(240) في النصائح زيادة وهي قوله: (أي بعض شياطين النواصب ومنافقيهم).

إنَّ الإمــام الصــادق المجتبـى ... بفضـله الآي أتـت منبئـه

أجـل مـن في عصـره رتبـة ... لم يقـترف في عمـره سـيئه[241]

قلامـة مـن ظفـر إبهامـه ... تعدل من مثـل البخـاري مائـه)[242]

اهـ كلامه.

ونحن نقول: إنّ التحاملَ على البخاري بمثل هذا الكلام لا تنهجه الحكماء، ولا تسلكه العلماء في آداب المناظرة، وهذا التحامل منظور فيه من وجوه:

«**الأول**» أن كون البخاري اغترّ بمن توقف في الرواية عن الإمام جعفر عليه السلام تهجّمٌ على الغيب؛ إذ لا يطلع على مثله مِن نيته إلا علّام الغيوب، أو يكون أثر عنه في مؤلفاته ذلك، وإلا فمِن الفرية على المرء أن يتقول عليه ما لم يقله[243].

«**الثاني**» لو صح ما ذكر.. للزم أنْ يكون كل من لم يروِ له البخاري مجروحًا بنظره؛ كالشافعي وأحمد ونحوهما، فإنّ البخاري لم يخرج لهما حديثًا في صحيحه،

(241) **قلتُ**: لا إشكال في هذا البيت، ولا يلزم منه القول بالعصمة كما زعم العلامة ابن عبيد الله السقاف [بضائع التابوت، (1/ 43)]، فإنّ قد يكون حفظًا، ومِن العجيب ادّعاء كثير من الصوفية الحفظ لكثير مِن متأخري علمائهم حتى عن فعل المكروه ثم نراهم يستبعدون ذلك مِن الإمام الصادق عليه السلام! وما ذلك إلا لتعلق كثير منهم بالمتأخرين من رموزهم أكثر من المتقدمين.

(242) ديوان ابن شهاب (ص80)، **قلتُ**: ولا إشكال أيضًا في هذا البيت، فإنه لا يعادل البضعة الشريفة شيء.

(243) **قلتُ**: ليس هذا تهجم على الغيب، بل هو قول إمام المنتقد الذي يحتج به في كل مسألة إلا هنا، قال العلامة ابن عقيل [العتب الجميل، (ص151)]: (وقد توهم بعض إخواننا أحسن الله إلينا وإليهم أنّ عدم رواية البخاري في صحيحه عن جعفر الصادق كانت اتفاقية أو لعذر آخر، وغفلوا عما صرح به ابن تيمية الحراني في «منهاجه» من ارتياب البخاري في الصادق [أي قوله (7/ 533): «وقد استراب البخاري في بعض حديثه لما بلغه عن يحيى بن سعيد القطان فيه كلام فلم يخرج له»]، ومَن عرف أنّ البخاري قد روى عن جعفر الصادق في «تاريخه» وعرف مَن هم الواسطة بين البخاري وجعفر.. لم يُتعب نفسه في التمحلات، وإنا لله وإنا إليه راجعون).

مع أنهما من رجال الرواية، ولا سيما الإمام أحمد ولا قائل بأنّ البخاري يرى جرحهما، فما يجاب عنه فيهما يجاب عنه في الإمام جعفر(244).

«**الثالث**» اتفقوا على أن لا ملام على إمام في اجتهاده، والبخاري من كبار الأئمة المجتهدين فهب أنه اجتهد في رواية جعفر، فإن أخطأ كان مأجورًا معذورًا(245).

«**الرابع**» قد يترك جامع المسند الرواية عمن غلب عليه الفقه؛ لأنّ شهرة الراوي بالرواية والحفظ تدعو لتحمل طالب الحديث عنه، وكتابة حديثه أكثر من التحمل عمن اشتهر بالفقه، ومن ذلك ترك البخاري وأمثاله الرواية عن أبي يوسف ومحمد بن الحسن وأمثالهم، وقد يكون من هؤلاء في نظره الإمام جعفر، فلا يلزم من ترك الرواية عنه جرحه(246).

«**الخامس**» قد يترك المحدث الرواية عن راوٍ لراو آخر في طبقته، إما لأنه يراه فوقه في العلم، أو أنّ ما عنده أضبط وأسدّ(247)، أو أنّ في سنده علواً(248)، أو نحو ذلك مِن مقاصد المتحمّلين(249)، وكله مما لا حرج فيه ولا يستلزم الغض

(244) هذا اللازم باطل، فلم يطعن أحد من أئمة المحدثين في الشافعي وأحمد مثلما طعنوا في الصادق عليه السلام حتى يُلزم العلامة ابن عقيل بذلك، إضافة إلى أنّ لازم المذهب ليس بمذهب!

(245) لم يدّعِ العلامة ابن شهاب في أبياته أنّ البخاري عاصٍ فيما فعل حتى يُجاب بما ذكره المنتقد، وإنّما استشكل ما أدّاه إلى ذلك الاجتهاد.

(246) لم يدّعِ العلامة ابن عقيل اللزوم، وإنما احتج بما نقله ابن تيمية، وكفى به حجة على المنتقد.

(247) ومن هذا الذي يدعيه المنتقد أضبط وأسد رواية من الإمام الصادق عليه السلام؟ أما إن كان يقصد ضبط من روى عنه إذ منهم من روى عنه المناكير .. فغير دافع للإشكال؛ إذ كان بإمكانه الرواية عن الضابط الصادق منهم كما فعل مسلم في صحيحه، ينظر «الثقات» لابن حبان (6/ 132)، و«تهذيب التهذيب» (2/ 104).

(248) لا أدري أي علو أعلى من علو الصادق عليه السلام في زمانه وبينه وبين النبي صلى الله عليه وآله وسلم اثنان!

(249) **رأيتُ بعد كتابة ما تقدم في مجاميع المكتبة العمومية عندنا في دمشق عدد 25 رسالة للخطيب البغدادي في الاحتجاج بالشافعي، قال فيها: (إنّ البخاري أخرج في صحيحه عن بعض**
=

من سالك سبيله؛ لأنه سبيل مشروع ومنهج متبوع.

قال الإمام ابن حزم في «الفصل» في الرد على الإمامية الذين يرون العلوية أفضل معاصريهم ما مثاله [4/ 87]: (وكذلك لا يجدون لجعفر بن محمد بسوقًا في علم ولا في دين ولا في عمل على محمد بن مسلم الزهري، ولا على ابن أبي ذؤيب، ولا على عبد الله بن عبد العزيز بن عبد الله بن عبد الله بن عمر، ولا على عبيد الله بن عمر وبن حفص بن عاصم بن عمر، ولا على ابني عمه محمد بن عبد الله بن الحسن بن الحسن، وعلي بن الحسن بن الحسن بن الحسن، بل كل ما ذكرنا فوقه في العلم والزهد، وكلهم أرفع محلًا في الفتيا والحديث، لا يمنع أحد منهم من شيء من ذلك) اهـ بحروفه(**).

نقد السيد عبد القادر ابن يحيى

(**) وقد نقل الأستاذ نفسه في مسألة الإشهاد على الطلاق - رسالة له - كلامًا هذا نصه بالحرف: (قال الإمام الشافعي في رسالته: وجدت علي بن الحسين - زين العابدين - أفقه أهل المدينة، وقال ابن تيمية: (وهو من كبار التابعين وساداتهم علمًا ودينًا، وكان ابنه أبو جعفر يُعدّ أعلم أهل زمانه، لُقّب باقرًا؛ لأنّه بَقَرَ العلم؛ أي: شَقَّهُ، فعرف أصله وخفيه، وأمّا ابنه الإمام جعفر الصادق.. فقد ملأ الدنيا علمُه وفقهه، ويقال أنّ أبا حنيفة من تلامذته وكذلك سفيان الثوري، وحسبك بهما)، وفي الحاشية: (قال ابن أبي الحديد في شرح «النهج» بعد نقل ما ذكر: (ولذلك نسب سفيان إلى أنه زيدي المذهب وكذلك أبو حنيفة)، راجعه في المجلد 3 ص482، وقال ابن تيمية في «المنهاج»: (وهؤلاء الثلاثة أُخذ عنهم من العلم ما يذكر به أخبارهم في كتب المشهورين وتواريخهم، وتوجد أحاديثهم في الصحاح والسنن والمسانيد، وتوجد فتاويهم في الكتب المصنفة في فتاوى السلف، مثل

المذكورين في تاريخه، وسبيل من ترك الإخراج عنه سبيل ما ترك من الأصول، إما أن يكون الراوي ضعيفًا ليس من شرطه، أو يكون مقبولا عنده أو أنه عدل عنه استغناء بغيره)، ثم قال: (والذي نقول في تركه الاحتجاج بحديث الشافعي إنما تركه لا لمعنى يوجب ضعفه لكن غنى عنه بما هو أعلى منه) اهـ «القاسمي».

وثمة وجوه أخرى وأعذار أربابها أبصر بها ولا يحتج على البخاري برواية غيره عن الإمام جعفر؛ لأنّ لكل وجهة، وما كلُّ فاضلٍ يُكلَّف المحدِّثُ الرواية عنه أو له، ما دام لا هيمنة ولا سيطرة على الأذواق والمشارب بالإجماع.

نقد السيد عبد القادر ابن يحيى

كتب ابن المبارك وسعيد بن منصور وعبد الرزاق وأبي بكر بن أبي شيبة وغير هؤلاء).

إن عـد أهـل التقـى كـانوا أئمـتهم أو قيـل مـن خير أهـل الأرض قيـل هـمُ

مقـدم بعـد ذكـر الله ذكـرهم في كـل بـدء ومختـوم بـه الكلـم

انتهى ما نقل الأستاذ هناك بالحرف، ونحن نكتفي به ردًّا لما جاء به هنا، ولا نَنقلُ بما يدل على تكذيب ما ذكر ابن حزم غير ما نقله مختار أقواله، والإمام الصادق غنيٌّ بفضله وجلالة مرتبته في قلوب المؤمنين عن التعريف له بأقوال غيره.

فهل بعد هذا يجوز له - أي: المنتقد - أن يأخذ أو يؤخذ بما نقله مُتحمِّسًا - كأنه في زحف الصفوف مسايفًا العدو - عن ابن حزم من الغَضِّ من هذا الإمام العظيم الذي اعترف بفضله المؤالف والمخالف؟ أكلٌّ من ذكر الإمام ابن حزم فوقه في العلم والزهد وكلهم أرفع محلاً في الفتيا والحديث؟ لعنة الله على الكاذبين.

أمَا قدر على دفع تحامل السيد إلا بتحامل ابن حزم على هذا الإمام الجليل الواجبة مودّته وولايته على كل أهل الإيمان والإسلام؟ أهذه المودة في القربى التي أُمر بها؟ أيرسل هذا القول إرسال المسلمات؟ أتنقل له ما قاله ابن حزم الناصبي في حق علي وتكفير أئمة الأشعريين وتفضيل نساء النبي صلى الله عليه وآله على جميع الأصحاب وتشيعه ليزيد وغير ذلك؟ انظر ما نقلناه عنه ص21، تالله لا يساوي بالصادق أحدًا من عصره إلا مَن نَفَثَ الشيطان في نفسه روح التعصب وأشرب قلبه حب التنصب، وقَرَنَ لَعِينَ رسولِ الله وابن لَعِينِهِ بقاضي دَينه وأمينه، وبفضل هذه الفلسفة لا يبعد أنْ يفضل عمران ابن حطان والخوارج على أهل البيت؛ استنباطًا من الكتاب والسنة؛ لأنّ أولئك غضبوا لله وبذلوا أنفسهم في سبيله ونصرة دينه، وهؤلاء ادعوا غير مقامهم وتولوا غير إمامهم، وآووا المُحْدثين، وأعانوا الظالمين، وقتلوا المسلمين كما ذكر ابن حزم في مساوي علي، نعوذ بالله من الخذلان).

وأما احتجاج البخاري بالمرجئة.. فإنه لم يحتج بهم ويرو لهم لهذا العنوان – أعني الإرجاء – وإنما خرَّج رواية الصدوق الثبت منهم، وهذا ما يهم الراوي والمتحمل مهما كان مذهب المروي عنه ومشربه.

وأمَّا احتجاجه بعمران بن حطان مع أنه من كبار الخوارج.. فلما ذكرنا من الصدق في الحديث، والتوقي في الرواية والأمانة العظمى، وما قولك فيمن يرى الكذب كفرًا(250)، وأمَّا مآتيه وعقده.. فحسابه على ربه(251).

وأمَّا مروان.. فقد قال عروة ومقامه في التابعين معروف: ....

---

(250) قال بدر الدين العيني [عمدة القاري، (22/ 13)]: (قال بعضهم: إنما أخرج له البخاري على قاعدته في تخريج أحاديث المبتدع إذا كان صادق اللهجة متدينا انتهى. **قلتُ**: ليس للبخاري حجة في تخريج حديثه، ومسلم لم يخرج حديثه، **ومن أين كان له صدق اللهجة وقد أفحش في الكذب في مدحه ابن ملجم اللعين؟** والمتدين كيف يفرح بقتل مثل علي بن أبي طالب رضي الله عنه، حتى يمدح قاتله؟).

قال العلامة ابن عقيل [العتب الجميل، (ص221)]: (وقال في «تهذيب التهذيب» [6/ 235] بعد أنْ ذكر مقال ابن أبي داود السابق نقله في المقدمة [أي: قوله: «ليس في أهل الأهواء أصح حديث من الخوارج»] وردّه كما تقدم بيانه [ص122] قال: «وقال العقيلي: عمران بن حطان لا يتابع، وكان يرى رأي الخوارج، يُحدِّث عن عائشة ولم يتبين سماعه منها» انتهى، ثم قال: «وكذا جزم ابن عبد البر بأنه لم يسمع منها» انتهى بتصرف، **قلتُ**: لعل الشيخ يشير إلى ما نقله من أنّ الخوارج كانوا إذا هووا أمرًا.. صيروه حديثًا فتأمل، والمنافق إذا حدّث كذب، وإذا ائتمن خان، وما أبعد العدالة عمن هذه سجيته وشأنه).

وقال في نقده لـ «منهاج السنة» [ثمرات المطالعة، (3/ 8-9)]: (والخوارج كلاب النار منافقون، ﴿وَٱللَّهُ يَشْهَدُ إِنَّ ٱلْمُنَٰفِقِينَ لَكَٰذِبُونَ ①﴾ [المنافقون:1] وآية المنافق أنه إذا حدث كذب، وكل خارجي ناصبي مبغض لعلي منافقٌ، ولا عكس، وهيهات أن يصدق المؤمن ابن تيمية الناصبي ويكذب نبيه الذي لا ينطق عن الهوى).

(251) قال المبرد في «الكامل»: (وكان عمران بن حطان في وقته شاعر قعد لصفرية ورئيسهم ومفتيهم، وللرهين المرادي، ولعمران بن حطان مسائل كثيرة من أبواب العلم في القرآن والآثار، وفي السير والأحكام، وفي الغريب، والشعر) اهـ ، وقال أبو الفرج الأصفهاني في ترجمته في «الأغاني» : (كان عمران من القَعَدة – بفتحات – لأن عمره طال فضعف عن الحرب وحضورها، فاقتصر على الدعوة والتحريض بلسانه، وقد أدرك صدرًا من الصحابة، وروى عنهم، وروى عنه أصحاب الحديث، وأصله من البصرة). اهـ «قاسمي».

(لا يتهم مروان في الحديث)(**)(252).

وأما ابن المرأة المخطئة فيعني به الناظم – غفر الله له – معاوية ويشير إلى أمّه هند في خطئها في قصة سيد الشهداء حمزة – رضي الله عنه – وما وقع منها في جاهليتها، إلا أنَّ الناظمَ فاته أنَّ الإسلام يَجُبُّ ما قبله؛ لأنّ الإسلام بسماحته ودعوته إلى الصفح والعفو يتناسى ....

نقد السيد عبد القادر ابن يحيى

(**) وفي هذا الفصل ذكر شهادة عروة بن الزبير بتعديل مروان، ولم يذكر شهادة علي في تجريحه، وأظنك اطلعت على ترجمة مروان بن الحكم فلا نطيل المناقشة بشأنه (253).

(252) **وأقول**: وكيف يكون مروان عدلًا وهو الذي قتل طلحة رضي الله عنه، قال الحافظ [الفتح، (7/ 82)]: (جاء من طرق كثيرة أنّ مروان بن الحكم رماه [أي طلحة] فأصاب ركبته، فلم يزل ينزف الدم منها حتى مات)، وقال [5/ 313]: (مروان لا يصح له سماع من النبي صلى الله عليه وآله وسلم ولا صحبة)، وقال العلامة ابن عقيل [ثمرات المطالعة، (2/ 120)]: (**قلتُ**: ومروان ممن يلعنهم الإمام علي عليه السلام في الصلاة ويلعنونه)، وينظر الباب ال19 من «الثمرات» في مثالب مروان بن الحكم (1/ 12).

(253) ينظر «العتب الجميل» (ص195–198)، وفيه قوله: (فتعديل مثل مروان تفريط واضح، ومما يحير منه العاقل المتدين رواية البخاري عن مروان وأشباهه وترفعه عن الرواية عن وارث علوم النبي صلى الله عليه وآله وسلم جعفر الصادق، ولله قول القائل:

وحيـث تركنـا أعـالي الـرؤوس نزلنـــا إلى أســفل الأرجـــل)

أمثال ذلك ولا يذكرها(254).

(254) **قلتُ**: يرى العلامة ابن عقيل أنّ الإسلام لا يجُبّ ما قبله مطلقًا، قال رحمه الله بعد ذكره حديث البخاري رقم6921 «مَنْ أَحْسَنَ فِي الإِسْلَامِ.. لَمْ يُؤَاخَذْ بِمَا عَمِلَ فِي الجَاهِلِيَّةِ، وَمَنْ أَسَاءَ فِي الإِسْلَامِ.. أُخِذَ بِالأَوَّلِ وَالآخِرِ» [ثمرات المطالعة، (2/ 137)]: (**أقولُ**: الإسلام توبة، فما تاب عنه العَبد توبة مستكملة.. غفر الله له، فمن أسلم إسلامًا صحيحًا كاملًا يشمل تصميمه على عدم العود إلى ما نهى الله عنه.. خرج من ذنوبه كيوم ولدته أمه، **ومن أسلم إسلامًا صحيحًا إلا أنه لم يزل مصرًّا على ما هو عليه أيام كفره من الاعتقادات الباطلة والفواحش التي لا تكفير فيها؛ كبغض علي وأهل البيت عليهم السلام أو الزنا أو شرب الخمر أو نحو ذلك.. فالظاهر عندي أنّ إسلامَه هذا لا يجُبُّ ما قبله مِن المعاصي التي لا يزال مصرًّا على ارتكابها بعد إسلامه**، ولكنه يجُبّ ما تَفصل عنه من الشرك أو تكذيب المعصوم فقط وهذا ظاهر فراجعه)، وقد رجّح هذا القول الحليمي من الشافعية، **أما دعوى الإجماع بأنّ الإسلام يجب ما قبله مطلقًا.. فقد ردّه الحافظ في «الفتح»** (12/ 266-267).

وقال العلامة ابن عقيل [ثمرات المطالعة، (ص54)]: (وذكر ابن عبد البر في الاستيعاب [1/ 373] أنّ هندًا بقرت عن بطن حمزة وجعلت تلوك كبده ثم لفظتها، فقال النبي صلى الله عليه وآله وسلم: «لَو دَخَلَ بَطْنَهَا.. لَمْ تَدْخُلِ النَّارَ» انتهى، **قلتُ**: **ويفهم من هذا أنّ هندًا من أهل النار**، أعاذنا الله منها).

خاتمة

[في أنّ خلاصة البحث موافقة السلف في قبول مرويَّات معاوية ومن كان معه من الصحب، والرد على كثير من الحشوية الذين لا يفاضلون بين الصحب، وتبرؤ المؤلف ممن ظهر كيدهم للسلالة الطاهرة، وسوق جملة من رسالة للخوارزمي في وصف اضطهاد العلويين في العصور الغابرة وما كان عليه المتغلبة عليهم من الشوائن الظاهرة]

خلاصة بحثنا كله هو في موافقة ما ذهب إليه السَّلف الصالح قاطبة مِن قبول مرويات معاوية ومن كان معه من عقلاء الصحابة وأكابرهم؛ كما قدمنا(255).

إلا أنَّ ههنا أمرًا لا بدَّ من التنبيه عليه؛ وهو أنَّ كثيرًا من المتأخرين يحسبون أنَّ قبول مروي معاوية ومن معه أو تأويل ما كان منهم يلحقهم بالمهاجرين أو الأنصار، أو يسويهم في مرتبة الصحبة، ومزية الفضيلة والتفاضل، كلا ثم كلا، فإنَّ رفع التفاضل بينهم جهلٌ محضٌ وضلالٌ بيِّنٌ، فللصحابة - رضوان الله عليهم - مراتب ومنازل، وقد فضَّل الله بعضهم على بعض ونفى المساواة بينهم في باب التفاضل، وإنْ وعد الجميع المثوبة فقال سبحانه: ﴿وَمَا لَكُمْ أَلَّا تُنفِقُوا۟ فِى سَبِيلِ ٱللَّهِ وَلِلَّهِ مِيرَٰثُ ٱلسَّمَٰوَٰتِ وَٱلْأَرْضِ ۚ لَا يَسْتَوِى مِنكُم مَّنْ أَنفَقَ مِن قَبْلِ ٱلْفَتْحِ وَقَٰتَلَ ۚ أُو۟لَٰٓئِكَ أَعْظَمُ دَرَجَةً مِّنَ ٱلَّذِينَ أَنفَقُوا۟ مِنۢ بَعْدُ وَقَٰتَلُوا۟ ۚ وَكُلًّا وَعَدَ ٱللَّهُ ٱلْحُسْنَىٰ ۚ وَٱللَّهُ بِمَا تَعْمَلُونَ خَبِيرٌ ﴿١٠﴾﴾ [الحديد:10] ولا أسمج، بل لا أجهل من حشوي يرى معاوية كأبي بكر أو

(255) هناك من الصحابة والتابعين ومحدِّثي السلف مَن لا يقبل مرويات معاوية. «السيد حسن السقاف».

علي في درجة الصحبة وما يتبعها، بحيث يُدلي بنفسه إلى إحلالهما في محلٍّ واحد، وإنزالهما في مستوى واحد، لاسيما إذا اتكأ على شمول الصحبة، وهذا ما يُثير أقلام كثير من المتحسسين، حتى يأخذهم من جرَّاءه المقيم المقعد - والحق لهم - وهذا ما حدا بعض اليمنيين إلى منع الترضي عن معاوية؛ لأنَّه صار - بزعمه - شعاراً لكبار الصحب، إلا أنَّ مثل هذا التضييق في الدعاء من باب تحجير الواسع، وقد طلب الدعاء بالمغفرة والرحمة لأموات المسلمين في الصلاة على جنائزهم، والدعاء بذلك طلب لرضاء الله عن المدعو له، فالتحريج إلى مثل هذا الحد غلوٌّ غير مقبول لا يساعده معقول ولا منقول.

وبالجملة فالتسوية منفية بنص الكتاب العزيز، وإعطاء كل ما يستحقه من المقام قيامٌ بأدب من آداب التنزيل الكريم المأمور بها، ومنه وجوب تعظيم آل البيت الطاهرين، ومحبتهم وإكرامهم، وإحلالهم في المكان الأسمى من التكريم، والنصوص في ذلك جَمَّةٌ متواترةٌ.

قلنا: إنَّ بحثنا كلَّه في معاوية ومن كان معه من أكابر الفضلاء الذين قَبِل السَّلف مرويَّهم، وأمَّا مَن بعد معاوية مِن الذين ظهر كيدهم ومكرهم وعضُّهم على الملك وإيذاء السلالة الطاهرة من الأمويين والعباسيين.. فأولئك يعصمنا الله من موالاتهم، أو أن يُلِمَّ بنا طيفٌ من ذلك، بل نبرأ إلى الله من ضلالهم، وما اقترفوه من سيء أعمالهم(**).

نقد السيد عبد القادر ابن يحيى

(**) ما أحسن هذه الخاتمة يبرئ معاوية وعُمّاله مما فعلوا من الجرائم والعظائم ويسأل الله العصمة من أن يتولى أحدًا ممن جاء بعدهم يسلك سبيلهم مع العترة الطاهرة، كأنّ الذي يسمع النص الصريح بوجوب الولاية وغيرها ثم يخالفه معذور، والذي يأتي بعده ويفعل دون فعله من أهل الثبور، ومتى كان عند الله هذه المداجاة في الحكم أو الهوادة مع الظالمين.

تالله، لولا التقليد لقال أو علم أنه ما أهريقت محجمة دم للهاشميين بأيدي

وقد وصف الأديب أبوبكر الخوارزمي بعضًا مِن مخازيهم – عليهم ما يستحقون – بقوله: (يُجبَىٰ فَيئُهم فَيُفَرَّق علىٰ الديلمي والتتري، ويُحمل إلىٰ المغربي والفرغاني(**)، ويموت إمامٌ من أئمة الهدىٰ، وسيد من سادات بيت المصطفىٰ فلا تتبع جنازته، ولا تجصص مقبرته، ويموت ماجنٌ لهم أو لاعب، أو مسخرة أو ضارب، فتحضر جنازته العدول والقضاة، ويعمر مسجد التعزية عنه القواد والولاة[256]، ويَسْلم فيهم من يعرفونه دهريًّا أو سوفسطائيًّا، ويقتلون مَن عرفوه شيعيًّا أو سمَّىٰ ابنه عليًّا[257]، ....

نقد السيد عبد القادر ابن يحيى

الأمويين والعباسيين ومن جاء بعدهم إلا وهي في عُنق معاوية، ولا ينقص ذلك من أوزارهم شيئًا.

(**) إلىٰ آخر ما ذكر من المعائب الشنيعة والقبائح الفظيعة التي أسسها طاغية الإسلام وحزبه ومالأهم عليهما علماء السوء بفتاويهم، ففعلوا بأقلامهم ما لم يفعل أولئك بسهامهم، عاملهم الله جميعًا بما يستحقون، وما عليك أيها المؤمن الباحث عن الحقيقة إلا أن تطالع «النصائح الكافية» وتنهل العذب الفرات من معين عينها الصافية، ثم طالع هذا النقد والتفنيد، واعتق رقبتك من رقّ التقليد، واتبع ما يدلك عليه البرهان، ويقودك إليه الإيمان، وانظر هل تتولىٰ عليًّا أو معاوية، والحسين أو يزيد، نسأل الله تعالىٰ أن يعصمنا من موالاة أعدائه ومعاداة أوليائه، وأن يلهمنا مودة مَن أمرنا بمودتهم، ويحشرنا يوم القيامة تحت لـوائـهـم،

(256) قال العلامة ابن عقيل [العتب الجميل، (ص251)]: (وذكر الصفدي في «نكت الهميان» [ص64] في ترجمة إبراهيم بن سعيد بن الطيب الرفاعي أنه نزل في الزيدية من واسط وهناك تكون الرافضة والعلويون فنسب إلىٰ مذهبهم ومُقت وجفاه الناس، ثم قال «توفي سنة إحدىٰ وعشرين وأربعمائة، ودفن مع غروب الشمس ولم يكن معه إلا اثنان وكادا يُقتلان، وكان غاية في العلم، ومن غد ذلك النهار توفي رجل من حشو العامة فأغلقت البلد من أجله»).

(257) قال العلامة ابن عقيل [العتب الجميل، (ص251)]: (وجاء في «تهذيب التهذيب» [5/ 683] في ترجمة عُلَي بن رباح ما لفظه: «قال الليث: قال علي بن رباح: لا أجعل في حلّ من سماني عَليًّا فإنّ اسمي عُلَي، وقال المقري: كان بنو أمية إذا سمعوا بمولود اسمه علي.. قتلوه، فبلغ ذلك رباحًا فقال: هو عُلَي، وكان يغضب مِن عَلِي ويحرّج علىٰ مَن سماه به» انتهىٰ).

يقتلون بني عمهم جوعًا وسغبًا، ويملأون ديار الديلم فضةً وذهبًا، يستنصرون المغربي والفرغاني، ويجفون المهاجري والأنصاري، ويولون أنباط السواد وزارتهم، وقلف العجم والطماطم قيادتهم، ويمنعون آل أبي طالب فيء جدهم، يشتهي العلوي الأكلة فيحرمها، ويقترح على الأيام الشهوة فلا يطعمها، وخراج مصر والأهواز، وصدقات الحرمين والحجاز، تصرف إلى ابن أبي مريم المديني وإلى إبراهيم الموصلي، وإلى زلزل الضارب وبرصوما الزامر، وإقطاع بختيشوع النصراني قوت أهل بلد، وجاري بغا التركي والأفشين الأشروسني كفاية أمة ذات عدد، والمتوكل - زعموا - يتسرى باثني عشر ألف سرية، والسيد من سادات أهل البيت يتعفف بزنجية أو سندية، يبخلون على الفاطمي بأكلة أو شربة، ويصارفونه على دانق وحبه، ويشترون العوادة بالبِدَر، ويجرون لها ما يفي برزق عسكر، والقوم الذين أحل لهم الخمس وحرمت عليهم الصدقة وفرضت لهم الكرامة والمحبة يتكففون ضرًّا، ويهلكون فقرًا، ويرهن أحدهم سيفه، ويبيع ثوبه، وينظر إلى فيئه بعينٍ مريضة، ويتشدد على دهره بنفس ضعيفة، ليس له ذنبٌ إلا أنَّ جده النبي، وأبوه الوصي، وحقوقه مصروفة إلى القهرمانة والمفرقعة، وإلى المغمزة والمزررة، وخُمسه مقسوم على نقار الدِّيكة والقردة، وعلى عرس اللعبة واللعبة).

هذا بعض ما أورده أبوبكر الخوارزمي مما تنفطر له القلوب ألمًا، وتبكي عنده المحاجر دمًا، وقد صدَّرها بما أُثره عن أمير المؤمنين علي رضي الله عنه أنه قال: (المِحَن إلى شيعتنا أسرع من الماء إلى الحدور)، قال: (وكأنَّ الله لم يرض لهم الدنيا، فذخرهم للدار الأخرى، ورغب بهم عن ثواب العاجل، فأعدَّ لهم ثواب الآجل).

نقد السيد عبد القادر ابن يحيى

وفي زمرتهم، إنه سميع مجيب.

نقل من الأصل وقوبل عليه في سنقافورة 1331.

هذا آخر ما كتبناه في النقد على كتاب السيد ابن عقيل، وقد آثرنا كليات مسائله؛ لأن استقراء الجزئيات يحتاج إلى وقتٍ واسعٍ؛ وأنَّى لنا به، وفيما ذكرنا كِفاية، وأستغفر الله لي وله ولجميع المؤمنين والحمد لله رب العالمين.

في 21 رمضان سنة 1327هـ بدمشق الشام قاله جامعه محمد جمال الدين ابن محمد سعيد بن قاسم بن صالح القاسمي الدمشقي.

قائمة المراجع

1) أدوار التاريخ الحضرمي، محمد بن أحمد الشاطري، الناشر: دار التراث للدراسات والنشر.

2) الاستيعاب في معرفة الأصحاب، أبو عمر يوسف بن عبد الله بن محمد بن عبد البر القرطبي، تحقيق: علي محمد البجاوي، الناشر: دار الجيل، الطبعة: الأولى 1412هـ - 1992م.

3) الاقتصاد في الاعتقاد، محمد بن محمد الغزالي، الناشر: دار الكتب العلمية، الطبعة: الأولى: 1424هـ - 2004م.

4) البداية والنهاية، ابن كثير، دار هجر، عبد الله بن عبد المحسن التركي.

5) تاريخ الإسلام ووفيات المشاهير والأعلام، محمد بن أحمد بن عثمان الذهبي، تحقيق: عمر بن عبد السلام التدمري، الناشر: دار الكتاب العربي، الطبعة: الثانية 1413هـ - 1993م.

6) تاريخ الرسل والملوك، محمد بن جرير الطبري، ط: دار التراث، الطبعة الثانية 1387هـ.

7) تدريب الراوي في شرح تقريب النواوي، عبد الرحمن بن أبي بكر السيوطي، تحقيق: أبو قتيبة نظر محمد الفاريابي، الناشر: دار طيبة.

8) التذكرة بأحوال الموتى وأمور الآخرة، محمد بن أحمد بن أبي بكر الخزرجي القرطبي، تحقيق: الصادق بن محمد بن إبراهيم، الناشر: مكتبة دار المنهاج، الطبعة: الأولى 1425هـ .

9) تفسير البغوي = معالم التنزيل في تفسير القرآن، الحسين بن مسعود البغوي، تحقيق: محمد عبد الله النمر – عثمان جمعة ضميرية – سليمان مسلم الحرش، الناشر: دار طيبة للنشر والتوزيع، الطبعة: الرابعة 1417 هـ – 1997م.

10) تفسير السمعاني، منصور بن محمد بن عبد الجبار السمعاني، تحقيق: ياسر بن إبراهيم، الناشر: دار الوطن، الطبعة: الأولى 1418هـ – 1997م.

11) تقوية الإيمان برد تزكية ابن أبي سفيان، محمد بن عقيل ابن يحيى، ت: كاظم المظفر، ط: المكتبة الحيدرية 1386هـ .

12) تهافت التهافت، محمد بن أحمد ابن رشد القرطبي، تحقيق: أحمد شمس الدين، الناشر: دار الكتب العلمية.

13) تهذيب التهذيب، أحمد بن علي بن محمد ابن حجر العسقلاني، الناشر: مطبعة دائرة المعارف النظامية، الطبعة: الأولى 1326هـ.

14) الثقات، محمد بن حبان بن أحمد بن حبان البستي، الناشر: دائرة المعارف العثمانية، الطبعة: الأولى 1393هـ – 1973هـ .

15) ثمرات المطالعة، محمد بن عقيل ابن يحيى، «مخطوط».

16) جامع الترمذي، محمد بن عيسى الترمذي، تحقيق: أحمد شاكر – محمد فؤاد عبد الباقي، الناشر: شركة مكتبة ومطبعة مصطفى البابي الحلبي، الطبعة: 1395هـ – 1975م.

17) الجامع الصغير وزياداته، عبد الرحمن بن أبي بكر السيوطي.

18) الجامع الكبير، عبد الرحمن بن أبي بكر السيوطي، تحقيق: مختار إبراهيم الهائج وآخرون، الطبعة: الثانية 1426هـ – 2005م.

19) دلائل النبوة، أحمد بن الحسين بن علي البيهقي، تحقيق: عبد المعطي قلعجي، الناشر: دار الكتب العلمية – دار الريان للتراث، الطبعة: الأولى 1408هـ – 1988م.

20) ذم المتعصب العنيد المانع من ذم يزيد

21) زهر الريحان في الرد على تحقيق البيان، حسن بن علي السقاف، الناشر: دار الإمام الرواس، الطبعة: الثالثة 1430هـ - 2009م.

22) سنن ابن ماجه، محمد بن يزيد القزويني، تحقيق: محمد فؤاد عبد الباقي، الناشر: دار إحياء الكتب العربية.

23) سنن أبي داود، سليمان بن الأشعث بن إسحاق بن بشير السجستاني، تحقيق: محمد محيي الدين عبد الحميد، الناشر: المكتبة العصرية.

24) السنن الكبرى، أبو برك البيهقي، تحقيق: محمد عبد القادر عطا، الناشر: دار الكتب العلمية، الطبعة: الثالثة 1424هـ - 2003م.

25) السنن الكبرى، أحمد بن شعيب بن علي الخراساني النسائي، تحقيق: حسن عبد المنعم شلبي، الناشر: مؤسسة الرسالة، الطبعة: الأولى 1421هـ - 2001م.

26) شرح نهج البلاغة، ابن أبي الحديد، ت: محمد عبد الكريم النمري، ط: دار الكتب العلمية، الطبعة الأولى 1418هـ.

27) شرح نهج البلاغة، ابن أبي الحديد، تحقيق: محمد عبد الكريم النمري، الناشر: دار الكتب العلمية، الطبعة الأولى 1418هـ - 1998م.

28) صحيح البخاري، محمد بن إسماعيل البخاري، المحقق: محمد زهير الناصر، الناشر: دار طوق النجاة، الطبعة: الأولى 1422هـ.

29) صحيح مسلم، مسلم بن الحجاج القشيري، تحقيق: محمد فؤاد عبد الباقي، الناشر: دار إحياء التراث العربي.

30) الصواعق المحرقة على أهل الرفض والضلال والزندقة، أحمد بن محمد بن علي بن حجر الهيتمي، تحقيق: عبد الرحمن بن عبد الله التركي، الناشر: مؤسسة الرسالة، الطبعة: الأولى 1417هـ - 1997م.

31) العتب الجميل على أهل الجرح والتعديل، محمد بن عقيل ابن يحيى، ت:

عبد الله بن عبد الرحمن العلوي، ط: تريم للدراسات والنشر، الطبعة الأولى 1427هـ.

32) عون المعبود شرح سنن أبي داود، محمد أشرف بن أمير بن علي بن حيدر، الناشر: دار الكتب العلمية، الطبعة: الثانية 1415هـ.

33) فتاوى السبكي، علي بن عبد الكافي السبكي، الناشر: دار المعارف.

34) فتح الباري شرح صحيح البخاري، ابن حجر العسقلاني، دار المعرفة.

35) الفصل في الملل والأهواء والنحل، علي بن أحمد بن سعيد بن حزم الأندلسي، الناشر: مكتبة الخانجي.

36) الكامل في التاريخ، علي بن أبي الكرم محمد الجزري ابن الأثير، تحقيق: عمر عبد السلام تدمري، الناشر: دار الكتاب العربي، الطبعة: الأولى 1417هـ - 1997م.

37) الكامل في اللغة والأدب، محمد بن يزيد المبرد، تحقيق: محمد أبو الفضل إبراهيم، الناشر: دار الفكر العربي، الطبعة: الثالثة 1417هـ - 1997م.

38) الكتاب المصنف في الأحاديث والآثار، أبو بكر بن أبي شيبة، تحقيق: كمال يوسف الحوت، الناشر: مكتبة الرشد، الطبعة: الأولى 1409هـ.

39) مجلة المنار، محمد رشيد رضا وغيره.

40) مجمع الزوائد ومنبع الفوائد، علي بن أحمد بن سليمان الهيثمي، تحقيق: حسام الدين القدسي، الناشر: مكتبة القدسي، عام النشر: 1414هـ - 1994م.

41) مجموع الفتاوى، أحمد بن عبد الحليم بن عبد السلام ابن تيمية الحراني، تحقيق: عبد الرحمن بن محمد بن قاسم، الناشر: مجمع الملك فهد لطباعة المصحف الشريف، عام النشر: 1416هـ - 1995م.

42) مدارج السالكين بين منازل إياك نعبد وإياك نستعين، محمد بن أبي بكر بن أيوب ابن قيم الجوزيه، تحقيق: محمد المعتصم بالله البغدادي، الناشر: دار الكتاب العربي، الطبعة الثالثة 1416هـ - 1996م.

43) المذكرات، محمد بن عقيل ابن يحيى، «مخطوط».

44) المستدرك على الصحيحين، الحاكم محمد ن عبد الله ابن البيع، تحقيق: مصطفى عبد القادر عطا، الناشر: دار الكتب العلمية، الطبعة: الأولى 1411هـ-1990م.

45) مسند أحمد، أحمد بن محمد بن حنبل بن هلال الشيباني، تحقيق: شعيب الأرنؤوط، الناشر: مؤسسة الرسالة، الطبعة: الأولى 1421هـ - 2001م.

46) مسند الدارمي، عبد الله بن عبد الرحمن بن الفضل الدارمي، تحقيق: حسين سليم أسد الداراني، الناشر: دار المغني للنشر والتوزيع، الطبعة: الأولى 1412هـ - 2000م.

47) مفاتيح الغيب = التفسير الكبير، محمد بن عمر بن الحسن الرازي، الناشر: دار إحياء التراث العربي، الطبعة: الثالثة 1420هـ .

48) الملل والنحل، محمد بن عبد الكريم بن أبي بكر الشهرستاني، الناشر: مؤسسة الحلبي.

49) منهاج السنة النبوية، أحمد بن عبد الحليم بن عبد السلام ابن تيمية الحراني، تحقيق: محمد رشاد سالم، الناشر: جامعة الإمام محمد بن سعود الإسلامية، الطبعة: الأولى 1406هـ - 1986م.

50) ميزان الاعتدال في نقد الرجال، محمد بن أحمد بن عثمان الذهبي، ت: علي محمد البجاوي، ط: دار المعرفة للطباعة والنشر، الطبعة الأولى 1382هـ .

51) النصائح الكافية لمن يتولى معاوية، محمد بن عقيل ابن يحيى، ت: غالب الشابندر، ط: مؤسسة دار الكتاب الإسلامي، الطبعة الأولى 1427هـ .

52) نهاية المطلب في دراية المذهب، عبد الملك بن عبد الله بن يوسف الجويني، تحقيق: عبد العظيم محمود الديب، الناشر: دار المنهاج، الطبعة: الأولى 1428هـ - 2007م.

53) وجوب الحمية عن مضار الرقية، أبو بكر بن عبد الرحمن ابن شهاب، ط: مطبعة الإمام سنقافورة، الطبعة الأولى 1328هـ.